高等职业教育"十四五"学前教育专业立体教材

学前儿童健康教育
（第二版）

主　编：唐冰瑶　刘　伟
副主编：张淑满　王诗柔　于　涛
参　编：闻年富　许姗姗　郭盼盼
　　　　郁超然　吕莲娣

南京大学出版社

图书在版编目(CIP)数据

学前儿童健康教育 / 唐冰瑶，刘伟主编. —— 2 版
. —— 南京：南京大学出版社，2024.11
ISBN 978-7-305-27532-6

Ⅰ. ①学… Ⅱ. ①唐… ②刘… Ⅲ. ①学前儿童－健康教育－高等职业教育－教材 Ⅳ. ①G613.3

中国国家版本馆 CIP 数据核字(2024)第 002960 号

出版发行　南京大学出版社
社　　址　南京市汉口路 22 号　　邮　编　210093
书　　名　**学前儿童健康教育**
　　　　　　XUEQIAN ERTONG JIANKANG JIAOYU
主　　编　唐冰瑶　刘　伟
责任编辑　丁　群　　　　　　　编辑热线　025-83597482
照　　排　南京南琳图文制作有限公司
印　　刷　常州市武进第三印刷有限公司
开　　本　787 mm×1092 mm　1/16　印张　11.5　字数　265 千字
版　　次　2024 年 11 月第 2 版　2024 年 11 月第 1 次印刷
ISBN　978-7-305-27532-6
定　　价　45.00 元

网址：http://www.njupco.com
官方微博：http://weibo.com/njupco
微信服务号：NJUyuexue
销售咨询热线：(025) 83594756

微课视频
活动案例
线上题库

* 版权所有，侵权必究
* 凡购买南大版图书，如有印装质量问题，请与所购
　图书销售部门联系调换

前言

2021年12月,教育部、国家发展改革委、财政部等九部门印发了《"十四五"学前教育发展提升行动计划》。2022年11月,中国共产党第二十次全国代表大会报告再次提到"幼有所育"。其中,建设一支高素质的学前教育教师队伍,是保证学前教育质量的关键。本教材以《幼儿园教师专业标准(试行)》《幼儿园教育指导纲要(试行)》《3—6岁儿童学习与发展指南》等文件为引领,对接幼儿园教师及保育员工作岗位核心能力,旨在满足我国大力发展高等职业教育的迫切需求,落实立德树人的教育使命,体现知识的时代性和应用性,帮助学生形成正确的儿童观和教育观,培养学生运用专业知识解决问题的实践能力和研究能力。本教材具有以下特点:

(一)理实一体,指向学生岗位核心能力

《幼儿园教师专业标准(试行)》中,明确将"教育活动的计划与实施"看作是幼儿园教师应当具备的七项专业能力之一。本教材以任务驱动、问题导向的形式进行设计,在正文中穿插大量幼儿园一线教学中的生动案例,每节设置情境导入、真题链接、拓展阅读、技能训练等模块,学、思、练结合,配套的线上资源和优秀活动案例丰富,帮助学生掌握知识点,提升学生设计、组织和实施幼儿园健康教育活动的能力。

(二)课程思政,凸显育人功能

教材内容具有鲜明的时代特色,在各章节目标设置上体现了课程思政要求,践行了"立德树人"的教育理念。每个章节目标注重培养学生树立科学的教育观,全面提升学生的专业理念与师德、专业知识和专业能力,凸显了教材的育人功能。

（三）资源丰富、立体、互动性强，符合信息技术与教学融合需求

本教材在"互联网＋"背景下，运用现代信息技术，依托超星学习通平台构建了集知识点、学习任务单、案例、课件、拓展素材为一体的在线开放课程资源库。整个教材设计体现出个性化、碎片化、精准化服务教师和学生的特点，满足了线上线下互动、课内外结合、"学—教—做"一体的混合式教学模式改革需要，为信息技术与专业教学深度融合搭建了桥梁。

（四）体例灵活、多样，实践性强，满足高职高专院校人才培养需要

本书体例包括内容概要、情境导入、案例呈现、拓展阅读、真题再现、实训项目等，符合学生认知规律。在整体设计上，突出高职高专应用性、实践性人才培养的理念，从专业理念、专业知识、专业能力角度出发，通过大量一线案例与实训练习等，丰富学生的实践经验与体验，培养其发现和解决实际问题的能力。

本书的编写团队长期担任学前教育专业理论课的教学与研究工作，具有丰富的教学经验，其中，由徐州幼儿师范高等专科学校的刘伟教授负责项目一、六的编写；唐冰瑶、张淑满负责项目二和项目五的编写；于涛、许姗姗负责项目三的编写；张淑满、王诗柔负责项目四的编写；郭盼盼、闻年富、郁超然负责项目六的编写；金茂悦幼儿园的吕莲娣园长负责各章节教学案例的撰写。最后，由唐冰瑶、刘伟统审全稿。本书的案例及视频资源出自金茂悦幼儿园，同时也广泛采纳了同行们的先进理念、优秀素材，在此对以上的帮助特表感谢！

由于编者水平有限，编写时间仓促，本教材还存在许多问题和不足，诚挚欢迎各位专家批评指证！

《学前儿童健康教育》编写组

目录

模块一　学前儿童健康教育概述 / 001

探寻一　健康教育概述 / 002

探寻二　学前儿童健康教育概述 / 005

模块二　学前儿童健康教育的目标与内容 / 011

探寻一　学前儿童健康教育的目标 / 012

探寻二　学前儿童健康教育的内容 / 022

模块三　学前儿童生活习惯与生活能力教育 / 033

探寻一　学前儿童生活习惯与生活能力教育活动的目标和内容 / 034

探寻二　学前儿童生活习惯与生活能力教育活动的设计与实施 / 038

模块四　学前儿童身体认识与安全教育 / 050

探寻一　学前儿童身体认识与安全教育活动目标和内容 / 050

探寻二　学前儿童身体认识与安全教育活动设计与实施 / 054

模块五　学前儿童心理健康教育 / 061

探寻一　学前儿童心理健康教育概述 / 062

探寻二　学前儿童心理健康教育的目标和内容 / 068

探寻三　学前儿童心理健康教育活动的设计与实施 / 074

模块六　学前儿童体育活动 / 084

探寻一　学前儿童体育活动概述 / 085
探寻二　学前儿童基本动作练习与指导 / 088
探寻三　学前儿童体育教学活动的设计与指导 / 117
探寻四　学前儿童体育游戏的设计与指导 / 134
探寻五　学前儿童早操活动的设计与指导 / 143
探寻六　学前儿童户外体育活动的组织与指导 / 149

模块七　学前儿童健康教育评价 / 152

探寻一　学前儿童健康教育评价概述 / 152
探寻二　学前儿童健康教育评价的组织与实施 / 166

参考文献 / 177

模块一
学前儿童健康教育概述

《幼儿园教育指导纲要(试行)》(以下简称《纲要》)明确指出:"幼儿园必须把保护幼儿的生命和促进幼儿健康放在工作的首位。"随着《纲要》精神的贯彻执行,学前儿童健康教育作为领域课程之一受到高度重视。学前阶段正处于人一生发展的关键时期,儿童在这一时期获得的良好教育,包括健康教育,对其日后的发展至关重要。

本模块主要内容包括健康的概念、影响因素以及学前儿童健康教育的概念、意义及特征,并提供了相关案例,以便学习者更好地理解。

关于健康、成功和财富的寓言故事

一名妇女归家时,发现三位蓄着花白胡子的老者坐在自家门口。她不认识他们,便对他们说:"我不知道你们是什么人,但各位也许饿了,请进来吃些东西吧。"三位老者问道:"男主人在家吗?"她回答:"不在,他出去了。"老者们答道:"那我们不能进去。"傍晚时分,丈夫回来了,也发现了门口的老者。妻子向他讲述了所发生的事。丈夫说:"快请他们到屋里坐。"妻子请三位老者进屋。但他们说:"我们不一起进屋。"其中一位老者指着身旁的两位解释:"这位的名字是财富,那位叫成功,而我的名字是健康。"接着,他又说:"现在你们进屋去讨论一下,看你们愿意我们当中的哪一个进去。"于是,丈夫和妻子进屋里商量。丈夫说:"我们让财富进来吧,这样我们就可以黄金满屋啦!"妻子却不同意:"亲爱的,我们还是请成功进来更妙!"他们的女儿在一旁倾听。她建议:"请健康进来不好吗?这样我们一家人身体健康,就可以幸福地享受生活、享受人生了!"丈夫对妻子说:"听我们女儿的吧。去请健康进屋做客。"妻子出去问三位老者:"敢问哪位是健康?请进来做客。"健康起身向她家走去,另外两人也站起身来,紧随其后。妻子吃惊地问财富和成功:"我只邀请了健康。为什么两位也随同而来?"两位老者道:"健康走到什么地方,我们就会陪伴他到什么地方,因为我们根本离不开他。如果你没请他进来,我们两个不论是谁进来,很快就会失去活力和生命。所以,不论哪里我们都会和他在一起的!"的确,健康就是幸福。只有拥有了健康,才能拥有其他。

思考:你认为幼儿的健康包括哪些方面?教师如何促进幼儿健康发展?

探寻一　健康教育概述

一、什么是健康

(一)健康的概念

健康是一个发展着的概念,不同历史时期人们对健康概念的理解有所不同。

在过去比较长的时间里,人们对于健康的理解仅仅是指身体没有疾病、没有伤残。后来人们逐渐发现,很多疾病的发生不单纯是身体本身的因素,而是与社会、心理等多种因素有关。于是,关于健康的问题被重新定义。

1948年,世界卫生组织(WHO)对健康概念做了新的定义:健康不仅是没有疾病或体质健壮,而是生理、心理及社会适应三个方面的完满状态。也就是说,健康这一概念的基本内涵应包括生理健康、心理健康和社会适应良好三个方面,表现为个体在生理和心理上一种良好的机能状态,亦即生理和心理没有缺陷和疾病,能充分发挥心理对机体和环境因素的调节功能,保持与环境相适应的、良好的效能状态和动态的相对平衡状态。1990年,世界卫生组织又重新修订了健康的定义:健康是生理、心理、社会适应和道德完善的良好状态。这是一个完整而又科学的健康概念,因为它不仅对人类的健康状态做出了准确的判断,而且对人类健康内涵的理解更加深刻。

(二)健康的特征

1. 整体性

健康的整体性是指健康的统一性和完整性。人体与自然界也是密不可分的,自然界的变化随时影响着人体,人体是一个有机的整体,构成人体的各个组成部分之间在结构上不可分割,在功能上相互协调、互为补充,在病理上则相互影响。我们应从生理、心理、社会、道德四个维度去珍惜生命的存在,提高生命质量,创造生命的价值。

2. 动态性①

健康是不断地变化与发展的动态过程。健康与疾病之间没有明确的界限,个体表面上不生病不等于健康,因为人体内可能潜伏着病理性缺陷或其他方面的功能不全。另外,有些疾病一旦出现临床症状,宿主就已病入膏肓,如肝癌、肺癌等。现代医学为此拓展了健康概念,提出了"亚健康状态"(又称为"第三状态"或"灰色状态"),即机体虽无

---

① 顾荣芳.学前儿童健康教育论[M].南京:江苏教育出版社,2009.

明显或明确的疾病,却呈现出活力降低、代谢缓慢、生理功能低下的状态。预防医学、临床医学的实践表明,介于亚健康状态的个体是相当多的,且亚健康状态极有可能发展成为各种疾病。但是,如果人们能够较为准确地把握自己身心的变化,就有助于防患未然,使机体转向更为理想的健康状态。

健康之动态特性的揭示具有积极的意义。首先,它否认了令人高不可攀的"绝对健康";其次,它说明了没有疾病并不意味着健康,健康与疾病之间存在着多种可以相互转化的状态;再次,它强调了健康是生生不息的创造过程,健康的生命并非完全由自然给予,而需要个体的积极参与,健康状况因个体自身活动而不断发生变化。理解健康之动态特性,有助于人们不断向高层次的健康目标迈进。

3. 客观性

个体身心是否健康,可以运用一定的客观指标加以衡量。身体健康与否可以通过形态指标、生理机能指标、生化指标等进行测定。目前,随着研究的深入,人们对个体心理是否健康的把握也越来越趋向客观。例如,衡量个体心理健康的首要标准——智力发展状况,就可以通过越来越客观的测试加以评定。

4. 主观性

个体是否健康,一方面可以通过客观指标判断;另一方面,个体的主观感觉也是反映健康与否的重要标志。健康的主观性强调健康的自我知觉,实际上突出了健康的心理层面。

5. 调适性

健康意味着有机体能够有效地适应内外环境,有效地对付各种身体威胁的挑战。根据微生物学家勒内·杜博斯的观点,真正的健康"不仅指个体在当时能适应良好,同时也应具备抵抗未来威胁的能力。如体内已有某些传染病抗体的儿童比起无抗体保护的儿童更健康"。[①] 因此,健康指对疾病的有效抵抗与对生活环境的良好适应。

健康与亚健康

健康和疾病是连续体,两者之间没有明确的分界点,在健康状态和疾病状态之间还存在着一种非健康也非疾病的状态,世界卫生组织将这种状态称为"第三状态",我国称为"亚健康状态"。亚健康是否会发展为严重器质性病变具有不确定性。但是,亚健康本身就是需要解决的问题。

亚健康有哪些症状?

情绪有些抑郁,时常会对窗外发呆;昨天想好的事,今天就忘了;懒得走进教室,觉得学习令人厌倦,不想面对同学、教师,有自闭症式的渴望;学习一小时后,就感到身体

---

① 吕磐,黄弈清.卫生教育概论(上册)[M].南京:江苏教育出版社,2009:10-11.

倦怠,胸闷气短;一日三餐,进餐甚少,食之无味;对噪声很敏感,非常渴望清幽宁静的山水;晚上常失眠,即使睡着了,也老是在做梦状态,睡眠质量差;感觉免疫力在下降,流感一来,首当其冲被传染。

二、健康的标准

人们对身心健康的重视是社会进步的标志,追求健康就是追求文明进步。在现代社会生活中,社会个体生理、心理与行为适应的整体性,决定着健康的整体性。因此,人类的健康已不能再忽视心理、社会交际和行为适应方面的健康。一个健康的人,不仅能够和谐地同自己的同伴一起生活,能够驾驭自己的躯体,而且对自己的形象也感到满意。不仅如此,健康的人还能采取各种必要的措施,使自己追求并保持一种高水平的生活标准和人格目标,最大限度地发挥自己的能力。

继提出健康的新概念后,世界卫生组织还提出了健康应具备的标准。它们包括:

(1) 有足够充沛的精力,能从容不迫地应付日常生活和工作的压力,而不感到过分紧张与疲劳。

(2) 处事乐观,态度积极,乐于承担责任,不论事情大小都不挑剔。

(3) 善于休息,睡眠良好。

(4) 应变力强,能适应环境的变化。

(5) 能抵抗一般性感冒和传染病。

(6) 体重得当,身材匀称,站立时,头、肩、臀位置协调。

(7) 眼睛明亮,反应敏锐,眼睑不易发炎。

(8) 牙齿清洁,无龋齿,无痛感,牙龈颜色正常,无出血现象。

(9) 头发有光泽,无头屑。

(10) 肌肉丰满,皮肤富有弹性,走路轻松。

> **思 考**
>
> 一个残疾人外表上虽然异于正常人,但能够按自己的身体特点克服种种困难,做些对人有益的工作。另一个人体格上健全,却终日郁郁寡欢。
>
> 你认为以上两人,谁更健康?说说你的理由。

三、什么是健康教育

健康教育是一门研究与传播保健知识和技术、影响个人和群体行为、预防疾病、消除健康的危险因素、促进健康的科学,重点研究卫生知识传播和卫生行为改变(养成)的理论、规律与方法,以及社会教育的组织、规划、评价的理论与实践。

先后有不同学者对健康教育做出界定,尽管内容不尽相同,但综合看来,我们可以认为:健康教育是通过有计划、有组织、有系统的社会和教育活动普及健康常识,教育人们树立健康意识,促使人们自觉地改变不健康的行为习惯和生活方式,养成良好的行为习惯和生活方式,以降低或消除影响健康的危险因素,预防疾病,促进健康,提高生活质量。

探寻二 学前儿童健康教育概述

无论是父母还是教师,对学前儿童健康的理解和关注,在思想上、认识上以及教养方法上,都或多或少存在着偏差。健康的生命并非完全由自然给予,还需要个体的积极参与。学前儿童健康状况随个体自身的活动而不断发生变化,特别是家长持有的健康观念也会直接影响其教养方式和行为。

一、学前儿童健康

(一) 学前儿童健康的概念

学前儿童健康是指学前儿童的各个器官、组织的正常的生长发育,能较好地抵抗各种急、慢性疾病;性格开朗,情绪稳定,无心理障碍,对环境有较快的适应能力。

学前期是儿童身体发育和机能发展极为迅速的时期,也是形成安全感和乐观态度的重要阶段。一个严重腹泻的幼儿无法正常饮食或安然入睡;一个情绪过分紧张的幼儿无法较快适应新环境。因此,健康是幼儿幸福快乐的源泉,也是进行有效学习和促进各方面发展的重要基石。学前儿童健康的标志,如表1-1所示。

表1-1 学前儿童健康的标志

身体健康	1. 生长发育良好,体型正常,身体姿势端正
	2. 机体对内外环境有一定的适应能力
	3. 动作及体能发展良好
心理健康	1. 认知发展正常
	2. 情绪积极向上
	3. 性格特征良好
	4. 没有严重的心理卫生问题
良好的社会适应	1. 能较快地融入集体生活
	2. 乐于与人交往合作,人际关系良好
	3. 自我意识发展好
道德品质完善	1. 简单的道德行为规则
	2. 自理自立
	3. 文明礼貌

(二) 学前儿童健康的影响因素

健康是许多相互交叉渗透、彼此关联制约的因素综合作用的结果。根据健康的整体观念和现代医学知识,我们可以将儿童健康的影响因素划分为生物学因素和环境因素两大类。

1. 生物学因素

生物学因素是指人类在长期生物进化过程中所形成的遗传、成熟、老化及机体内部的复合因素。生物学因素直接影响人类健康,对人类诸多疾病的发生、发展及分布具有决定性作用。

人类死亡的主要原因之一是病原微生物引起的传染病和感染性疾病,也称为生物致病因素。另外,受遗传因素影响,孩子可能会有一些先天性的遗传疾病或缺陷,称为生物遗传因素。

2. 环境因素

环境因素是指围绕着人类空间及直接或间接地影响人类生活的各种自然因素和社会因素之总和。因此,环境因素包括自然环境和社会环境。

(1) 自然环境

良好的自然环境能为学前儿童提供各类物质条件,维持和促进其正常的生命活动和健康发展,也会为他们提供各种精神条件,使他们情绪愉悦、积极向上。

充足的阳光、新鲜的空气、清洁的水源、合理的膳食、安全的设施等都是保证和促进学前儿童健康的重要条件。但是,自然环境也随时产生着、存在着和传播着危害学前儿童健康的因素。如不适当的温度、湿度、照明、空间和噪声等刺激的长期作用,会影响学前儿童的生长发育,也会影响学前儿童的情绪和行为。调查表明,在狭小的环境中长期生活的学前儿童,侵犯性行为增多,焦虑水平升高。营养过剩或不足也会引起相应的病症,通过饮食、呼吸等途径可感染致病性细菌、病毒,同样会引起相应的疾病。

(2) 社会环境

社会环境对幼儿健康产生了重要影响,其结果主要体现在幼儿的心理和行为表现特征上,而这些特征恰恰是影响幼儿健康成长的一些关键因素。幼儿生活的社会环境按照场所划分,影响较大的主要是家庭、托幼机构和社区。

第一,家庭的影响。家庭是幼儿早期生活基本的社会环境。家庭经济、营养状况、家庭结构、家庭氛围、家庭的教养方式和态度等都与幼儿的身心健康密切相关。比如,在一项"关于家长与子女饮食爱好相关度的调查与对策"的研究中发现:幼儿与父母饮食爱好均呈正相关的占 12.9%,与父亲饮食爱好显著相关的占 19.35%,与母亲饮食爱好显著相关的高达 67.74%。[①] 因此,幼儿的饮食结构、营养状况与父母密切相关。

第二,托幼机构的影响。托幼机构是影响学前儿童身心健康的重要社会环境因素。托幼机构保健设施的完善程度和服务质量(如管理制度、整体风气、教师素质、教育态度、师生关系等)直接影响着幼儿的健康状况。幼儿园提供的保健服务不仅应体现在供给合理平衡的膳食、安全的用水、基本的卫生设施、生活的照顾,对幼儿进行健康检查、生长发育评估、身心疾病防治、心理咨询、预防接种以及建立家园联系等方面,而且还应

---

① 王潇. 幼儿园健康教育与活动指导[M]. 上海:华东师范大学出版社,2015.

体现在对幼儿实施的健康教育上。

第三,社区的影响。社区是由生活在一定地域范围内的人所形成的一种社会生活共同体,它既是人们聚集、生活的一定地域,也是社会成员参与社会活动的基本场所。周围的一些人口、地理、环境、经济、文化、社会组织等资源,都将对学前儿童健康产生影响。社区中的健康教育机构、医疗卫生机构、宣传和新闻部门、文化和娱乐部门、各类社会团体等都是我们可利用的社会环境资源。

二、学前儿童健康教育

(一)学前儿童健康教育的概念

学前儿童健康教育是根据幼儿身心发展的特点,以提高幼儿健康认识、改善幼儿健康态度、培养幼儿健康行为、保持和促进幼儿健康的教育活动。

学前儿童健康教育的主要功能是保护和促进幼儿的健康,帮助幼儿丰富有关身体保健和身体锻炼的知识和技能,形成积极对待生活的健康态度和情感,逐步养成有利于健康的行为和习惯,达到身体、心理和社会适应的健全状态。

(二)学前儿童健康教育的特点

1. 生活性

学前儿童健康教育是渗透在幼教机构的一日生活中的,健康教育的内容具有启蒙性、基础性的特点,与幼儿的生活息息相关,是幼儿周围环境中的生活常识,也是保证生命健康成长需要学习的基本知识和技能。

2. 整合性

首先,学前儿童健康教育涉及幼儿的生活教育、安全教育、身体锻炼、心理健康教育等各个方面。其次,学前儿童健康教育的目标是与其他领域的教育整合在一起来实现的。例如,可以利用故事、儿歌和散文等文学作品来开展健康教育活动;可以结合科学活动,了解人体构造的基本知识,养成良好的生活习惯;可以结合社会活动,认识与他人的关系,建立良好的人际关系,学习与他人相处,培养社会适应能力。

3. 多样性

学前儿童健康教育的多样性主要体现在途径和组织形式上。首先,学前儿童健康教育的途径是多样的,可以通过日常生活活动、集体教学活动、游戏和区域活动等途径来开展。其次,学前儿童健康教育的组织形式也是多样的,在教育教学过程中,可以灵活地采用集体、小组和个别活动等形式来实施。

(三)学前儿童健康教育的意义

《纲要》明确要求:"幼儿园必须把保护幼儿的生命和促进幼儿的健康放在工作的首位。"可见,对学前儿童进行健康教育具有十分重要的意义。

1. 学前儿童健康教育是保护学前儿童健康成长的基本保证

幼儿身体各器官、系统的发育和功能尚未完善,自我保护意识、对疾病的抵抗能力、对环境的适应能力较弱,容易受到伤害。此外,幼儿心理发展迅速,易受多种因素影响,因此,他们要接受适当的健康教育,参与力所能及的健康活动,以学到更多的健康知识,改善自己的健康态度,形成有利于自身和他人的健康行为。

2. 学前儿童健康教育将为幼儿一生的健康和生活奠定良好的基础

学前儿童健康教育是终身健康教育的基础阶段,幼儿时期的健康不仅能提高幼儿的生命质量,而且为其以后一生的健康奠定了基础,赢得了时间。

3. 学前儿童健康教育是对幼儿进行全面素质教育的重要组成部分

幼儿的全面素质教育包括身心健康素质的教育、智能素质的教育、品德素质的教育和审美素质的教育。学前儿童健康教育在促进幼儿身心健康发展的同时,还能促进幼儿其他方面的发展。比如,幼儿学习体操,不仅能锻炼身体,还能学习如何与同伴相处、欣赏美的音乐和美的动作等,这些都有利于幼儿素质的全面发展。

4. 学前儿童的身心健康是国家、民族发展的需要

《中共中央国务院关于深化教育改革全面推进素质教育的决定》指出:"健康的体魄是青少年为祖国和人民服务的基本前提,是中华民族旺盛生命力的体现。"幼儿的健康是提高人口素质、民族素质的重要保证。只有个体的身心健康,才能促进整个国家、民族的强大和繁荣。

1. 简述健康的概念。
2. 简述健康的标准。
3. 简述影响学前儿童健康的因素。
4. 简述学前儿童健康教育的概念。
5. 简述学前儿童健康教育的特点和意义。

根据以下短文,完成任务。

吃精制的食物,娇弱的胃口让他们厌恶颐养劳动体魄的粗蔬五谷(造成幼儿体质瘦弱与肥胖);穿漂亮的衣裳,"卫生"的观念将他们隔绝于孕育了万物的风雨泥土(造成幼儿感觉统合失调);居高楼大厦,远离幼儿游戏、远离天然的集体主义(造成幼儿的孤独);出门就坐车,闲置起造物主为行走而赋予人类的双脚(造成幼儿运动不足)……现代幼儿正在遭受着各种"健康威胁"。

3～4人为一组,通过各种方式收集现代城市幼儿面临的常见"健康威胁",并将这些"健康威胁"罗列在清单上,思考、讨论这些健康威胁产生的原因,制作一张关于呵护幼儿健康成长的宣传海报。

学前儿童健康成长的标准[①]

按照WHO的规定,健康的理想标准应当是使得有机体的一切功能活动从童年到成年都处于最满意的状态。具体来说,学前儿童健康成长主要有如下几个标准。

一、生长评价标准

生长评价标准是根据一定参照人群(reference population)的横断面调查数据而制定的。由于参照人群不同,所制定的评价标准也不同,主要分为以下两类。

1. 理想标准

理想标准选择的参照人群是生活在最适宜环境中的幼儿,即这些幼儿的喂养、膳食安排合理,能得到足够的营养素,有良好的生活居住环境,可以得到及时、良好的医疗保健服务。在适宜环境中这些幼儿的生长潜力得到充分发挥,所以体格生长较理想,据此制定出的生长评价参考标准为理想标准。生长发育水平不仅是反映儿童营养和健康状况的重要指标,也是一个国家综合发展水平的一面镜子。此前,中国使用的《5岁以下儿童生长状况判定》是完全采纳世界卫生组织(WHO)5岁以下儿童生长标准制定的。但WHO的标准是在综合考虑人种、环境等因素后制定的,并不完全适合中国人。不能停留在照搬国外标准上,应该有本民族的标准。《7岁以下儿童生长发育参照标准》由卫生部组织相关专家研究制订,于2009年6月正式公布,该标准包含了男童和女童的身高、体重、头围、平均值标准。该标准参照人群均来自2015年被调查人群,样本量超过8万人。标准的制定采用了与国际接轨的先进技术,相关指标齐全,是一套接轨国际、适合国人的儿童生长标准。2022年9月,国家卫生健康委最新发布了《7岁以下儿童生长标准》,事关儿童身高体重标准,新标准已于2023年3月1日起施行,此次发布的《标准》与2009年发布的《中国7岁以下儿童生长发育参照标准》相比,体重平均增长0.1千克,身高平均增长0.5~0.6厘米,头围、身高别体重及体质指数(BMI)几乎无变化。正是这种"微小变化",意味着中国已经到了正式建立和应用本民族生长标准的时间节点。

2. 现状标准

制定现状标准时不严格限制参照人群的条件,代表的是某一国家或地区幼儿生长发育的一般水平。各地儿童卫生保健工作者对生长发育评价标准需求迫切,正积极研究"适应"本地区人群的生长发育评价标准。我国目前应用的是中国儿科工作者根据1975年、1985年、1995年、2005年和2015年分别于中国九大城市获得的幼儿生长发育衡量数值而制定的标准。

[①] 苟增强,等.幼儿园健康教育与活动指导[M].北京:北京师范大学出版社,2017.

二、生长发育评价指标

幼儿生长发育评价指标一般包括形态指标、生理功能指标以及心理指标等,其中形态指标最为可见,可用人体测量指标来反映。身长和体重是最重要和最有用的形态指标,除此之外还有头围、胸围和坐高。

1. 身长

身长为头部、脊柱与下股骨骼长度的总和。新生儿出生时平均身长为50厘米。0—6个月的婴儿每月平均增长2.5厘米,7—12个月的婴儿每月平均增长1.5厘米,出生后第2年身长共增长10厘米左右。以后幼儿身高每年增长5~7.5厘米。接近青春期的儿童身高每年平均增长8厘米左右,2—10岁身长身高估算公式为:身高(厘米)=年龄×7+70。

2. 体重

体重是幼儿生长发育最为重要的指标之一。因为体重受环境因素影响较大,所以常作为生长监测的指标。新生儿出生时平均体重约为3千克,6个月内婴儿体重每月平均增长0.6~0.7千克,6—12个月体重每月平均增长0.25~0.3千克,之后幼儿体重每年约增长2千克,接近青春期的儿童体重每年增长可达6千克左右。体重估算公式为:

小于6个月婴儿的体重(千克)=出生体重+月龄×0.7

7—12个月婴儿的体重(千克)=6+月龄×0.25

1—10岁幼儿的体重(千克)=年龄×2+7(或8)

习惯上常以出生时体重为基数,将不同年龄幼儿的体重水平与出生时体重比较,来看体重增长的比例,如4—5个月婴儿的体重约为出生时体重的2倍,1周岁时约为出生时的4倍。

新生儿应在出生后8小时内测出体重;未满6个月,每月测一次;6—12个月,每2个月测一次;1—2岁,每3个月测一次;2岁以上,每半年测一次。

3. 头围

头围的大小反映脑和颅骨的发育程度。WHO提供的胎儿出生时头围的参考值为34.8厘米,1岁时头围约增加12厘米,1岁后增长速度减慢,第2年头围只增加2厘米,2—14岁仅再增加6~7厘米。若有头小畸形,则提示脑发育不良;若头围过大,则要怀疑脑积水。

4. 胸围

胸廓与肺的发育可以用胸围衡量,胸围在第1年发育最快,1—1.5岁时超过头围,第2年增长速度明显减慢,平均增长3厘米,以后每年平均约增加1厘米。

5. 坐高

坐高指由头顶至坐骨结节的长度,坐高可显示躯干的生长。幼儿1岁后身高增加主要是下肢增长,坐高占身高的比例随年龄的增长而降低,新生儿出生时平均坐高为33厘米,占身长的66%,2岁时为61.1%,4岁时为60%,10岁时为54%。当儿童患佝偻病、软骨发育不良时,坐高占身高的百分比明显增大。

模块二
学前儿童健康教育的目标与内容

内容概要

《3—6岁儿童学习与发展指南》(以下简称《指南》)中提出:"发育良好的身体、愉快的情绪、强健的体质、协调的动作、良好的生活习惯和基本生活能力是幼儿身心健康的重要标志,也是其他领域学习与发展的基础。"学前儿童健康教育的目标是学前儿童健康教育实施的出发点和归宿,学前儿童健康教育的内容是实现教育目标的重要载体。《指南》和《纲要》对学前儿童健康教育领域的目标和内容都有相关的要求与建议。

本模块论述了学前儿童健康教育的目标和内容,主要包括学前儿童健康教育目标的确定依据、层次分析,学前儿童健康教育的总目标、年龄阶段目标以及教育活动目标,选择学前儿童健康教育内容的依据与原则,学前儿童健康教育的主要内容等。

情境导入

米米,女,三岁零一个月入园,在家中情况较稳定。入园之前一直由妈妈独自照顾,入园时极不适应幼儿园生活,性格孤僻、内向,不愿与同伴交往,总是一个人无助地哭泣。早上来园时一直躲在妈妈怀里,不愿进幼儿园大门,当幼儿园老师在门口接过她时,她会哭闹挣扎得很厉害。上述情况持续一个月不见好转,甚至出现一看到幼儿园的建筑就试图利用上厕所、哭闹、让妈妈放开自己等理由独自往回走的逃离现象。

米米有严重的分离焦虑,而且很不适应幼儿园的新生活,在幼儿园活动中情绪较低,积极性不高。

思考:如果你是米米的老师,你认为米米存在哪些问题?你如何针对她的问题进行有效教育?你会选择哪些方式进行教育?

探寻一　学前儿童健康教育的目标

一、学前儿童健康教育的目标制定

（一）确定学前儿童健康教育目标的依据

1. 幼儿身心发展的特点——根本依据

幼儿身心发展的特点是确定学前儿童健康教育目标的根本依据。只有科学把握幼儿身心发展的现状及发展趋势，才能切实促进幼儿的身心健康。所以，确定学前儿童健康教育目标的根本依据源于幼儿群体身心发展的一般规律，只有适应幼儿身心发展的健康教育目标才能够得以实施与实现。不同年龄的幼儿，其身心发展特点存在一定的差异，而随着社会的发展与进步，幼儿身心发展的特点亦呈现出时代性特点，所以，学前儿童健康教育目标要建立在融合国际视野、跟随时代脚步、发展性地科学认知幼儿身心特点的基础上。

2. 幼儿教育和健康教育的总目标——直接依据

学前儿童健康教育目标是幼儿教育总目标和健康教育总目标的具体目标，幼儿教育和健康教育的总目标是确定学前儿童健康教育目标的最直接的依据。因此，学前儿童健康教育目标必须既遵循幼儿教育的总目标，又遵循健康教育的总目标，以促进幼儿教育和健康教育总目标的整体实现。

3. 社会的发展与需求——重要依据

社会的发展与需求是确定学前儿童健康教育目标的重要依据。社会个体的身心健康和健康教育状况也是社会不断发展和进步的需要。幼儿的健康关乎未来社会劳动力的身心素质，而在社会中，拥有健康身心的公民会具有更高的社会价值。所以，健康教育的目标既要关注个体自身的身心和谐，又要关注个体与环境的和谐关系。学前儿童健康教育要积极适应社会发展的需要，适时调整目标内容，促进幼儿身心和谐发展。

（二）学前儿童健康教育目标的层次

学前儿童健康教育目标是幼儿的身心发展达到我们预期的健康水平的教育结果，是学前儿童健康教育活动的出发点和归宿，是科学开展学前儿童健康教育的关键。一般来说，学前儿童健康教育目标包含四个层次，即学前儿童健康教育的总目标、年龄阶段目标、主题活动目标、具体活动目标。

1. 总目标

学前儿童健康教育的总目标是学前儿童健康教育的终极目标，是国家对学前儿童健康教育目标的总体设计与规定，是制定其他所有健康教育目标的重要依据，如《纲要》

中对健康领域提出的总目标。

2. 年龄阶段目标

年龄阶段目标是以不同年龄阶段幼儿的身心发展特点为依据确定的健康教育目标,即小班、中班、大班的健康教育目标。从不同年龄幼儿的发展特征出发,保证了目标的适宜性和发展性。《指南》中"目标部分分别对 3—4 岁、4—5 岁、5—6 岁三个年龄段末期幼儿应该知道什么、能做什么、大致可以达到什么发展水平提出了合理期望",可以看作不同年龄阶段的健康教育目标。

3. 主题活动目标

随着幼儿园课程改革的发展,作为课程重要内容的主题活动,已成为幼儿园重要的教育组织形式,在促进幼儿全面发展方面发挥着重要价值。主题活动目标一般以主题来安排教育活动,如小班主题活动"我的小手真能干"、中班主题活动"我会自己穿衣服"等,主题活动目标也称单元目标。

4. 具体活动目标

具体活动目标包括健康领域一次集体教育活动目标、区域活动目标等。如小班健康活动"我会擦嘴巴"的活动目标、中班生活区"扣扣子"游戏目标等。

二、学前儿童健康教育的总目标

学前儿童健康教育的总目标对幼儿的身心保健起到规范作用,也是确定相应的年龄段目标及具体活动目标的依据。《纲要》提出了学前儿童健康领域的总目标,即:

(1) 身体健康,在集体生活中情绪安定、愉快;

(2) 生活、卫生习惯良好,有基本的生活自理能力;

(3) 知道必要的安全保健常识,学习保护自己;

(4) 喜欢参加体育活动,动作协调、灵活。

通过对上述总目标的分析,可以发现这些目标表明了以下三个方面的价值取向。

1. 身心和谐

学前儿童健康应包括身体健康和心理健康两个主要方面。幼儿的身体健康以发育健全、具备基本的生活自理能力为主要特征;幼儿的心理健康以情绪愉快、适应集体生活为主要特征。由于幼儿的身体健康与心理健康是密不可分的两个方面,因此有的目标(如"生活、卫生习惯良好")既包含日常生活中的盥洗、排泄等生理意义的卫生习惯,也包含没有吮吸手指等心理意义的问题行为。只有身心和谐发展,才能真正做到身体和心理的健康。

2. 保护与锻炼并重

学前儿童健康教育既重视掌握必要的保健知识以提高保护自身的能力,又强调通过体育活动提高身体素质。其中,掌握与安全问题相关的知识和技能、培养对体育活动的兴趣、增强动作的协调性和灵活性是学前儿童健康教育的重点。《纲要》中健康领域的目标如此表述,实际上还隐含了学前儿童健康教育包含幼儿园体育这一思想,这与许多相关的教育或体育专著中将健康教育纳入体育之中有所不同,与目前基础教育相关科目的界定也不完全一样,但无论学术界如何看待健康教育与体育的关系,幼教工作者都应遵照《纲要》的基本精神,保护与锻炼并重。

3. 健康行为的形成与健康态度的转变并重

探讨幼儿健康行为建立、改变和巩固的一般规律是学前儿童健康教育研究的重点,幼儿健康行为的形成是学前儿童健康教育的核心目标。同时,随着健康教育价值取向的变化,学前儿童健康教育的目标较多地使用了"喜欢""体验""感受""乐意""合作""参与""探索"等词汇,强调健康生活、体育锻炼等良好习惯的形成,突出了情感、态度、价值观等方面的取向。

真题再现

（2024年上半年）幼儿园健康教育的主要目的是（　　）。
A. 促进幼儿身心健康
B. 提高动作技能
C. 增强幼儿体质
D. 丰富健康知识

三、学前儿童健康教育的年龄阶段目标

（一）对年龄阶段目标的表述[①]

1. 小班

（1）了解盥洗的顺序,初步掌握洗手、刷牙的基本方法;学习穿脱衣服;会使用手帕或纸巾;养成坐、站、行、睡的正确姿势;能及时排便;有良好的作息习惯。

（2）进餐时保持愉快的情绪,愿意独立进餐;认识最常见的食物,爱吃各种食物,主动饮水。

（3）了解身体的外形结构,认识并学习保护五官;能积极配合疾病预防与治疗。

（4）知道过马路、乘坐交通工具、玩大型运动器械时要注意安全,了解日常生活中的安全常识。

（5）知道自己的性别。

（6）喜欢并愿意参加体育活动;能自然地走、跑、跳、爬、投掷;学习听口令和信号做出相应动作;玩滑梯、攀爬架、转椅等大型体育活动器械时能注意安全;能合作收拾小型体育器材。

2. 中班

（1）初步学会穿脱衣服、整理衣服;学习整理活动用具,能保持玩具清洁;有初步的生活自理能力。

---

① 顾荣芳.学前儿童健康教育论[M].3版.南京:江苏教育出版社,2009.

(2) 结合品尝经验，进一步认识各类常见食物，爱吃各类食物的同时懂得科学合理地进食，逐步形成良好的饮食习惯。

(3) 进一步认识身体的主要器官，逐步形成接受疾病预防与治疗的积极态度和行为；在成人帮助下学习处理常见外伤的最简单的方法，知道快乐有益于健康。

(4) 认识有关安全标志，能够在成人提醒下遵守交通规则；不接触危险物品；遇到危险时能告诉成人，有初步的自我保护意识。

(5) 愿与父母分床而眠。

(6) 喜欢并较积极地参加体育活动；能听信号按节奏协调地走和跑；能按要求跳、投掷、抛接，能左右手拍球；能随音乐节奏做徒手操和轻器械操；能注意活动中的安全与合作，爱护公物，能及时收拾小型体育器械。

3. 大班

(1) 保持个人卫生，关心周围环境的卫生；进一步提高独立生活能力，初步形成良好的学习习惯。

(2) 初步理解不同的食物有不同的营养，身体需要各种营养；会使用筷子；进一步形成独立进餐的习惯。

(3) 进一步认识身体的主要器官及重要功能，并懂得简单的保护方法；了解有关预防龋齿及换牙的知识；注意用眼卫生。

(4) 获得应付意外事故（如火灾、雷击、地震、台风等）的常识，具有粗浅的求生技能。

(5) 知道男女厕所，初步理解性别角色期待。

(6) 喜欢锻炼身体并感到体育活动的有趣；能轻松自如地走、跑、跳、攀登、翻滚，会用上挥臂投掷轻物并投准目标，能抛接高球；能熟练地听各种口令和信号并做出相应的动作；能随音乐节奏有精神地做徒手操和轻器械操，动作有力、到位；能注意安全，自觉遵守体育活动的规则，合作谦让；能体验到克服困难取得胜利的愉悦；能独立收拾各种小型体育器材。

(二) 对年龄阶段目标的规定

2012年，教育部颁布的《指南》就健康领域提出了3个方面的幼儿学习与发展目标，并根据3—4岁、4—5岁、5—6岁年龄段末期幼儿的发展特点提出了相应年龄阶段的期望表现。虽没有冠以"年龄阶段目标"的称谓，但从其表述内容来看，也可以作为学前儿童健康教育的年龄阶段目标的参考。《指南》中共有3类目标，在3类目标之下还包括9个子目标，子目标又按照3个年龄段划分，列出了各年龄阶段幼儿的学习与发展目标，具体表述如下。

1. 身心状况

表 2-1　目标 1　具有健康的体态

3—4 岁	4—5 岁	5—6 岁
1. 身高和体重适宜。 参考标准： 男孩： 身高：94.9～111.7 厘米 体重：12.7～21.2 公斤 女孩： 身高：94.1～111.3 厘米 体重：12.3～21.5 公斤 2. 在提醒下能自然坐直、站直。	1. 身高和体重适宜。 参考标准： 男孩： 身高：100.7～119.2 厘米 体重：14.1～24.2 公斤 女孩： 身高：99.9～118.9 厘米 体重：13.7～24.9 公斤 2. 在提醒下能保持正确的站、坐和行走姿势。	1. 身高和体重适宜。 参考标准： 男孩： 身高：106.1～125.8 厘米 体重：15.9～27.1 公斤 女孩： 身高：104.9～125.4 厘米 体重：15.3～27.8 公斤 2. 经常保持正确的站、坐和行走姿势。

注：身高和体重数据来源：《2006 年世界卫生组织儿童生长标准》4、5、6 周岁儿童身高和体重的参考数据。

表 2-2　目标 2　情绪安定愉快

3—4 岁	4—5 岁	5—6 岁
1. 情绪比较稳定，很少因一点小事哭闹不止。 2. 有比较强烈的情绪反应时，能在成人的安抚下逐渐平静下来。	1. 经常保持愉快的情绪，不高兴时能较快缓解。 2. 有比较强烈情绪反应时，能在成人提醒下逐渐平静下来。 3. 愿意把自己的情绪告诉亲近的人，一起分享快乐或求得安慰。	1. 经常保持愉快的情绪。知道引起自己某种情绪的原因，并努力缓解。 2. 表达情绪的方式比较适度，不乱发脾气。 3. 能随着活动的需要转换情绪和注意。

表 2-3　目标 3　具有一定的适应能力

3—4 岁	4—5 岁	5—6 岁
1. 能在较热或较冷的户外环境中活动。 2. 换新环境时情绪能较快稳定，睡眠、饮食基本正常。 3. 在帮助下能较快适应集体生活。	1. 能在较热或较冷的户外环境中连续活动半小时左右。 2. 换新环境时较少出现身体不适。 3. 能较快适应人际环境中发生的变化。如换了新老师能较快适应。	1. 能在较热或较冷的户外环境中连续活动半小时以上。 2. 天气变化时较少感冒，能适应车、船等交通工具造成的轻微颠簸。 3. 能较快融入新的人际关系环境。如换了新的幼儿园或班级能较快适应。

2. 动作发展

表 2-4　目标 1　具有一定的平衡能力,动作协调、灵敏

3—4 岁	4—5 岁	5—6 岁
1. 能沿地面直线或在较窄的低矮物体上走一段距离。 2. 能双脚灵活交替上下楼梯。 3. 能身体平稳地双脚连续向前跳。 4. 分散跑时能躲避他人的碰撞。 5. 能双手向上抛球。	1. 能在较窄的低矮物体上平稳地走一段距离。 2. 能以匍匐、膝盖悬空等多种方式钻爬。 3. 能助跑跨跳过一定距离,或助跑跨跳过一定高度的物体。 4. 能与他人玩追逐、躲闪跑的游戏。 5. 能连续自抛自接球。	1. 能在斜坡、荡桥和有一定间隔的物体上较平稳地行走。 2. 能以手脚并用的方式安全地爬攀登架、网等。 3. 能连续跳绳。 4. 能躲避他人滚过来的球或扔过来的沙包。 5. 能连续拍球。

表 2-5　目标 2　具有一定的力量和耐力

3—4 岁	4—5 岁	5—6 岁
1. 能双手抓杠悬空吊起 10 秒左右。 2. 能单手将沙包向前投掷 2 米左右。 3. 能单脚连续向前跳 2 米左右。 4. 能快跑 15 米左右。 5. 能行走 1 公里左右(途中可适当停歇)。	1. 能双手抓杠悬空吊起 15 秒左右。 2. 能单手将沙包向前投掷 4 米左右。 3. 能单脚连续向前跳 5 米左右。 4. 能快跑 20 米左右。 5. 能连续行走 1.5 公里左右(途中可适当停歇)。	1. 能双手抓杠悬空吊起 20 秒左右。 2. 能单手将沙包向前投掷 5 米左右。 3. 能单脚连续向前跳 8 米左右。 4. 能快跑 25 米左右。 5. 能连续行走 1.5 公里以上(途中可适当停歇)。

表 2-6　目标 3　手的动作灵活协调

3—4 岁	4—5 岁	5—6 岁
1. 能用笔涂涂画画。 2. 能熟练地用勺子吃饭。 3. 能用剪刀沿直线剪,边线基本吻合。	1. 能沿边线较直地画出简单图形,或能边线基本对齐地折纸。 2. 会用筷子吃饭。 3. 能沿轮廓线剪出由直线构成的简单图形,边线吻合。	1. 能根据需要画出图形,线条基本平滑。 2. 能熟练使用筷子。 3. 能沿轮廓线剪出由曲线构成的简单图形,边线吻合且平滑。 4. 能使用简单的劳动工具或用具。

3. 生活习惯与生活能力

表2-7　目标1　具有良好的生活与卫生习惯

3—4岁	4—5岁	5—6岁
1. 在提醒下,按时睡觉和起床,并能坚持午睡。 2. 喜欢参加体育活动。 3. 在引导下,不偏食、挑食。喜欢吃瓜果、蔬菜等新鲜食品。 4. 愿意饮用白开水,不贪喝饮料。 5. 不用脏手揉眼睛,连续看电视等不超过15分钟。 6. 在提醒下,每天早晚刷牙、饭前便后洗手。	1. 每天按时睡觉和起床,并能坚持午睡。 2. 喜欢参加体育活动。 3. 不偏食、挑食,不暴饮暴食。喜欢吃瓜果、蔬菜等新鲜食品。 4. 常喝白开水,不贪喝饮料。 5. 知道保护眼睛,不在光线过强或过暗的地方看书,连续看电视等不超过20分钟。 6. 每天早晚刷牙、饭前便后洗手,方法基本正确。	1. 养成每天按时睡觉和起床的习惯。 2. 能主动参加体育活动。 3. 吃东西时细嚼慢咽。 4. 主动饮用白开水,不贪喝饮料。 5. 主动保护眼睛。不在光线过强或过暗的地方看书,连续看电视等不超过30分钟。 6. 每天早晚主动刷牙,饭前便后主动洗手,方法正确。

表2-8　目标2　具有基本的生活自理能力

3—4岁	4—5岁	5—6岁
1. 在帮助下能穿脱衣服或鞋袜。 2. 能将玩具和图书放回原处。	1. 能自己穿脱衣服、鞋袜、扣纽扣。 2. 能整理自己的物品。	1. 能知道根据冷热增减衣服。 2. 会自己系鞋带。 3. 能按类别整理好自己的物品。

表2-9　目标3　具备基本的安全知识和自我保护能力

3—4岁	4—5岁	5—6岁
1. 不吃陌生人给的东西,不跟陌生人走。 2. 在提醒下能注意安全,不做危险的事。 3. 在公共场所走失时,能向警察或有关人员说出自己和家长的名字、电话号码等简单信息。	1. 知道在公共场合不远离成人的视线单独活动。 2. 认识常见的安全标志,能遵守安全规则。 3. 运动时能主动躲避危险。 4. 知道简单的求助方式。	1. 未经大人允许不给陌生人开门。 2. 能自觉遵守基本的安全规则和交通规则。 3. 运动时能注意安全,不给他人造成危险。 4. 知道一些基本的防灾知识。

四、学前儿童健康教育的活动目标

学前儿童健康教育的活动目标是学前儿童健康教育总目标和年龄阶段目标在活动中的具体化,是每一个具体的健康教育活动过程设计的依据,也是评价健康教育活动的重要指标。

(一)学前儿童健康教育活动目标的分类

1. 按内容分类

从内容上分,学前儿童健康教育活动目标一般包括认知、情感态度和能力三个方

面。例如下述中班健康活动"蔬菜宝宝我爱你"的目标:
(1) 知道1~2种常见蔬菜的营养价值。(认知目标)
(2) 能根据颜色、种类等特征给蔬菜分类。(能力目标)
(3) 喜欢并愿意吃多种蔬菜。(情感态度目标)

2. 按表述方式分类

从表述方式上分,学前儿童健康教育活动的目标包括行为目标、表现性目标和生成性目标。

(1) 行为目标

所谓行为目标,是以具体的可操作的行为的形式陈述的教育教学目标,它指明教育教学过程结束后幼儿所发生的行为变化。在教育实践中,行为目标可使教师更加清楚地认识教学任务,更容易准确判断目标是否达成,可以作为学习效果评价的依据。

在健康教育领域,往往可以看到这样的行为目标:"知道吃多种食物对身体有利""学会分辨常见的蔬菜和水果"等。但是,幼儿的健康态度和情感常常难以在短时间内以可观察的行为预先确定,所以如果活动目标只根据可测量的行为来设计,会将重点过分局限于短程的、以事实为中心的目标。

(2) 表现性目标

表现性目标是指每一个幼儿在与具体教育情境的种种际遇中所产生的个性化表现,教师们常常发现幼儿在具体的教育情境中的行为表现和得到的进步往往出乎预料,因此很难预先规定其发展变化的结果。表现性目标追求的不是幼儿反应的同质性,而是反应的多元性。

表现性目标对幼儿活动及结果的评价是一种鉴赏式的评价,它不同于行为目标,无法追求结果与预期目标的一一对应关系。

(3) 生成性目标

生成性目标是指在教育情境中随着教育过程的展开而自然生成的教育教学目标,它是教育情境的产物和问题解决的结果。生成性目标的本质是过程性,幼儿可以对自己感兴趣的问题进行深入探究,因而产生对结果的新的设计。

生成性目标在实践中较难确定,因为有时无论教师还是幼儿都不知道学习什么是最好的或是最合适的。另外,值得注意的是,"生成性目标"这一概念不同于"生成的目标"或"目标的生成"。

表 2-10 健康教育活动三种不同类型目标的比较①

行为目标	表现性目标	生成性目标
关注活动的结果	追求活动过程中反应的多元性	关注活动的过程
强调目标的精确性、具体性和可操作性	只提供活动的领域	重视幼儿的参与和体验

---

① 荀增强,刘建伟,等.幼儿园健康教育与活动指导[M].北京:北京师范大学出版社,2017.

(续表)

行为目标	表现性目标	生成性目标
陈述包括三个因素：行为主体、行为动词、预期表现	采用体验性、过程性的行为动词	注重过程性行为动词
通过……学会……找出……	感受、经历、参与、尝试、寻找……	具有……的能力；尝试、探究……
重点放在知识和基本技能上	主张体验就是学习	鼓励幼儿的创造精神

（二）制定学前儿童健康教育活动目标的注意事项

1. 内容要全面

每个教育活动在实施前一般都确定了目标，活动的实施即是为了实现活动的目标，但教师也应该依据幼儿的反应调整目标，教育活动的目标在内容上一般包括情感态度、认知和能力三个方面。仅有认知方面的要求，忽视态度或能力方面的要求，又或者仅有能力目标，忽视认知与态度方面的目标等都是不恰当的。也就是说，每一个活动在设置目标时应尽量考虑幼儿所要发展的素质的各个方面内容。如大班健康教育活动"穿合适的鞋"的目标表述如下：

（1）认识几种常见的鞋。

（2）知道不同的鞋有不同的用处。

以上目标显得有些单薄，可以增加"会自己穿鞋""能欣赏各种各样的鞋"等目标。

2. 目标表述的角度要一致

目标表述的角度或从教师的角度出发，或从幼儿的角度出发。从教师的角度表述，指明教师应该做的工作或应该努力达到的教学效果，常以"引导……""让幼儿……"等方式表述。从幼儿的角度来表述，指明幼儿通过学习应达到的发展水平，常用"能够……""喜欢……""知道……"等方式表述。一般来说，我们建议应从幼儿角度来表述目标。如中班健康教育活动"今天，你喝牛奶了吗"目标表述如下：

（1）认识各种乳类食品，如牛奶、酸奶、豆奶等。

（2）让幼儿懂得喝牛奶有利于身体健康。

（3）培养幼儿喝牛奶的良好习惯。

在这3条目标中，第1条是从幼儿角度出发的目标，而第2、3条目标是从教师角度出发的目标，表述角度没能统一。

3. 目标表述要具体明确，有可操作性

高层次的教育目标可能写得比较笼统、含糊，比如总目标中规定的"动作协调、灵活"等，低层次的目标内容应要表述得更具体。如小班健康教育活动"今天，你喝牛奶了吗"的原目标为"知道喝牛奶有利于身体健康"，修改后的目标为"知道喝牛奶可以长得高，牙齿长得齐"。原目标过于笼统，没有针对性，没能以通俗的语言揭示牛奶（或其他奶制品）的特殊营养价值（有利于骨骼和牙齿的生长）。

但是，具体不等于可重复，如下例大班健康教育活动"我做牙科小医生"的目标：

原目标:知道饭后不刷牙、睡前不刷牙、含糖睡觉会导致蛀牙,使牙齿疼。

修改后的目标:初步了解龋齿形成的原因。

4. 目标的数量适中

一般情况下,目标以三条最为合适。目标制定得太少,说明没能充分挖掘活动的教育价值;目标制定得太多,易出现书写条理不清晰的问题,并且易出现要求过多,一次活动难以实现的问题。

5. 目标要求不宜过高或过低

具体活动目标的制定不仅要考虑各年龄段幼儿的身心发展特点,而且要考虑本班幼儿的具体情况,过高或过低的目标都不利于促进幼儿的学习与发展。如大班健康教育活动"我做牙科小医生"的目标之一:通过演示,使幼儿学习正确的刷牙方法。这一目标要求偏低,可能会导致教育活动没有难度,使得幼儿注意力不集中,学习兴趣、参与程度都不高。

案例呈现

中班健康教育活动:蛋宝宝的衣服

【原有目标】

1. 认识各种禽蛋,知道经常吃禽蛋有益于身体健康。
2. 喜欢吃禽蛋。

【修改后的目标】

1. 认识几种常见的禽蛋。
2. 愿意蛋黄和蛋白一起吃。
3. 会给煮熟的蛋剥壳,学习用蛋壳拼画。

【修改分析】

原有目标1形同虚设,活动中幼儿几乎无法体验吃了禽蛋是否"有益于身体健康",而"给煮熟的蛋剥壳"不仅为活动过程预设了操作环节,更重要的是它是幼儿必备的生活技能;"用蛋壳拼画"关注到健康教育领域与美术领域之间的整合。通过进一步修改,避免了无法让幼儿亲身体验却要幼儿有所感受的时候常常出现的生硬说教,体现了学前儿童健康教育是生活教育,预设了领域整合的内容。

大班健康教育活动:食物的旅行

【原有目标】

1. 知道食物经过人体的器官名称和顺序。
2. 初步了解消化器官的功能,并能理解磨、漏、蠕动、进入、送到、排出等动词用在各消化器官的含义。
3. 能用肢体动作表现食物消化的过程,体验奇妙的乐趣。

【修改后的目标】

1. 初步了解主要消化器官的名称和功能,并能理解"磨""漏""蠕动""排出"等动词的含义。

2. 能随音乐节奏用肢体语言表现食物消化的过程,体验游戏的快乐。

【修改分析】

原有目标1的难度过大,没有实现的可能,也没有实现的必要。在表述中加入"主要"则表明教学活动的重点内容,使活动目标重点突出。原有目标2的修改注意到在健康教育活动中对幼儿节奏感的培养。

学前儿童健康教育不是中小学健康教育,幼儿的接受程度以及教育的必要性是确定教育目标的两个不可或缺的要素;有节律的肢体语言能够让人感受到健康教育原本就是身体美和艺术美的统一。

大班健康教育活动:牙齿为什么会有龋洞

【原有目标】

1. 了解同伴中有哪些人有龋齿,为什么会有。
2. 学习刷牙的正确方法,坚持每天刷牙。
3. 知道龋齿会很疼,尽量不患龋齿。

【修改后的目标】

1. 了解龋齿发生的原因及危害。
2. 巩固刷牙的正确方法,愿意每天早晚自己刷牙。

【修改分析】

原有目标表述存在三个主要问题:其一,第1条所表达的意思不应作为目标提出,哪些人患有龋齿只是一种现象,每个人患龋齿的原因也无法一下理清,只能做大致的分析;其二,小班就已学习刷牙,故对于大班幼儿而言是巩固而非新学;其三,龋齿初期患者并不一定有疼痛感,我们应预防龋齿,但无法保证不患龋齿。因此,应对第1、2条目标做修改,删除第3条。

探寻二 学前儿童健康教育的内容

一、学前儿童健康教育的主要内容

学前儿童健康教育的内容可以从身心保健教育、体育活动两个方面来概括,具体来说有如下内容。

(一)身心保健教育

1. 生活、卫生习惯

(1) 生活自理习惯。自己盥洗、穿脱整理衣服鞋袜、吃饭、收拾整理玩具和用具等生活自理能力和习惯。

(2) 良好的作息习惯。按时睡眠,定时定量饮食,按时盥洗及大小便,每天参加体育锻炼和户外活动等有规律的生活习惯,一日生活有规律性。

(3) 清洁卫生习惯。讲究个人卫生,养成勤洗手、勤洗头、勤洗澡和勤换衣、勤剪指甲、勤理发等清洁卫生习惯,学会使用自己专用的手帕、面巾、浴巾和茶杯,或一次性的卫生纸巾,特别是在咳嗽、打喷嚏时会用手帕或纸巾捂住口鼻,不挖鼻孔。

(4) 学习卫生习惯。养成良好的阅读、绘画、写字、唱歌等习惯,坐、站、行、睡姿势正确,注意用眼卫生,保持书籍、文具和玩具的清洁,养成自己整理活动用具的习惯。

(5) 关心周围环境卫生的习惯。爱护周围环境,养成关心和自觉保护周围环境卫生的习惯。

2. 饮食与营养

(1) 情绪愉快,愿意独立进餐。

(2) 辨识常见的食物,平衡膳食,不偏食,不挑食,少吃零食,主动饮水。

(3) 进餐习惯良好,如饭前洗手、进食定时定量、正确使用餐具、保持桌面和地面清洁、不乱吃零食、进餐时细嚼慢咽、不边吃边说笑等。

(4) 初步感受中外饮食礼仪和文化。

3. 身体认识与保护

(1) 具有积极探索生命现象的兴趣。

(2) 认识身体外形和人体的一些主要器官及其功能。

(3) 保护五官,爱牙、护牙,注意用眼卫生,不将异物塞入口鼻耳内。

(4) 初步了解身心疾病和缺陷的预防知识,能够愉快地接受身体健康检查和预防接种,积极配合疾病的预防和治疗。

(5) 知道愉快的情绪和良好的行为有益于身体健康,反之亦然。

4. 安全教育

(1) 了解及遵守日常生活中安全常识与规则,过马路、乘坐交通工具、玩大型运动器械和玩具时能注意安全。

(2) 认识有关安全的标志,遵守交通规则,初步形成自我保护意识。

(3) 了解应付意外事故和自然灾害的常识,具备基本的求生技能,知道自救和向成人求教的方法。

5. 心理健康

(1) 积极的自我意识教育

能够正确地认识、评价和调节自我,形成积极的自我意识。

(2) 良好的情绪与适应能力教育

① 学习表达和调节自己情绪的方法,正确理解情绪的反应情境,用语言和非语音

来表达情绪,培养控制和调节情绪的能力。

②适应幼儿园生活。

③能够较快适应陌生的人和环境,对陌生的人和环境能够有警惕之心。

(3) 人际交往教育

①学习感知和理解他人的情感。

②学习轮流分享、合作互助的技能。

③有初步的公平竞争的意识和行为。

④懂得基本的礼貌礼节。

(4) 爱心教育

①爱祖国、爱社会、爱他人。能够关爱家人,友爱同伴。

②爱护公共卫生和设施,爱护动植物。

③公益爱心教育。

(5) 学习品质教育

①学会独立思考和解决问题,有主见,不依赖他人。

②不怕困难,有克服困难的勇气和信心。

③愿意主动探究,掌握初步的学习方法,养成良好的学习习惯。

(6) 性教育

①性认同和性角色。正确的性认同和性角色有利于幼儿更好地适应社会生活,形成健康的性心理基础。

②科学简洁的性知识。对幼儿的有关性的提问和疑惑,我们应该以科学求实的态度,简洁婉转地回答。

③正确处理幼儿的性游戏。不能粗暴制止,也不能羞辱嘲笑,应因势利导,晓之以理,帮助幼儿形成健康的性心理。

④纠正幼儿玩弄生殖器和摩擦大腿的不良习惯。

(7) 心理障碍与行为异常的预防

①正确认识和掌握常见的幼儿心理障碍和行为异常症状及矫正策略。

②防止幼儿心理障碍和行为异常的发生。

③及早发现,及时治疗,尽量帮助幼儿恢复健康。

(二) 体育活动

1. 集体体育活动

幼儿走、跑、跳、投掷、攀登、钻爬等基本动作的练习与活动,基本动作灵活协调。

2. 早操活动

(1) 幼儿基本体操的练习,能够跟随口号和音乐节奏做徒手操、模仿操和轻器械操等。

(2) 能够听口号,进行队列队形的变化。

3. 体育游戏

(1) 喜欢参与体育游戏,在体育游戏活动中获得积极情绪体验及身体的锻炼。

(2) 遵守体育游戏的规则,户外体育游戏时能够注意安全。

4. 户外器械游戏

大中型固定性运动器械活动,如滑梯、攀登架、钻爬洞等;中小型可移动运动器械活动,如摇马、儿童自行车、呼啦圈等;手持的小型运动器械活动,如各种球类、跳绳、毽子等。

二、选择学前儿童健康教育内容的依据

(一) 与学前儿童健康教育目标相匹配

学前儿童健康教育内容的选择应该依据学前儿童健康教育目标,教育内容和教育目标要保持一致。实际上,学前儿童健康教育的目标已经框定了教育的内容,并提示了内容的要点,学前儿童健康教育内容的选择应该以实现其目标为依据,教育目标是选择教育内容的基准。

(二) 与学前儿童的身心发展和生活经验相关联

学前儿童健康教育内容的选择要考虑幼儿身心发展的特点和规律以及幼儿已有的生活经验,任何不符合幼儿实际状况的目标和内容都是毫无效果的。幼儿的身心发展水平及已有经验决定了教育内容的范围和难度,所以,选择教育内容时一定要符合幼儿的身心发展水平,并紧密联系其生活实际经验,针对幼儿的健康现状及其发展趋势,这样幼儿才感兴趣,教育效果才能达到预期状态。

(三) 重视健康教育内容的内在逻辑关系

健康教育作为一门学科,有系统的知识结构。由于幼儿具有的年龄特征,健康教育的知识会通过层层筛选而变得简单化。在教育实践中,人们常常轻易地对学科知识进行没有太多根据的删减,有时留给幼儿的仅仅是些毫无关联、枯燥乏味的诵读材料。这样选择的教育内容常常较为零散,碎片化严重,不利于幼儿对学科知识内在逻辑系统性的感知。所以,在尊重幼儿心理发展内在要求的同时兼顾健康教育学科知识内在逻辑体系的要求也是必要的。

(四) 社会的飞速发展要求教育内容应具有时代性特点

学前儿童健康教育内容的选择应该密切联系社会实际,符合社会对幼儿生活和学习的新要求。教育应该立足于社会,服务于生活,教育内容的选择亦应该源于幼儿的现实社会生活。当前社会飞速发展,新生事物层出不穷,学前儿童健康教育内容的选择应该体现时代性特点,剔除老旧内容,不断更新。例如,手机、电脑等电子产品已经融入人类生活,如何使用这些电子产品为学前儿童健康服务以及如何避免此类电子产品对学前儿童健康产生危害等内容,已成为学前儿童健康教育内容的重要部分。

三、选择幼儿健康教育内容的基本原则

(一) 递进式原则

一般而言,个别的学习经验应该是先前经验的自然发展,后续的学习能使先前的经

验得到加深和扩展。在选择教育内容时应注意其时间的逻辑顺序,考虑知识经验及知识准备。例如,在小班幼儿的如厕学习活动中,应先让幼儿认识到及时和主动大小便的重要性,然后学习如何自主小便,再逐渐学习自己擦屁股。

又如,幼儿各年龄段关于"跳"的不同要求,如表2-11所示:

表2-11 各年龄段关于"跳"的不同要求

小班	中班	大班
1. 向前跳 2. 向上跳 3. 从25厘米高处往下跳	1. 纵跳触物(20厘米) 2. 直线两侧行进跳 3. 立定跳远(30厘米) 4. 从30厘米处往下跳 5. 助跑跨跳(40厘米)	1. 纵跳触物(25厘米) 2. 立定跳远(40厘米) 3. 从35厘米处往下跳 4. 助跑跨跳(50厘米) 5. 跳绳 6. 跳山羊

(二)均衡性原则

生活卫生习惯教育关系到幼儿日常健康行为的养成,安全教育关系到幼儿的身心健全,饮食营养教育关系到幼儿的热量满足,体育关系到幼儿的动作发展和体能训练,每个方面的内容都有不可替代的作用。因此,我们要兼顾幼儿多方面的需求,全面而均衡地选择教育内容,杜绝"顾此失彼"的现象。

(三)整合性原则

从教育的角度而言,人是完整教育的最终受体,所以,即使我们此时讨论的是学前儿童健康教育,也应该谨记教育整合的理念。完整的幼儿教育,切不可人为地割裂有益于幼儿发展的整体经验,而是应该将教育的内容进行整合。一方面是本领域内不同内容的整合,如整合身体保健和心理保健的内容,整合身心保健和身体锻炼的内容等;另一方面,可以跨领域整合,如整合学前儿童健康教育领域与社会教育领域、语言教育领域、科学教育领域和艺术教育领域的内容。

(四)发展性原则

发展性原则是指学前儿童健康教育要为幼儿的现实发展负责,更要为幼儿的终身发展负责,应该使每一名幼儿得到持续的发展。根据"最近发展区"的原理,在选择教育内容时要注意教育内容和目标要略高于幼儿当前的认知水平,同时又是幼儿通过努力可以完成的。此外,要注重幼儿的个别差异,使参与活动的每一个幼儿都能得到应有的发展。活动的组织以小组、个别活动为主,集体活动为辅,从而加强对个别幼儿的指导,促进每个幼儿的发展,并尽量结合其终身发展的需要设计课程。

(五)需要性原则

符合幼儿的兴趣和需要并且与生活实际相联系的内容应当成为健康教育的重点内容。关注幼儿的生理发展、心理发展以及社会适应等多方面的需要,实际上是重视幼儿的本性。当前许多幼儿园在教育活动中经常生成新内容,这些新生成的内容往往来自幼儿强烈的兴趣和需要。那些与幼儿当前和将来的发展没有联系的内容,就不适合作为学前儿童健康教育活动的内容。

大班健康教育主题活动:胖国王和瘦皇后

【主题由来】

《胖国王》和《瘦皇后》是一套图画书。《胖国王》讲述了国王不爱运动,爱吃鸡腿、汉堡等零食,结果身体太胖了,给生活带来了很多的不便;《瘦皇后》讲的是皇后天天担心国王的身体,心情不好,结果越来越瘦,经常晕倒生病。联想到班上幼儿体格生长偏离问题较严重,全班35名幼儿中有7名肥胖儿和3名体弱儿,我们开展了该主题的健康教育活动。

【主题目标】

1. 初步了解健康的含义,知道合理饮食、运动和保持良好情绪的重要性。
2. 能够主动参与体育锻炼,注意饮食习惯,学习调整自己的情绪和情感。
3. 逐步形成任务意识及不怕困难的良好品质。

【主题内容设计】

活动一:大家来帮忙

1. 活动目标

(1) 通过理解图画书《胖国王》和《瘦皇后》的故事内容,初步了解什么是健康。

(2) 通过分组讨论,尝试结合生活实际思考问题、解决问题。

(3) 愿意在集体面前大胆地表达自己的想法。

2. 活动准备

(1) 图画书《胖国王》和《瘦皇后》,幼儿用来记录讨论结果的纸和笔。

(2) 幼儿对图画书《胖国王》和《瘦皇后》的故事内容有一定的了解。

3. 活动过程

(1) 阅读图画书。

教师阅读《胖国王》和《瘦皇后》,引导幼儿用自己的动作表达出书的名字。

(2) 引出"健康"的概念。

提出问题:"胖国王为什么会变得这么胖?瘦皇后为什么会晕倒?"

教师引出"健康"的概念,引导幼儿认识,太胖和太瘦都是不健康的;身体有病和心情不好都不利于健康。

(3) 分组讨论。

教师提问:"国王和皇后的不健康,急坏了公主、大臣和厨师,他们都想出了什么办法呢?你还有什么好办法来帮助他们吗?"幼儿自由分组进行讨论,记录结果。

(4) 分享交流。

每组请一名幼儿汇报讨论结果,其余幼儿做适当的补充。

(5) 教师总结。

4. 活动延伸

区域活动中,引导幼儿根据故事内容自制图画书《胖国王》和《瘦皇后》。

活动二:健康计划

1. 活动目标

(1) 引导幼儿学习书中人物不怕困难的精神,坚持改正自己的不良习惯。

(2) 增强幼儿做事的计划性和目的性。

2. 活动准备

(1) 幼儿有做计划的经验。

(2) 便于各组粘贴健康计划的环境。

3. 活动过程

(1) 回顾书中主要人物胖国王和瘦皇后,说说他们在身体不健康时是怎么做的,引导幼儿学习他们坚持改变不良习惯、不怕困难的精神。

(2) 结合生活实际,说说自己有哪些影响健康的不良习惯及改进方法。

(3) 根据改进方法制定自己的健康计划。

(4) 各组根据个人的健康计划制定小组计划,粘贴在主题环境中。

4. 活动延伸

各组在一日生活中按计划实施健康活动大比拼,家长在家督促幼儿实施个人健康计划。

活动三:动一动

1. 活动目标

(1) 愿意探索身体能动的部位。

(2) 通过角色扮演体验运动的快乐,知道运动能使人健康。

2. 活动准备

音乐、教师表演的童话剧《胖国王和瘦皇后》的录像片段。

3. 活动过程

(1) 观看录像,说说人体有哪些地方是可以动的,都可以做些什么动作。

(2) 说说看:动一动对身体的好处。

教师:"小朋友,运动能给我们身体带来哪些好处呀?"(运动可以使人健康)

(3) 跟着老师一起学习录像中的运动动作。

(4) 幼儿自由选择扮演《胖国王和瘦皇后》中的某个角色,跟着音乐一起表演"大家帮助国王运动减肥"的片段,鼓励幼儿创编动作。

4. 活动延伸

家园合作,鼓励幼儿积极参加每天的晨间锻炼活动。

【分析】

1. 该主题内容的选择来源于幼儿现实的成长需要,目标明确,体现了需要性原则。

2. 内容整合了心理健康教育、日常生活习惯教育、饮食教育、体育教学等,体现了均衡性原则。

3. 内容分为三个活动并有序进行，从了解健康的基本概念开始，逐步过渡到制订个人计划，再到具体的实施，学习上层层递进，体现了递进式原则。

【建议】

活动二的"健康计划"可以再进一步细分为健康饮食计划和情绪调适计划两个内容，以确保教师在有限的集体教学时间内更好地达到目标。另外，可以增加人体器官的认识和保护的内容，如了解食物消化的基本过程，如何通过健康的饮食、运动计划保护自己的身体等。对于一些概念的表达，如活动一中的"健康"等，需要考虑幼儿的生活经验和理解能力，慎重表达，以确保可行性原则。

1. 确定学前儿童健康教育目标的依据有哪些？
2. 《纲要》中提出的学前儿童健康教育的总目标有哪些？
3. 如何撰写学前儿童健康教育活动目标？
4. 请论述学前儿童健康教育的主要内容。
5. 选择学前儿童健康教育内容需要遵循哪些原则？
6. 根据你对学前儿童健康教育实际情况的了解，谈一谈学前儿童健康教育内容在实施过程中存在的问题。

1. 请根据所学知识对以下活动目标进行分析并修改。

小班健康教育活动：我爱吃水果

【原定目标】

(1) 知道各种水果的名称。

(2) 能根据水果的形状将水果分类。

2. 根据下列活动名称，设计具体的教育活动目标。

(1) 小班身体保健活动"我的鼻子"

(2) 中班饮食营养活动"好吃的蔬菜"

(3) 大班体育活动"好玩的绳子"

3. 根据上题中你所列出的活动目标，请选择至少5个相关的活动内容。

《指南》对学前儿童健康教育内容的建议

《指南》对学前儿童健康领域的教育内容是从身心状态、动作发展、生活习惯与生活能力3个方面进行表述的。在9个子目标中,《指南》对其教育内容的建议如下。

一、身心状态

（一）"具有健康的体态"的教育建议

1. 为幼儿提供营养丰富、健康的饮食。例如,参照《中国孕期、哺乳期妇女和0—6岁儿童膳食指南》,为幼儿提供谷物、蔬菜、水果、肉、奶、蛋、豆制品等多样化的食物,均衡搭配。烹调方式要科学,尽量少煎炸、烧烤、腌制。

2. 保证幼儿每天睡11～12小时,其中午睡一般应达到2小时左右。午睡时间可根据幼儿的年龄、季节的变化和个体差异适当减少。

3. 注意幼儿的体态,帮助他们形成正确的姿势。例如,提醒幼儿要保持正确的站、坐、走姿势;发现有八字脚、罗圈腿、驼背等骨骼发育异常的情况,应及时就医矫治。桌、椅和床要合适。椅子的高度以幼儿写画时双脚能自然着地、大腿基本保持水平状为宜;桌子的高度以写画时身体能坐直,不驼背、不耸肩为宜;床不宜过软。

4. 每年为幼儿进行健康检查。

（二）"情绪安定愉快"的教育建议

1. 营造温暖、轻松的心理环境,让幼儿形成安全感和信赖感。例如,保持良好的情绪状态,以积极、愉快的情绪影响幼儿。以欣赏的态度对待幼儿。注意发现幼儿的优点,接纳他们的个体差异,不简单与同伴做横向比较。幼儿做错事时要冷静处理,不厉声斥责,更不能打骂。

2. 帮助幼儿学会恰当表达和调控情绪。例如,成人用恰当的方式表达情绪,为幼儿做出榜样。如生气时不乱发脾气,不迁怒于人。成人和幼儿一起谈论自己高兴或生气的事,鼓励幼儿与人分享自己的情绪。允许幼儿表达自己的情绪,并给予适当的引导。如幼儿发脾气时不硬性压制,等其平静后告诉他什么行为是可以接受的。发现幼儿不高兴时,主动询问情况,帮助他们化解消极情绪。

（三）"具有一定的适应能力"的教育建议

1. 保证幼儿的户外活动时间,提高幼儿适应季节变化的能力。幼儿每天的户外活动时间一般不少于两小时,其中体育活动时间不少于1小时,季节交替时要坚持。气温过热或过冷的季节或地区应因地制宜,选择温度适当的时间段开展户外活动,也可根据气温的变化和幼儿的个体差异,适当减少活动的时间。

2. 经常与幼儿玩拉手转圈、秋千、转椅等游戏活动,让幼儿适应轻微的摆动、颠簸、旋转,促进其平衡机能的发展。

3. 锻炼幼儿适应生活环境变化的能力。例如,注意观察幼儿在新环境中的饮食、睡眠、游戏等方面的情况，采取相应的措施帮助他们尽快适应新环境。经常带幼儿接触不同的人际环境，如参加亲戚朋友聚会，多和不熟悉的小朋友玩，使幼儿较快适应新的人际关系。

二、动作发展

（一）"具有一定的平衡能力，动作协调、灵敏"的教育建议

1. 利用多种活动发展身体平衡和协调能力。例如，走平衡木，或沿着地面直线、田埂行走。玩跳房子、踢毽子、蒙眼走路、踩小高跷等游戏活动。

2. 发展幼儿动作的协调性和灵活性。例如，鼓励幼儿进行跑跳、钻爬、攀登、投掷、拍球等活动。玩跳竹竿、滚铁环等传统体育游戏。

3. 对于拍球、跳绳等技能性活动，不要过于要求数量，更不能机械训练。

4. 结合活动内容对幼儿进行安全教育，注重在活动中培养幼儿的自我保护能力。

（二）"具有一定的力量和耐力"的教育建议

1. 开展丰富多样、适合幼儿年龄特点的各种身体活动，如走、跑、跳、攀、爬等，鼓励幼儿坚持下来，不怕累。

2. 日常生活中鼓励幼儿多走路、少坐车；自己上下楼梯、自己背包。

（三）"手的动作灵活协调"的教育建议

1. 创造条件和机会，促进幼儿手的动作灵活协调。例如，提供画笔、剪刀、纸张、泥团等工具和材料，或充分利用各种自然、废旧材料和常见物品，让幼儿进行画、剪、折、粘等美工活动。引导幼儿生活自理或参与家务劳动，发展其手的动作。如练习自己用筷子吃饭、扣扣子，帮助家人择菜叶、做面食等。幼儿园在布置娃娃家、商店等活动区时，多提供原材料和半成品，让幼儿有更多机会参与制作活动。

2. 引导幼儿注意活动安全。例如，为幼儿提供的塑料粒、珠子等活动材料要足够大，材质要安全，以免造成异物进入气管、铅中毒等伤害。提供幼儿安全剪刀。为幼儿示范拿筷子、握笔的正确姿势以及使用剪刀、锤子等工具的方法。提醒幼儿不要拿剪刀等锋利工具玩耍，用完后要放回原处。

三、生活习惯和生活能力

（一）"具有良好的生活与卫生习惯"的教育建议

1. 让幼儿保持有规律的生活，养成良好的作息习惯。例如，早睡早起、每天午睡、按时进餐、吃好早餐等。

2. 帮助幼儿养成良好的饮食习惯。例如，合理安排餐点，帮助幼儿养成定点、定时、定量进餐的习惯。帮助幼儿了解食物的营养价值，引导他们不偏食不挑食、少吃或不吃不利于健康的食品；多喝白开水，少喝饮料。吃饭时不过分催促，提醒幼儿细嚼慢咽，不要边吃边玩。

3. 帮助幼儿养成良好的个人卫生习惯。例如，早晚刷牙、饭后漱口。勤为幼儿洗澡、换衣服、剪指甲。提醒幼儿保护五官，如不乱挖耳朵、鼻孔，看电视时保持3米左右的距离等。

4. 激发幼儿参加体育活动的兴趣，养成锻炼的习惯。例如，为幼儿准备多种体育

活动材料,鼓励他选择自己喜欢的材料开展活动。经常和幼儿一起在户外运动和游戏,鼓励幼儿和同伴一起开展体育活动。和幼儿一起观看体育比赛或有关体育赛事的电视节目,培养他对体育活动的兴趣。

(二)"具有基本的生活自理能力"的教育建议

1. 鼓励幼儿做力所能及的事情,对幼儿的尝试与努力给予肯定,不因做不好或做得慢而包办代替。

2. 指导幼儿学习和掌握生活自理的基本方法,如穿脱衣服和鞋袜、洗手洗脸、擦鼻涕、擦屁股的正确方法。

3. 提供有利于幼儿生活自理的条件。例如,提供一些纸箱、盒子,供幼儿收拾和存放自己的玩具、图书或生活用品等。幼儿的衣服、鞋子等要简单实用,便于自己穿脱。

(三)"具备基本的安全知识和自我保护能力"的教育建议

1. 创设安全的生活环境,提供必要的保护措施。例如,要把热水瓶、药品、火柴、刀具等物品放到幼儿够不到的地方;阳台或窗台要有安全保护措施;要使用安全的电源插座等。在公共场所要注意照看好幼儿;幼儿乘车、乘电梯时要有成人陪伴;不把幼儿单独留在家里或汽车里等。

2. 结合生活实际对幼儿进行安全教育。例如,外出时,提醒幼儿要紧跟成人,不远离成人的视线,不跟陌生人走,不吃陌生人给的东西;不在河边和马路边玩耍;要遵守交通规则等。帮助幼儿了解周围环境中不安全的事物,不做危险的事。如不动热水壶,不玩火柴或打火机,不摸电源插座,不攀爬窗户或阳台等。帮助幼儿认识常见的安全标识,如:小心触电、小心有毒、禁止下河游泳、紧急出口等。告诉幼儿不允许别人触摸自己的隐私部位。

3. 教给幼儿简单的自救和求救的方法。例如,记住自己的家庭住址、电话号码、父母的姓名和单位,一旦走失时知道向成人求助,并能提供必要信息。遇到火灾或其他紧急情况时,知道要拨打110、120、119等求救电话。可利用图书、音像等资源对幼儿进行逃生和求救方面的教育,并运用游戏方式模拟练习。幼儿园应定期进行火灾、地震等自然灾害的逃生演习。

模块三
学前儿童生活习惯与生活能力教育

内容概要

本章主要围绕学前儿童生活习惯与生活能力教育活动,从活动目标和内容以及活动设计与实施等方面进行阐述,其中目标与内容部分分别从目标制定的依据、基本目标、内容选择的依据、内容选择的原则、主要内容几方面进行阐述;活动设计与实施部分从设计的基本原则、方法、途径等几方面进行阐述。

情境导入

小朋友们正在画画,泡泡突然坐在椅子上哭了起来,我和李老师走过去拉着泡泡的小手问道:"泡泡怎么啦?"泡泡一边哭一边说:"我要妈妈。"为了不影响其他孩子,李老师将泡泡带到了外面一间教室。我让泡泡坐在小椅子上,李老师蹲在他的前面,拉着泡泡的小手问道:"泡泡怎么突然想妈妈啦?"

泡泡哭着说:"我要妈妈。"

"可是妈妈现在在上班啊!能告诉老师你哪里不舒服吗?"

"我要拉便便。"

"哦,原来是泡泡想拉便便了,小肚子有点疼是吗?"

"嗯。"

"那我们就去拉便便吧。"

"不要,我要回家拉便便,我要妈妈。"

"可是妈妈现在不在啊。就算老师给妈妈打电话,妈妈也要很长时间才能到幼儿园。臭便便在泡泡的肚子里可等不及了。臭便便在泡泡的肚子里说:'泡泡,快让我出来呀,我在肚子里好难过呀!'如果泡泡不让臭便便出来,臭便便在肚子里很难过,就会乱动,泡泡的肚子就会更疼了。我们赶快去让臭便便出来吧。"

"我害怕!"

"不怕,老师陪着泡泡。"

泡泡含着眼泪点了一下头。

李老师拉着泡泡的小手将他带到厕所,帮他脱了裤子,告诉他小手要扶着横档,小脚先跨过去再蹲下来,同时我在旁边抓着他的一个胳膊。等泡泡解完大便,他已经完全不哭了。我说:"现在小肚子是不是不疼啦?"

"嗯。"

"以后泡泡在幼儿园想大便了就和老师说,我们就在幼儿园大便,好吗?"

"嗯。"

"臭便便可不能留在肚子里,不然肚子会疼的,泡泡也会生病的!今天泡泡很勇敢,在幼儿园大便了,老师奖励你一个小贴纸。下午妈妈来接泡泡的时候,一定也会觉得泡泡很勇敢,肯定也会表扬泡泡的!"教师在泡泡的脑门上贴了张红色的小星星,泡泡开心地笑了。

思考:幼儿生活习惯与生活能力教育教什么?怎么教?可以有哪些方法?需要注意哪些方面?

探寻一 学前儿童生活习惯与生活能力教育活动的目标和内容

幼儿生活习惯与生活能力教育是学前儿童健康教育的重要组成部分,《纲要》和《指南》都对学前儿童生活习惯与生活能力做了专门的阐述。学前儿童生活习惯与生活能力的教育直接关系到学前儿童当前和未来的健康发展和社会适应能力的培养。

一、学前儿童生活习惯与生活能力教育的基本含义

(一) 生活习惯

习惯是指在长时间里逐渐养成的一种受思想支配而表现出的在外的不容易改变的活动倾向,良好的习惯是一种高层次的自觉行为。学前儿童生活习惯是指在生活方面所表现出的比较稳定的心理品质和行为方式,主要包括:卫生习惯、饮食习惯、睡眠习惯和简单的生活自理习惯。

(1)卫生习惯。知道饭前便后要洗手,吃饭不掉饭粒,不随便坐在地上,游戏后勤收拾,保持桌面的整洁等。

(2)饮食习惯。正确地使用餐具,独立进餐,进餐时不大声讲话、不东张西望,专心进餐;不挑食、不偏食、不剩饭;按要求定时按量喝水,根据自己的需求随渴随喝等。

(3)睡眠起居习惯。睡前大小便,独立安静地入睡,掌握正确的睡眠姿势(右侧卧睡或仰睡),养成早睡早起的作息习惯等。

（4）简单的生活自理习惯。饭前便后洗手，玩具、图书不乱扔乱放，会自己整理玩具和床铺，会有序地穿脱衣服，不穿反鞋，会系鞋带，喜欢参加一些力所能及的劳动等。

（二）生活能力

学前儿童生活能力，或称学前儿童生活自理能力，主要指学前儿童在日常生活中照料自己生活的自我服务性劳动的能力，它是一个人应该具备的最基本的生活技能。学前儿童基本的生活能力通常包括以下几个方面：

（1）保持个人清洁卫生的能力。例如，能用正确的方法洗脸、洗手、擦鼻涕、刷牙，保持衣着整洁，大便后能擦拭干净等。

（2）自我照料与自我服务的能力。例如，会自己穿脱衣服，能根据自己的冷热增减衣服，会自己系鞋带、扣扣子、拉拉链等。

（3）保持自己物品、环境整洁的能力。例如，能按类别整理好自己的物品，会简单地折叠衣服、整理自己的小床等。

学前儿童生活习惯与生活能力教育就是在幼儿园的一日活动中根据幼儿身心发展的特点，有计划、有目的地进行的以丰富幼儿在日常生活习惯与生活能力方面的知识，帮助和促进幼儿逐步养成良好的生活习惯与生活能力为目的的教育活动。

二、学前儿童生活习惯与生活能力教育活动的目标

（一）学前儿童生活习惯与生活能力教育活动目标的依据

1. 幼儿身心发展水平与特点是确定幼儿生活习惯与生活能力教育目标的根本依据

在幼儿教育的任何领域，教育者都必须明确，幼儿身心发展水平与特点是确定幼儿教育的根本依据，幼儿生活习惯与生活能力教育当然也不例外。这里既包括幼儿群体发展的一般水平与特点，也包括不同幼儿个体的身心发展状况以及同一幼儿不同时期的身心发展水平与特点。

2. 幼儿健康教育总目标是确定幼儿生活习惯与生活能力教育目标的直接依据

2001年正式颁布实施的《幼儿园教育指导纲要（试行）》根据《幼儿园工作规程》精神提出了四条幼儿园健康领域总目标，即身体健康，在集体生活中情绪安定、愉快；生活、卫生习惯良好，有基本的生活自理能力；知道必要的安全保健常识，学习保护自己；喜欢参加体育活动，动作协调、灵活。

2012年颁布的《3—6岁儿童学习与发展指南》。对3—6岁幼儿健康领域的发展做了更加详细的说明，在第四个子领域"生活卫生习惯、生活自理与安全"中指出，幼儿良好的生活卫生习惯包括：具备基本的生活自理能力；有一定的自我保护意识与能力。《指南》还针对不同年龄段给出了详细、具体的指标。

（二）学前儿童生活习惯与生活能力教育活动的基本目标

根据《3—6岁儿童学习与发展指南》，学前儿童在生活习惯与生活能力方面的年龄目标，可从以下几方面来考虑，如表3—1所示。

表 3-1　幼儿在生活习惯与生活能力方面的年龄目标

内容 \ 年龄	3—4 岁	4—5 岁	5—6 岁
良好生活习惯	1. 在提醒下，按时睡觉和起床，并能坚持午睡	1. 每天按时睡觉和起床，并能坚持午睡	1. 养成每天按时睡觉和起床的习惯
	2. 喜欢参加体育活动	2. 喜欢参加体育活动	2. 能主动参加体育活动
	3. 在引导下，不偏食、不挑食。喜欢吃瓜果、蔬菜等新鲜食品	3. 不偏食、不挑食、不暴饮暴食。喜欢吃瓜果、蔬菜等新鲜食品	3. 吃东西时细嚼慢咽
	4. 愿意饮用白开水，不贪喝饮料	4. 常喝白开水，不贪喝饮料	4. 主动饮用白开水，不贪喝饮料
	5. 不用脏手揉眼睛，连续看电视等不超过 15 分钟	5. 知道保护眼睛，不在光线过强或过暗的地方看书，连续看电视等不超过 20 分钟	5. 主动保护眼睛，不在光线过强或过暗的地方看书，连续看电视等不超过 30 分钟
	6. 在提醒下，每天早晚刷牙，饭前便后洗手	6. 每天早晚刷牙，饭前便后洗手，方法基本正确	6. 每天早晚主动刷牙，饭前便后主动洗手，方法正确
生活自理能力	1. 愿意洗脸、擦鼻涕，饭前便后会洗手	1. 在帮助下能用正确的方法洗脸、洗手、擦鼻涕	1. 能用正确的方法洗脸、洗手、擦鼻涕，保持衣着整洁
	2. 在帮助下能自己穿脱衣服或鞋袜，会自己扣纽扣	2. 能自己穿脱衣服或鞋袜，会拉拉链	2. 会根据自己的冷热增衣服，会自己系鞋带
	3. 能将使用过的工具、玩具和图书放回原处	3. 能整理自己的物品，如玩具、书本、笔、绘画工具等	3. 能按类别整理好自己物品
		4. 大便后能基本擦拭干净	4. 大便后能完全擦拭干净

三、学前儿童生活习惯与生活能力教育的内容

（一）学前儿童生活习惯与生活能力教育内容选择的依据

1. 学前儿童的现实生活需要

学前儿童生活习惯与生活能力教育的最终目标是为了学前儿童更加健康、独立、自主和有序地生活，因此，了解学前儿童的生活，从学前儿童的现实生活需要出发，是选择学前儿童生活习惯与生活能力教育内容的基本要求。

2. 学前儿童生活习惯与生活能力教育的目标

教育的目标界定教育的内容，并提示内容的要点。内容的选择应当以实现其目标

为目的。因此,学前儿童生活习惯与生活能力教育的目标是选择学前儿童生活习惯与生活能力教育内容的基准。

3. 学前儿童的身心发展水平与原有经验

尽管在确定学前儿童生活习惯与生活能力教育的目标时已经考虑到了学前儿童的身心发展水平与特点,但在选择教育内容时仍需进一步关注学前儿童的身心发展特点,具体地说,应全面思考学前儿童身体发展的现状、心理发展的特点,同时正确判断学前儿童已有的生活经验和健康习惯,以期教育活动的开展有的放矢,使儿童比较容易接受。

(二) 学前儿童生活习惯与生活能力教育活动的内容

学前儿童生活习惯与生活能力教育的内容基本包括良好的卫生习惯、饮食习惯、睡眠习惯、排泄习惯、盥洗习惯、整理习惯、作息习惯、自我照料和环境卫生等几个方面,如表3-2所示。

表3-2 学前儿童生活习惯与生活能力教育活动的内容

个人卫生	早晚刷牙,饭后漱口,掌握正确的刷牙方法
	饭前便后和外出回来洗手,不吃手,掌握正确的洗手方法
	正确使用手帕或纸巾,有鼻涕及时擦,保持衣着整洁
	勤洗澡、洗头,勤剪指甲,勤换衣服
	保护眼睛,不用脏手揉眼睛,不长时间看电视,不在光线过强或过暗的地方看书
	不乱挖耳朵、鼻孔
饮食与营养	一日三餐有规律,不挑食、不偏食,喜欢吃瓜果、蔬菜等新鲜食品
	多喝白开水,少喝饮料,少吃不健康食品
	在规定的时间内安静地进餐,吃东西时细嚼慢咽,不暴饮暴食
良好的作息习惯	每天按时入睡和起床,早睡早起,坚持午睡
排泄习惯	不憋尿,每天定时大便
自我照料	根据自己的冷热增减衣服,自己穿脱衣服和鞋袜,会扣纽扣、拉拉链、系鞋带
收拾整理	整理自己的物品,如玩具、书本、笔、绘画用具,能将使用过的工具、玩具和图书放回原处
环境卫生	保持环境整洁与卫生,不乱扔垃圾,不随地大小便,不在墙上乱涂乱画,会做简单的清洁劳动

探寻二 学前儿童生活习惯与生活能力教育活动的设计与实施

一、学前儿童生活习惯与生活能力教育活动的设计原则

1. 适宜性原则

对幼儿进行生活习惯与生活能力教育必须遵循幼儿的身心发展水平和规律,尊重幼儿的认知特点,从幼儿切身的发展需要出发,选择合适的教育内容与方法。

2. 生活性原则

幼儿生活习惯与生活能力教育最终是为幼儿的生活服务的,所以活动要从幼儿生活出发,选择幼儿日常生活中的切实需要作为教育的内容,结合幼儿发展水平和学科特点在幼儿生活的各个环节中进行教育。

3. 随机性原则

幼儿的生活习惯与生活能力教育贯穿在幼儿一日生活的各个环节中,所以除了有计划进行的各项教育活动外,在日常生活中,教师也应对幼儿多观察、多注意,随时对幼儿进行随机教育,做到及时发现,及时给予表扬、鼓励和纠正,让幼儿的良好行为得以巩固并发扬。

4. 长期性原则

好习惯的养成和自理能力的培养不是一朝一夕的事情,需要很大的坚持性,更要不断地强化。教师要把培养幼儿良好的生活习惯与能力贯穿幼儿一日生活的各个环节中,并使之常规化,成为幼儿每日有序生活不可缺少的一部分。幼儿的意志力较差,教师要保持高度的责任感,发现幼儿有所遗忘或做得不够好的时候要及时提醒,并以身作则,潜移默化地帮助幼儿养成良好的生活习惯与生活能力。

5. 一致性原则

在培养幼儿良好生活习惯与能力时,班级中的几位教师要达成共识,对幼儿要求一致,这样相同的信息重复地传入幼儿的大脑,容易使幼儿形成神经联系,良好的习惯就容易养成。相反,如果一位老师对部分幼儿要求严格而对另一部分幼儿放纵,不但不利于幼儿良好习惯的养成,而且会使幼儿在思想上造成混乱而无所适从,或使幼儿产生只有在某位老师在的时候才要有好习惯的错误想法,这对幼儿的成长是极其不利的。

另外,培养幼儿良好的生活习惯与能力,只靠在幼儿园是远远不够的,在生活习惯与生活能力培养方面,家庭教育将起到更大的作用。教师和家长要经常相互沟通、交流,了解幼儿在家的情况。教师要传授给家长正确进行生活习惯与生活能力教育的方法,请家长配合幼儿园,做到统一标准、统一要求,这样才能有助于幼儿良好生活习惯与

能力的养成。

6. 暗示性原则

环境在幼儿教育中有着重要的影响,在对幼儿进行生活习惯与能力教育的同时,为幼儿创设一个积极向上的、能够暗示幼儿养成良好习惯与行为的环境将会事半功倍。这样的环境既包括空间物理环境,也包括人文环境。

为幼儿提供一个整洁有序的环境,环境中通过各种图片、标记等暗示幼儿什么时候该做什么事、怎么做。例如,将值日生牌和抹布放在教室的门口;在擦椅子的地方张贴正确擦椅子的图片;在洗手池上贴上正确洗手的图片;在接水的地方贴上排队等候的箭头;在玩具柜和玩具筐上贴上相同的小贴纸等。当幼儿接触这些图片与标记的时候,不需要教师提醒就会想起要擦椅子、要排队接水、要把玩具送回到正确的地方。

7. 正面性原则

心理学上指出:愉快的情绪能促使大脑皮层建立一个兴奋点,使学习保持最佳状态。幼儿因自己正确的行为获得鼓励而喜悦,从而使好的行为习惯继续保持。因此,对幼儿进行生活习惯与生活能力教育,"积极的鼓励比消极的刺激好得多"。对于幼儿的点滴进步,及时给予表扬,让幼儿感受到成功的愉快。因为获得成功的愉快感是推动幼儿生活自理的动力。当幼儿限于自身能力,无法达到预期目标时,要耐心细致地引导,辅以鼓励性语言,对能力差的幼儿多给予帮助,协助他们取得成功,以免挫伤幼儿积极进取的精神。

二、学前儿童生活习惯与生活能力教育活动的方法

在幼儿园里进行生活习惯与生活能力教育时可以采用以下方法:

1. 讲解示范法

讲解演示法是指教师具体而形象地向幼儿讲解,并结合实物或动作加以演示,给幼儿一个正确、完整的概念,从而帮助幼儿尽快掌握有关的知识技能,使他们有效仿的榜样。例如,小班身体保健教育活动"我的小手真干净",教师可以选择讲解演示法,讲解洗手的重要性并示范正确的洗手方法。在使用该方法时要注意,教师的讲解要通俗易懂,最好以儿歌化的方式,更能帮助幼儿理解和学习。示范时,动作要缓慢而清晰,便于幼儿观察,示范2~3次为宜。

2. 图示法

在环境中张贴各种技能练习的图片,例如,在洗手池上贴上洗手步骤图,在生活区张贴叠衣服步骤图,在幼儿每天擦椅子的地方贴上如何擦椅子的图片等,幼儿在做这些事情的时候可以看着图,按照图示的方法去做。

3. 游戏法

将生活中的一些自理活动当成游戏进行,引导幼儿在快乐的游戏当中进行技能的练习。例如,把吃饭当成搬家的游戏,请幼儿将食物搬到肚子里去,看谁搬得又快又干净。在"娃娃家"游戏中评选文明家庭,看谁家的爸爸妈妈会把家里收拾得最整齐,把宝宝照顾得最好。

4. 儿歌法

运用生动有趣的语言,根据幼儿的年龄特点,把一些枯燥的步骤形象化,提高幼儿的兴趣,幼儿边念儿歌边操作。例如,穿裤子:"两座山洞前边站,两列火车向里钻,呜的一声开过去,两个年头又见面。"

5. 故事法

根据幼儿喜欢听故事的特点,针对幼儿身上出现的一些生活习惯与生活能力的问题,有意识地借用现有故事或根据幼儿情况随机创编小故事讲给幼儿听,例如:通过绘本《如果不吃青菜》,以故事的形式引导幼儿了解不吃青菜的坏处,培养幼儿养成不挑食的好习惯。

6. 谈话法

针对幼儿的表现及实际生活中的问题,向幼儿提问,引起幼儿的思考,例如:通过问题"我们如何扣扣子才不会扣错?""吃饭的时候我们应该和不应该做那些事情?",以谈话的方式引导幼儿了解如何做好生活中力所能及的事。

7. 激励法

通过在集体中树立良好的榜样,对幼儿的良好表现或进步及时地给予肯定与表扬,引导幼儿通过与同伴比赛等方式,激发幼儿做事的兴趣及把事情做好的愿望。例如:在午睡起床后,教师可以对能够自己穿衣服、整理衣服的小朋友进行表扬;也可举办穿衣服比赛,比一比哪位小朋友既快速又正确地扣扣子,从而培养幼儿独立穿衣服的能力。

三、学前儿童生活习惯与生活能力教育活动的实施途径

在幼儿园里实施幼儿生活习惯和生活能力教育通常可以通过集体教学活动、区域活动、游戏活动和日常生活活动这四种途径,在不同途径下又可以针对不同对象灵活运用各种不同的方法。

1. 集体教学活动

集体教学活动是在幼儿园里对幼儿进行生活习惯和生活能力教育常用的一种形式,它是教师依据幼儿的年龄特点,按照一定的教学目标与原则,有目的、有计划地针对全体幼儿进行的教育活动。通常,我们可以先通过集体教学活动让幼儿了解生活习惯与生活能力的相关知识与技能,然后再通过其他途径进行长期的练习。例如,每年传染病高发季节,幼儿园要做好预防感染相关准备。围绕这个主题,教师可以设计"病毒来了我不怕"集体活动,引导幼儿了解呼吸道传染病及预防方法,养成正确的洗手和戴口罩等个人卫生习惯,帮助幼儿树立健康的生活态度。

2. 区域活动

区域活动是为了满足不同幼儿的发展水平与需要,在教室里专门创设活动空间,幼儿可以自主地在其中通过与各种材料的互动进行生活能力的练习。在幼儿园里通常将这样的区域称为动手区或生活区,教师根据幼儿的发展需要提供多样的活动材料,例如:在娃娃家中投放各式各样的衣服、餐具,引导幼儿喂娃娃吃饭、扣纽扣、系鞋带、编织、十字绣等,并根据幼儿的活动情况及时地对材料进行调整与更换。

3. 游戏活动

喜欢游戏是幼儿的天性,幼儿有了兴趣就愿意集中精力去做事,在感兴趣的游戏活动中,幼儿能按照规定,约束自己的不良行为,能借助游戏角色,愉快而自觉地进行各种生活能力的练习,所以游戏是对幼儿进行生活习惯与生活能力教育的良好手段。幼儿园里的角色游戏、桌面游戏、户外体育游戏等都是可以实施幼儿生活习惯与生活能力教育的游戏形式。例如,进行角色游戏时,幼儿扮演娃娃家的爸爸妈妈,可收拾整理自己的家,给娃娃穿衣服,喂娃娃吃东西。

4. 生活活动

幼儿园的生活活动是幼儿一日活动的重要组成部分,贯穿于一日生活的始终。正确、有序、科学、合理的生活活动是培养幼儿良好生活习惯的基础。在日复一日的生活活动中,幼儿进行各种自我服务的劳动,逐步养成基本的生活自理习惯与能力。

上述四种途径是幼儿生活习惯与生活能力教育活动的主要形式,有时其他活动也能对幼儿生活习惯与生活能力的培养起到促进作用。例如,幼儿生活自理能力的强弱很大程度上受手指小肌肉发育的影响,因此可以通过泥工、折纸、手工等活动来锻炼幼儿的手指肌肉和动作的协调性,从而促进幼儿生活自理能力的发展。

四、学前儿童生活习惯与生活能力集体教学活动的设计

通常,一个完整的集体教学活动教案包括活动来源、活动名称、活动目标、活动过程、活动延伸、活动反思等方面。

(一) 活动来源

活动来源即活动是怎么来的。领域发展目标,幼儿的兴趣爱好,幼儿生活中的事件、现象与问题,相关的节日或活动等都可以成为一个活动的来源。如大班健康活动"快乐的自助餐"的活动来源:

随着生活水平的提高,老师发现幼儿园里小朋友吃饭不如从前,主要表现为挑食、吃得慢、不喜欢吃青菜等,这样导致孩子营养摄入不全面,家长也为此担忧。怎样才能引导幼儿对均衡饮食有正确的认识,建立正确的饮食习惯,愿意吃各种不同的食物呢?教师设计了活动"快乐的自助餐",希望通过有趣的活动使幼儿在饮食习惯方面有所改进。

(二) 活动目标

活动目标指通过活动幼儿能获得哪些方面的经验与发展。

1. 目标确定的依据

相关学科领域特点、幼儿发展的一般水平与规律、班级幼儿的特征状况、幼儿原有经验是教师确定活动目标的主要参考因素。

2. 如何撰写目标

依据幼儿健康教育"必须丰富幼儿的健康知识,改善幼儿对增进健康的态度,教给幼儿促进健康的方法,训练幼儿保持健康的行为,从而使幼儿养成良好的生活卫生习

惯"的要求。同时借鉴美国教育家布鲁姆关于教育目标分类的方法,通常我们可以从认知、动作技能(行为)和情感体验三个维度来描述一个具体的幼儿生活习惯与生活能力教育活动的目标,如大班健康活动"快乐的自助餐"目标如下:

(1) 了解常见的几种类别食物的营养,知道平时进餐要合理搭配,这样会让身体更健康。(认知目标)

(2) 通过自助餐的游戏合理搭配午餐,能做到色彩搭配、荤素搭配和干稀搭配。(技能目标)

(3) 体验配餐游戏的快乐,乐意尝试多种食物。(情感目标)

(三) 活动准备

活动准备包括幼儿知识经验的准备,物质材料的准备,人力资源、社区资源的准备和活动环境的准备等。

活动材料是为实现活动目标服务的,在选择活动材料时要依据活动目标,综合考虑幼儿的经验、幼儿现实生活的需要、当地的历史文化背景、可利用的物质文化和人力资源等。在选择活动材料时要遵循适宜、便利、安全的原则,尽量就近取材。例如,活动"快乐的自助餐",班级角色游戏中有小吃店游戏,店里有很多自制食物,活动材料就可直接从小吃店里取用,这样,取材又方便,幼儿又熟悉。但不是小吃店里所有的食物直接拿过来都可以作为活动材料,教师要依据活动目标对材料进行挑选、补充与分类。例如,针对目标"通过自助餐的游戏合理搭配午餐,能做到色彩搭配、荤素搭配和干稀搭配",教师要选择不同色彩、类别的食物,且根据本班大多数幼儿不喜欢吃芹菜、青椒、肚丝和黄鳝的情况,分别在蔬菜和荤菜中增加芹菜和青椒、肚丝和黄鳝。大班健康活动"快乐的自助餐"的活动准备如下:

(1) 教室布置成自助餐厅。

(2) 食物金字塔图片、各种食物、一次性餐盘。

(3) "我的营养餐"记录表、笔、实物投影仪。

(四) 活动过程

活动过程通常可以分为活动导入、活动展开和活动结束三个环节。

1. 活动导入

活动导入是教学活动开始,是教师引导幼儿进入教学过程的组织方式,也是教学过程的起始环节。活动导入主要是为了引出话题,激发幼儿参与活动的兴趣。常见的幼儿生活习惯与生活能力教育活动的导入法有故事(儿歌、谜语)导入法、情境导入法、问题导入法、游戏导入法、演示导入法和直接导入法。例如以下几个案例:

(1) 问题导入法——小班活动"我会擦嘴巴"

教师出示图片提问:"吃完饭,乐乐想和哥哥姐姐一起去散步,可是哥哥姐姐不愿意带乐乐。这是为什么呢?让我们一起来帮乐乐找找原因吧!"(乐乐没有擦嘴,嘴巴油乎乎的,还有米饭粘在脸上)

(2) 猜谜导入法——中班活动"白白的牙齿"

教师："今天老师带来了一个谜语要请你们猜一猜。大红门,打开来,白姑娘,站两排,各种东西吃进去,又切又磨样样行。"(牙齿)

(3) 情境导入法——大班活动"快乐的自助餐"

将教室布置成一个简单的自助餐厅。教师："今天老师要请你们吃自助餐,每个人可以自己搭配一份自助餐,并和好朋友说一说你都挑选了哪些食物,是怎么搭配的。"

无论采用哪种形式,导入环节设计应注意:

第一,自然合理。导入既是前面知识的继续,又是后续知识的开端,要以幼儿的原有经验为基础。

第二,要能引起幼儿的兴趣,使他们兴致勃勃地投入进来,在情感上与教师、活动贴得更近。

第三,要与活动紧密关联,帮助幼儿了解即将进行的活动,在操作与思维层面上为接受新经验与新活动做准备。

2. 活动展开

活动展开是教学活动的主体部分,主要是就某项生活能力或生活习惯进行集体的学习、探讨和交流,是实现活动目标的主要环节。设计此部分内容时要注意以下几点:

(1) 环节清晰、有序。每一个环节都应有它不可替代的意义与作用,各环节之间应逐步递进、合理过渡,引导幼儿逐步接近活动目标。

(2) 内容适量,时间合理。每一个活动要考虑活动对象的年龄特点,做到内容适量,时间合理,保证幼儿在规定时间内的注意力集中与经验的获得。

(3) 侧重分明,时间内容分配得当。每一个活动都应有重点要解决的问题,即活动的重点。因此活动环节设计要侧重分明,内容详略得当,时间分配合理,将更多时间安排在重点内容的学习、讨论与练习上。

(4) 注意内容与方法的衔接。在进行相关内容时要充分考虑可以运用哪些策略,以怎样的方式呈现给幼儿,最容易被幼儿接受,尽量做到活动内容与活动方法的合理链接。

下面以"快乐的自助餐"活动过程为例:

1. 设置游戏情境,幼儿进行"快乐的自助餐"活动

教师："今天老师要请你们吃自助餐,每个人可以自己搭配一份自助餐,并和好朋友说一说你都挑选了哪些食物,是怎么搭配的。"

2. 讨论如何合理地搭配一份自助餐(色彩搭配、荤素搭配、干稀搭配)

(1) 请个别幼儿介绍自己搭配的自助餐(偏食荤菜和偏食蔬菜的),引导幼儿发现并讨论这样的搭配有什么不好的地方。

(2) 了解常见的几种类别食物的营养。

(3) 集体讨论怎样搭配更合理。(吃饭时,应该色彩搭配、荤素搭配和干稀搭配,这样才会保证各种营养都有,身体才会更健康)

3. 进一步了解如何合理地进餐(兼顾种类与分量)

（1）出示"食物金字塔"，帮助幼儿了解食物金字塔的内容及意义。

教师："刚才经过讨论，我们知道了一顿饭里应该荤菜、蔬菜、米饭、水果等各种食品都要有，那么这些食物是应该吃的一样多，还是有的应该多吃些，有的应该少吃些呢？"

（2）幼儿尝试依据"食物金字塔"给自己设计一天的食谱。

4. 展示幼儿设计的"一日食谱"，带领幼儿共同分析评价，给合理科学的食谱贴上小星星。

3. 活动结束

对于学前儿童生活习惯与生活能力教育活动，活动结束环节，教师通常要对活动做整体的回顾、总结、评价，或提出一些长期的希望、建议与要求。

（五）活动延伸

为了更好地达成活动目标，或使幼儿的经验、兴趣、习惯和能力得到进一步巩固与提高，除了已经进行的集体活动，教师还可进行活动延伸。

针对幼儿生活习惯与生活能力的养成需要一段较长时间的特点，也为了使幼儿在活动中获得的经验得到进一步巩固与提高，通常在集体活动结束后，教师可依据幼儿活动情况、活动性质和内容与条件等，在区域、游戏或日常生活中延伸出一些与集体教学内容相关的活动。例如："快乐的自助餐"的活动延伸：

（1）在区域中提供多种自制食物或食物图片，引导幼儿对食物进行分类，制订合理的早、中、晚餐食谱。

（2）在小吃店游戏中引导幼儿合理配菜、点餐。

（3）请幼儿记录下每天的晚餐，第二天利用餐前时间与同伴分享、交流。

（4）建议有条件的家长带幼儿真正去吃一次自助餐，提醒幼儿合理搭配、适量取餐，并建议家长平时在家吃饭时也要提醒幼儿合理搭配，不挑食，帮助幼儿养成良好的饮食习惯。

（六）活动反思

活动反思是指在集体活动结束后，教师就活动设计（包括内容选择、目标确定、环节设计、材料提供等）、活动开展情况、幼儿经验获得情况等进行思考。活动反思可以是反思进步的、值得大家学习的地方，也可以是反思活动中存在的不足与需要调整的地方，可以是就活动提出自己的建议与意见供他人参考，也可以是提出问题，引发大家一起思考。

中班健康教育活动：我会自己穿衣服

【活动目标】

1. 通过观看录像知道起床后穿衣服的顺序与方法。（认知目标）

2. 学习自己穿裤子、穿鞋、系鞋带，能在成人的帮助下穿好上衣。（能力目标）
3. 通过看表演、竞赛等活动，培养幼儿的自尊和自信。（情感态度目标）

【活动准备】

1. 物质材料准备：汽车的音乐、玩具电话机；情景表演"小花熊和小黑熊"；幼儿在园午睡起床的情景录像，幼儿在家起床的情景录像。
2. 知识经验准备：幼儿已学会了自编儿歌《起床喽》。

【活动重难点】

活动重点：学习自己穿裤子、穿鞋、系鞋带，能在成人的帮助下穿好上衣。

活动难点：乐意自己穿衣服、穿裤子、穿鞋，知道自己的事情要自己做。

【活动过程】

一、开始部分（活动导入）

1. 幼儿集体唱歌曲《小弟弟，早早起》。

提问："这首歌曲主要讲了一件什么事？"

2. 教师："早上起床时你们的衣服、裤子、鞋子是谁穿的？"

教师："真棒，很多小朋友的小手真灵巧，衣裤、鞋子都是自己穿的，可还有小朋友是爸爸妈妈穿的。"

3. 放电话铃声，教师接电话，并告诉幼儿是熊妈妈打电话来了，它邀请我们班的小朋友们去看看它的孩子小花熊和小黑熊是怎样起床的。

4. 放开汽车的音乐，幼儿自由律动。

分析：教师通过让幼儿唱歌导入此次活动，在动听的旋律中激起了幼儿的兴趣。

二、基本部分（活动展开）

1. 观看情景表演"小花熊和小黑熊"，提问：

（1）熊妈妈家有哪两个宝宝？

（2）你喜欢哪只小熊？为什么喜欢它？

（3）你们喜欢小黑熊吗？告诉小黑熊，怎么做你们就喜欢它了？

教师小结："小花熊真能干，在家起床时不要妈妈帮它穿衣服、裤子，自己的事情会自己做，我们奖给它一朵笑脸花。可是小黑熊怕穿不好衣服、裤子、鞋子，我们怎样去鼓励它？"

幼儿以鼓励的口吻激发小黑熊的自信心，比如，幼儿说："我以前不会穿衣服，老师、妈妈教我后，我慢慢地会穿了。"

2. 看实况录像一，提问：

（1）小朋友都看到自己了吗？你起床时，是谁帮你穿衣服、裤子、鞋子的？

（2）你还看到谁？他（她）是怎样起床的？

教师小结："小朋友和小花熊一样能干，大多数小朋友在幼儿园不要老师穿衣服，只有个别小朋友，老师帮一下忙他也会穿了，有的小朋友甚至还帮助其他小朋友。"

3. 看实况录像二，提问：

（1）她是谁呀？

(2) 这位小朋友在家起床时是怎么做的?

教师小结:"这位小朋友真了不起,在幼儿园和在家一样,都是自己穿衣服、裤子、鞋子和系鞋带的,老师也要奖给她一朵笑脸花。"

(3) 集体念儿歌《起床喽》。

4. 穿衣、系鞋带比赛。

(1) 教师:"我们来一次穿衣、系鞋带比赛,好吗?老师这儿还有许多笑脸花,如果你们有进步,笑脸花就会跟你交朋友,如果这次你拿不到笑脸花,怎么办?"

(2) 有目的地挑选依赖性强的幼儿参加比赛。

分析:本案例中,教师先通过情景表演,让幼儿从他人身上了解穿衣习惯的好坏。然后,播放了幼儿园和家里的两段录像,让幼儿直观地看到自己是如何穿衣服的。最后,以比赛的形式让依赖性相对强的幼儿进行了实际练习,增强了他们自己穿衣、系鞋带的信心。

三、结束部分(活动结束)

1. 教师小结:"看到小朋友的进步,笑脸花很高兴,也希望你们以后在家和在幼儿园一样,坚持自己的事情自己做。笑脸花继续跟你做朋友,你们有信心吗?"

2. 幼儿集体表演《小弟弟,早早起》,教师组织幼儿有序地离开活动室。

分析:在活动结束环节,教师对活动进行了回顾、总结、评价,并提出一些长期的希望、建议与要求。

【活动延伸】

(1) 请家长来园参加游戏,了解自己孩子自理能力的情况,使家长知道自己的孩子很能干,在家要放手让孩子锻炼。

(2) 给家长发放记录卡,如果小朋友在家自己穿衣裤,家长奖给幼儿笑脸花。比一比在一星期内,在园、在家的笑脸花哪个多。

分析:活动延伸中,教师通过了角色游戏、家园共育的方法,让幼儿巩固自己穿衣服、裤子等习惯。

1. 确定学前儿童生活习惯与生活能力教育活动目标的依据有哪些?
2. 《指南》中提出的幼儿生活习惯与生活能力的目标有哪些?
3. 学前儿童生活习惯与生活能力教育活动的内容有哪些?
4. 学前儿童生活习惯与生活能力教育活动的教学方法有哪些?
5. 根据你对学前儿童生活习惯与生活能力教育活动的实际了解,谈一谈学前儿童生活习惯与生活能力教育活动在设计与组织过程中存在的问题。

实训项目

1. 幼儿良好日常生活习惯的养成除了家庭因素的影响之外，幼儿园教师对幼儿日常生活习惯的培养和关注也非常关键。对幼儿进行日常生活习惯的培养需要渗透强化，常常伴随着儿歌进行教育，并根据儿歌绘制相应的图示，使幼儿更直观地学习正确的方法。例如：

洗手歌

小朋友，来洗手，轻轻拧开水龙头；
先湿手，打肥皂，关上龙头再搓手；
搓搓手心搓手背，指甲缝要抠一抠，
十指交错擦擦掌，拇指为轴转转手；
重开龙头接水流，冲净双手关龙头；
擦干双手病菌溜，小手洗得白加净，
不生疾病好心情。

以3~4人为一个小组，根据以上儿歌创编幼儿园日常生活习惯教育图示。

2. 以学习小组为单位，模拟幼儿园日常生活习惯和生活能力教育活动，并开展评课活动。具体要求包括：教案设计具体完整；仪容仪表端正，教态自然；普通话标准；课前准备充分。

拓展阅读

俗话说得好，"民以食为天"，幼儿处于生长发育的关键时期，平衡的膳食营养至关重要。但是由于家长的溺爱、教养方式的差异等一些家庭因素及社会风气的影响，导致部分幼儿养成了不良的饮食习惯。而这些不良的饮食习惯在初入幼儿园的小班幼儿身上体现得特别明显，例如有些幼儿挑食、偏食，遇到自己不喜欢的食物就开始哭闹，甚至会拒绝进食；有些幼儿咀嚼、吞咽能力较差，或者过度依赖家长，自理能力较差，不能用勺子独立进餐，等着老师来喂，导致进餐时间过长等问题。这些现象引起了笔者的思考，导致幼儿不良饮食习惯的成因有哪些？如何培养幼儿良好的饮食习惯？笔者在实践中不断观察和探索。

一、案例分析：挑食的妞妞

妞妞，四岁，女。妞妞是个活泼可爱的小女孩，平时能很好地与同伴交往，反应快，是一个很聪明的孩子，入园不久就很好地适应了幼儿园。妞妞最不喜欢的时候就是吃饭，特别是遇到自己不喜欢的菜，挑食偏食的现象很严重。"妞妞又把饭吐掉了。"这是在吃饭的时候老师最常听到的一句话。妞妞一看到今天的菜不合胃口,就会借口已经吃饱了,或者偷偷吐在装垃圾的盆子里,以此逃避进食。老师会提醒妞妞,说:"老师的眼睛可是能看出小朋友的肚子到底饱了没有哦,我看见你的肚子还没吃饱呢。"每到这时,妞妞就会哭闹,一边哭还一边说:"不吃完也没关系 吧。"老师就会告诉妞妞:"好好吃饭的小朋友能长高、变漂亮,饭菜里面的营养还能让你变得更聪明。"可是妞妞一点也听不进去,甚至还会表现得很倔强:"我就是不吃了!"长期下去,妞妞的不良饮食习惯对她的身体发育会有很大的影响。

通过了解,妞妞的妈妈也有挑食偏食的不良饮食习惯,并且受到现代社会以瘦为美的风气影响,想要通过节食减肥。家长是孩子的第一任老师,家长对孩子无疑起到了榜样作用,妞妞的妈妈就给孩子树立了一个不好的榜样。妈妈都不吃饭,妞妞自然也就觉得自己"不吃完也没关系的"。加上妞妞家庭对她的溺爱,完全不考虑幼儿膳食平衡,只是按照幼儿的喜好制定食谱,妞妞喜欢吃什么就给她做什么,只要妞妞一哭闹,家长就会满足她的所有要求,不喜欢吃的就不让她吃。溺爱造就了妞妞任性的性格,妞妞认为只要哭闹,"不吃就是不吃",所有人都会对自己妥协。

二、应对措施

首先,从源头上解决问题,教师与幼儿的家人沟通,从家长做 起,家长要鼓励幼儿吃各种食物,力求饮食的多样性,达到平衡膳食的要求。家长对幼儿要做出正面榜样,即使遇到自己不喜欢的食物,也不要在幼儿面前表现出明显 的厌恶态度,以免对幼儿造成不良的心理负担。而且不能一味地迁就、纵容孩子,帮助孩子逐渐改 掉不良的饮食习惯。同时家长要注重培养幼儿的生活自理能力,放手让幼儿去做,事事包办只会让幼儿"失去"自己的手脚。

其次,教师可以适当增加活动量,促进幼儿的食欲。进餐时不催促幼儿,为幼儿营造轻松愉快的进餐氛 围。教师可以通过语言、行为暗示、物质强化等方法强化幼儿的健康意识。树立起正面的形象,帮助幼儿克服对未知事物的恐惧感,激发幼儿进餐的积极性。

再次,环境是影响个体健康的一个不可忽视的重要因素,我们应努力为幼儿创设一个良好的物质、心理环境。进餐是一种愉快的享受,饭前应避开一切不愉快的事情,消除紧张和忧虑的心理状态,唤起幼儿食欲。愉快进餐提供的食物不仅要色、香、味、形俱佳,美味可口,还需要有良好的进餐环境。幼儿园和家庭应创设一个温馨氛 围,提供美味的食物和漂亮的餐具,优美整洁,寓教 育于餐饮的环境之中。如可以在进餐时播放优美的轻音乐,让幼儿在轻松愉快的情绪下进餐。

幼儿间存在个别差异,对于不同的幼儿要采取不同的应对措施,个别内向文静的幼儿,对这类幼儿要多关心他们,采取鼓励法,让他们在午餐时放松心情,鼓励他们大胆地拿起勺子自己吃饭,幼儿能够自己吃饭后,教师要及时表扬或在全班面前请他们几个人玩最有趣的游戏,进行正面强化。而对于比较活泼好动,不专心吃饭 的幼儿,可以采用游戏法,让幼儿想象自己是大老虎,学老虎那样大口大口吃东西,这样一来幼儿的积极性被激发,良好 的进餐 习惯就会在一次次的游戏中养成。

通过实践,存在问题的幼儿已经有了一定的进步,当然孩子良好行为习惯的养成过程是一个漫长的过程,在这成长过程中将会不断出现新问题,这就需要家长、教师多观察、多思考,在不断的探索过程中改进教育策略与教育方法,才能彰显教育成效的最大化。相信幼儿能形成良好的饮食行为习惯,在他们心中扎根,使他们成为健康的中国人。

(摘自龚丹怡《从陶行知"生活即教育"看初入园幼儿不良饮食习惯的成因及教育对策》)

模块四 学前儿童身体认识与安全教育

本章主要围绕学前儿童身体认识与安全教育活动,从活动目标和内容以及活动设计与实施两方面进行阐述,其中目标与内容部分分别从目标制定的依据、基本目标、内容选择的依据、内容选择的原则、主要内容几方面进行阐述;活动设计与实施部分从活动的组织方式、方法,以及集体教学活动的设计几方面进行阐述。

东东,三岁半,是一位刚进入幼儿园的小男孩,这个小男生长着大大的眼睛、白净净的皮肤,很是活泼可爱。东东很喜欢画画,但是画画时整个身体是趴在桌子上的,眼睛离书本很近很近。

思考:针对东东这样的情况,请分析其存在的问题。

探寻一 学前儿童身体认识与安全教育活动目标和内容

身体是个体生命之源,保护生命首先体现在对自己身体的珍惜与保护。每个孩子,每天都在和自己的身体打交道,但这并不表示孩子对自己的身体有充分的认识。因此,教师要设法帮助幼儿正确地看待自己的身体。通过健康教育,运用一些现代教育技术,帮助他们了解身体各器官的功能,让幼儿充分发现自己身体的美,例如,明亮晶莹的眼睛、整齐洁白的牙齿、灵活自如的关节和富有节奏的心跳与脉搏等,让幼儿充分感受健康身体的重要,唤起孩子爱护自己身体的意识。

一、学前儿童身体认识与安全教育的基本含义

1. 身体认识

人的身体可以分为头、躯干和四肢三个部分。头部包括眼睛、耳朵、鼻子、嘴巴、脑;躯干包括胸腔、腹腔;四肢包括上肢(手和臂)和下肢(腿和脚)。身体认识主要是对身体内外部主要器官的名称、主要功能和简单的保护方法的认识。

2. 安全教育

杜博斯在其《人类的适应》中提出,健康是发挥功能的各种动态能力。一个健康的幼儿应该是一个关心并积极参与有利于自己健康的活动的幼儿。因此,《纲要》的总目标第四条就明确提出:"知道必要的安全保健常识,学会保护自己。"

二、学前儿童身体认识与安全教育活动的目标

(一) 学前儿童身体认识和安全教育活动目标的依据

1. 以减少幼儿生活中常见的意外伤害事故为依据

北京师范大学教授刘馨等曾对天津、山东、福建、吉林、河南、甘肃、陕西、四川等八个省市进行问卷调,旨在了解幼儿园在近三年内发生过的幼儿安全事故,结果显示,问卷中所列幼儿安全事故种类在这些幼儿园都有发生。其中,发生范围较广、频率较高的安全事故为:同伴咬伤、打伤、坠落、摔伤、跌伤、烫伤、烧伤、运动器械致伤和尖锐物品戳伤。另外,食物中毒、药品中毒、破损玩具致伤、拥挤致伤、动物咬伤、体罚致伤、走失、交通事故、溺水等安全事故也占有一定的比例。连触电、雷击和性侵害等安全事故也有发生(选择人数占 0.7%)。因此,《纲要》在健康领域中提出:"密切结合幼儿的生活进行安全、营养和保健教育,提高幼儿的自我保护意识和能力。"[1]

2. 以幼儿的认知水平和接受能力状况为依据

以人为本的教育观念尊重幼儿身心发展的规律和学习特点,尊重幼儿的人格和权利。关注每个幼儿的特点,注重他们不同于他人的学习能力特征。在《指南》中,依据不同年龄幼儿的发展水平和接受能力,将幼儿应具备的基本安全知识和自我保护能力细化为三个年龄段,如表 4-1 所示。

表 4-1 《指南》中关于幼儿安全知识和自我保护能力的三个阶段

3—4 岁	4—5 岁	5—6 岁
1. 不跟陌生人走,不吃陌生人给的东西	1. 在公共场合不远离成人的视线单独活动	1. 未经大人允许不给陌生人开门
2. 在提醒下能注意安全,不做危险的事	2. 认识常见的安全标志,能遵守安全规则	2. 能自觉遵守基本的安全规则和交通规则

---

[1] 张晖. 幼儿健康教育与活动指导[M]. 南京:江苏教育出版社,2013.

(续表)

3—4 岁	4—5 岁	5—6 岁
3. 在公共场所走失时,能向警察或有关人员说出自己的名字、家庭地址、家长的名字或电话号码	3. 运动时能主动躲避危险	3. 运动时能避免给他人造成危险
	4. 知道简单的求助方式	4. 知道一些基本的防灾知识

3. 以促进幼儿安全健康为根本依据

幼儿期的生命健康强调身心和谐,强调保护与锻炼并重。其中,了解必要的安全保健知识并提高保护自身的能力是保健教育的主要目标。因为此阶段幼儿生长发育十分迅速但还未完善,幼儿的可塑性很强但知识经验匮乏,幼儿的活动欲望强烈但自我保护意识薄弱,幼儿的心灵稚嫩纯洁但特别容易遭到伤害。而生命的健康存在又是从事其他一切学习活动的必要前提。为此,保护幼儿的生命理所当然地成为幼儿园的首要任务。

(二)学前儿童身体认识与安全教育活动应达到的基本目标

表 4-2 学前儿童身体认识与安全教育的基本目标

3—4 岁	4—5 岁	5—6 岁
1. 了解自己身体的各种感官及功能,知道身体不舒服时要告诉成人	1. 进一步认识身体的主要器官及其基本功能,并懂得初步的保护方法	1. 进一步认识身体的主要器官及其功能、保护方法
2. 初步认识身体的器官,并懂得简单的保护方法	2. 懂得快乐有益于健康	2. 了解预防龋齿和换牙的有关知识
3. 能配合成人接受疾病的预防与治疗	3. 在活动中学会保护自己的身体,对危险的标志与信号能做出及时的反应	3. 初步掌握自我保健的有关常识和简单的方法
4. 不把异物放入耳、鼻、口内		

三、学前儿童身体认识和安全教育的内容

(一)学前儿童身体认识与安全教育活动内容选择的依据

1. 以幼儿在现实生活中的需要为依据

幼儿对自身的认识和保护意识的提高必定是出于现实生活中的亲身感受或体验,例如,为什么天气冷了脸会红,上下楼梯时不推挤可以防止摔倒,拉抽屉时不当心很容易夹到手等。因此选择贴近幼儿生活及他们感兴趣的健康事件和问题,既符合幼儿的现实需要,又有利于其长远发展,有助于拓展幼儿健康的经验和视野。

2. 以幼儿的认知经验和身心特点为依据

幼儿能部分地认识到身体生长相关概念的重要属性以及生命现象的自然性,但不能准确认知人体器官的现象比较突出,幼儿很容易将人体内部器官的位置及功能相混淆,例如,在许多幼儿看来,心脏、胃、肝等几乎没有区别。幼儿园教育应当从幼儿出发,对于幼儿很难直观理解的有关人体内部器官的内容不宜作为幼儿身体生长教育的主要内容。

3. 以幼儿发展目标为依据

幼儿园教育是基础教育的重要组成部分,幼儿园应从实际出发,因地制宜地实施素质教育,为幼儿的发展打好基础。因此,幼儿园开展的身体认识与安全教育的内容必须符合《纲要》和《指南》中提出的幼儿发展目标,以促进幼儿的全面发展,增进幼儿的自我保护意识和能力。

(二)学前儿童身体认识与安全教育活动内容选择的原则

1. 广泛性

在幼儿成长过程中,幼儿的身体也逐步成熟和发生变化,例如,5—6 岁开始换牙,身高增长时会有生长痛的现象等,有些问题几乎涉及每位幼儿,因此可以通过集体活动的形式有针对性地解决不同年龄段幼儿的健康问题,丰富幼儿的健康知识。

2. 合理性

幼儿安全教育、人体认识与保护的教育是幼儿健康教育的重要内容,对于幼儿已经遇到和即将遇到的安全与保护问题,如手被划破、家庭及园所附近设施的潜在危险等,有必要进行及时的教育,以期有效预防发生危险。

3. 操作性

幼儿对自身的认识和保护的教育不仅要向幼儿解释为什么这样,还要用合适的方式进行直接的操作,强化正确的信息。例如,认识小手,可以观察小手的外形,在游戏中感受小手的作用,学习使用手套、护手霜等保护自己的小手。孩子通过这样的活动内容加深了对平时熟悉事物的了解,学会自我保护的方法。

(三)学前儿童身体认识与安全教育活动的主要内容

1. 人体认识与保护

(1)了解身体内外部主要器官的名称及主要功能。

(2)乐于接受疾病预防与治疗、预防接种的知识。

(3)知道处理常见外伤的最简单的方法。

(4)懂得快乐益于健康的道理。

(5)了解预防龋齿及换牙的有关知识。

2. 保护自身安全

(1)知道过马路、过桥、坐自行车、乘汽车、乘船时要注意的安全问题。

(2)了解玩大型玩具时要注意的安全问题。

(3)了解饮食起居方面的安全常识,异物不能放入耳、鼻、口内,药不能乱吃。

(4) 知道陌生人不可轻信。
(5) 认识安全标志,培养主动遵守交通规则的意识与行为。
(6) 不玩火,不接触煤气,不乱摸电器及其开关。
(7) 具有及时避开危险和应付意外事故的能力。
(8) 具有初步的自我保护能力。

探寻二　学前儿童身体认识与安全教育活动设计与实施

一、学前儿童身体认识与安全教育活动的组织方式

(一) 集体教学活动

集体教学活动是幼儿园身体认识和安全教育活动的重要形式之一。这种形式的活动易于教师操作,有利于实现活动目标。

但是,集体教学活动在进行身体认识与保护方面的教育也有其不足之处。比如,在进行如厕教育时,男幼儿和女幼儿如厕的方式是不同的,无法完全使用集体活动的形式进行。

(二) 日常生活活动

在日常生活中培养身体认识与保护能力,往往能取得很好的效果,并且这一效果还能通过日常生活表现出来。日常生活中的各个环节都是可以利用的资源(如来园、盥洗、进餐、如厕等),可将身体认识与安全教育融入其中,这样的活动轻松自然,易见成效。

(三) 家园合作

家庭教育对幼儿的影响很大,很多幼儿在幼儿园里已能初步进行自我管理,但回到家后,随着家长要求的降低,原先的学习效果大打折扣。所以,家园合作教学是非常重要的,家园要保持目标和行动上的同步。比如,幼儿在幼儿园里知道了多看电视会影响视力,回家后,家长也要限制幼儿看电视的时间。

二、学前儿童身体认识与安全教育活动的方法

幼儿园身体认识与安全教育活动常用的教学方法主要有如下几种:

(一) 观察法

观察是人认识世界的主要手段之一,活动中引导幼儿进行观察,可以使幼儿获得直接的感性经验,有助于理解知识技能,激发幼儿的求知欲。在身体认识与安全教育活动

过程中,教师可鼓励幼儿通过视、听、嗅、触摸等不同的感觉通道进行感受。同时,了解感觉器官的机能,知道如何保护并发展感觉器官,这也是身体认识与安全教育的重要内容。可以说,观察既是教育活动的手段,也是教育内容。例如,在大班"跳动不停的心脏"活动中,教师可以引导幼儿观察人体模型,了解心脏的位置、形状和大小;听心脏跳动时发出的声音;摸一摸脉搏;跑一跑,感知心脏运动前后的变化等,让幼儿通过多种感官来了解心脏。

(二)讲解示范法

讲解示范法是教育过程中最常使用的方法。在身体认识与保护的教育活动中,教师可配合挂图、模型或实物等,向幼儿讲解、示范身体结构、身体保健等方面的知识,这种方法形象鲜明,生动具体,易于幼儿理解。例如,在"我是小小急救员"活动中,教师可以利用挂图、身体模型讲解并示范处理常见外伤的基本方法,进一步了解保护自己身体的方法。

(三)游戏法

将身体认识与安全教育的相关内容以游戏的形式进行,帮助幼儿在游戏活动中掌握、巩固有关生理健康及身体保健的知识技能,形成良好的习惯。例如,在"头发肩膀膝盖脚"游戏中,教师可以先说身体的某个部位让幼儿触摸,幼儿熟悉游戏玩法后,可以请幼儿随机说身体部位,其他小朋友听指令有节奏地触摸,接着通过"点兵点将"的方式请小朋友说说该身体部位的主要功能及保护方法,在趣味的游戏中加深对身体各部位的认识。

(四)情景表演法

情景表演法是指教师或幼儿将特定的生活情景、故事情节等加以表演,然后让他们思考分析情景中所涉及的健康教育的问题,了解应该做出的合乎要求的行为。由于情景表演的主题来源于幼儿的现实生活,因而能激发幼儿对情景的兴趣和思考,较好地帮助幼儿认识生活中可能遇到的同类问题和冲突,从而树立正确的认知,养成良好的行为习惯。例如,创设马路的情景,引导幼儿扮演交警和行人,加深对过马路时要注意的安全问题的理解。

(五)讨论法

教师可围绕活动,配合模型、挂图、实物、录像等,引导幼儿表达自己的感受,进行讨论。这种方法有助于幼儿积极主动地掌握知识技能,并锻炼口语表达能力。例如,在"我是文明出行人"活动过程中,教师可以多提一些开放性问题引导幼儿进行讨论,如:"你在出去玩的时候,见过哪些安全标志?你知道他们是什么含义吗?我们在出行时,要遵守哪些安全规则?"

三、学前儿童身体认识与安全教育集体教学活动的设计

设计集体教学活动的目的主要是解决幼儿学习相关知识和技能的关键经验及解决幼儿在学习中的困难。对于本话题来说也是如此,很多知识技能是必须通过教学来完

成。例如,幼儿对身体构造及技能的认识、对周围环境中安全隐患的认识、自我保护意识的养成等,需要及时设计符合幼儿认知特点的教学活动,把这些知识技能传递给幼儿。

在设计此类教学活动时,教师首先要考虑自己对这方面知识技能的理解是否正确。俗话说:"教师要给学生自己一杯水,首先自己要有一桶水。"例如,关于流鼻血的问题,有时我们会教育幼儿一旦发生这个情况时要仰头,但科学的做法是应该略低头,以免血液倒流回鼻腔。

其次,教师在设计活动时,要思考用什么方法才能让幼儿理解相关的知识与技能。例如,认识人体构造的教学,怎样能够既符合幼儿的理解水平,又在此基础上获得新的知识。

再次,在以上两点基础上,教师就可以按照集体教学活动设计的流程来设计活动,分别考虑教学目标、教学准备、教学的基本过程及相应的教学方法、活动的延伸等。在这个过程中教师还要考虑如何能激发幼儿的学习兴趣,让幼儿主动地学习。

关于具体的集体教学活动的设计,可以参考模块三中相应的内容。通过下面的案例,结合模块三相应的内容体会该主题集体教学活动的设计。

小班健康教育活动:红绿灯

【活动目标】
1. 了解红绿灯的基本作用和在交通中的重要性。
2. 能够按照红绿灯正确过马路。
3. 愿意自觉遵守交通规则。

【活动准备】
1. 红绿灯模型或图片。
2. 交通标志卡片。
3. 玩具车辆或小车模型。
4. 录音设备,播放交通声音(女声、行人过街提示音等)。

【活动过程】
一、提问导入,激发幼儿兴趣
1. 通过提问激发幼儿兴趣:"你们知道路上的红绿灯是做什么的吗?"
2. 展示红绿灯模型,教师简单介绍红绿灯的作用和交通规则,让幼儿明白"红灯停,绿灯行,黄灯亮了等一等"的道理。

二、认识红绿灯
1. 向幼儿展示红绿灯的三种状态:红灯停、绿灯行、黄灯减速。
2. 使用交通标志卡片,教幼儿认识其他常见的交通标志。

3. 播放交通声音,模拟真实交通场景,让幼儿感受交通环境。

三、互动游戏

1. "小小交通警察"游戏:请幼儿扮演交通警察,指挥玩具车辆按照红绿灯的指示行驶。当红灯亮起时,行人停止前进,司机停车等待;当绿灯亮起时,行人可以过马路,司机可以驾驶交通工具。

2. "红绿灯接力赛":设置起点和终点,模拟斑马线,让幼儿在听到绿灯信号开着玩具车辆快速通过"斑马线"。

3. 在游戏中,教师注意观察幼儿的行为,提醒幼儿遵守交通规则。

四、讨论与总结

1. 游戏结束后,教师组织幼儿围坐一圈,进行互动讨论。

2. 提问:"你们在游戏中遇到了什么问题?是怎么解决的?"

3. 引导幼儿分享自己在游戏中的体验和感受,加深对交通规则的理解。

【活动延伸】

1. 家园合作:请家长在日常生活中引导幼儿观察红绿灯,并提醒幼儿遵守交通规则。

2. 区角游戏:在区域活动中设置交通场景,让幼儿进行角色扮演游戏,进一步巩固交通规则。

中班健康教育活动:当鼻子出血了

【活动目标】

1. 知道鼻子的作用,了解保护鼻子的方法。

2. 在鼻子出血时,会用正确的方法自我救护或帮助他人。

3. 遇到问题时,能不慌乱和害怕。

【活动准备】

1. 经验准备:幼儿有出现过流鼻血的情况。

2. 物质准备:

(1) 装有醋、大蒜、花露水、酒的小瓶子各一个。

(2) 关于鼻子的课件。

【活动过程】

一、谜语导入,激发兴趣

教师念谜语:"左一孔,右一孔,是香是臭它最懂。"让幼儿猜一猜是我们身上的什么器官。

二、小实验:介绍鼻子的用处

1. 组织幼儿讨论:鼻子有什么用处?

2. 闻气味小实验:出示几个小瓶子,让幼儿闻一闻,引导幼儿说出鼻子能闻气味。

3. 呼吸小实验:请幼儿紧闭嘴巴,并用手捏住自己的鼻子。

教师:"这样有什么感觉?"(引导幼儿说出很闷,很难受,气喘不过来,知道鼻子是

呼吸的通道)

三、了解鼻子出血的急救方法

1. 出示关于鼻子的课件,让幼儿重点观察剖面图,告诉幼儿在我们的鼻子里有许多毛细血管,如果经常抠鼻子或撞到鼻子,鼻子就很容易出血。

2. 讨论:鼻子出血了怎么办?先让幼儿结合自己的经验说说鼻子出血时自己或别人是怎么做的。

3. 请受了伤的孩子谈谈自己的感受。

4. 教师小结:如果鼻子出血了,或者看见别人鼻子出血了,不要慌张和紧张,要用手捏住鼻子的上方,同时马上告诉老师或成人,请他们帮助你用药棉填塞鼻孔,同时还可以用冷毛巾敷。

四、讨论:保护鼻子的方法

1. 引导幼儿讨论:怎样保护我们的鼻子?

2. 教师小结:小朋友要学会正确擦鼻涕的方法;平时不挖鼻孔,游戏时注意保护自己,不让自己的鼻子撞到人或东西;不往鼻子里塞东西;多吃蔬菜,加强锻炼,增强体质。

【活动延伸】

1. 在生活区提供药棉、棉签等,幼儿可继续互相练习止鼻血的方法。

2. 回家和父母分享保护鼻子的方法。

大班健康教育活动:地震来了我不怕

【活动目标】

1. 知道地震是一种常见的自然灾害。

2. 掌握在地震发生时的自我保护方法。

3. 通过模拟演练,提高应对突发事件的心理素质。

【活动准备】

1. 物质准备:地震知识宣传册或PPT、安全避难场所的示意图、模拟地震的音频或震动设备。

2. 经验准备:大班幼儿通过媒体等途径对于地震有一些了解。

【活动过程】

一、播放地震过程短片,引出主题

1. 教师播放地震的短片,引起幼儿对地震的兴趣和关注。

2. 教师提问:"你们知道什么是地震吗?地震时会发生什么事情?"

二、谈话活动,师幼共同探究地震产生的原因和危害

1. 播放PPT并提问,幼儿讨论地震的基本知识,包括地震的原因、分类、影响等。

2. 提问:"地震的时候我们应该怎么做?"引导幼儿积极讨论地震现场自救的方法。

3. 小结:教师强调地震时的安全常识,如不要乱跑,不要靠近窗户、玻璃等易破裂的地方。

三、讲解示范地震自救方法,幼儿模仿学习

1. 教师讲解并带幼儿学习地震发生时的自我保护方法,如"蹲下、掩护、抓牢"的口诀。

2. 教师示范,幼儿模仿正确的避难姿势,如躲在桌子下、墙角等坚固的地方。

四、模拟演练游戏:地震来了!

1. 教师播放模拟地震的音频或启动震动设备,让幼儿体验地震的感觉。

2. 在教师的指导下,幼儿迅速找到安全避难场所,采取正确的避难姿势。

3. 演练结束后,教师总结幼儿的表现,并强调在真实地震中保持冷静和迅速反应的重要性。

【活动延伸】

1. 图书区:投放地震相关绘本,幼儿可继续探索地震的知识。

2. 家园合作:幼儿和家长一起制定家庭地震应急预案,并准备必要的应急物品。

1. 确定学前儿童身体认识与安全教育活动目标的依据有哪些?
2. 学前儿童身体认识与安全教育活动的基本目标有哪些?
3. 学前儿童身体认识与安全教育活动的内容有哪些?
4. 学前儿童身体认识与安全教育活动的教学方法有哪些?
5. 根据你对学前儿童身体认识与安全教育活动的实际了解,谈一谈学前儿童身体认识和安全教育活动在设计与组织过程中需要注意的问题。

1. 请以学习小组为单位,设计一个关于3岁幼儿耳朵保健的教育活动方案,并进行模拟教学展示。

2. 观摩幼儿园身体认识与安全教育活动,以学习小组为单位,对活动的设计思路、活动目标、组织与实施、师幼互动等进行评议,并提交一份报告。

拓展阅读

幼儿园身体认识与安全教育活动的实施建议

1. 要充分认识身体认识与安全教育对幼儿当前和未来发展的重要意义

教师应建立以健身为主、全面育人的价值观和目标观,按照身心综合能力结构理论,塑造幼儿的身体认识与保护能力,发展他们的全面素质,冲破仅限于生活技能和行为习惯培养的旧的教育模式。

2. 要发挥教师、幼儿、家长、保健医生与保育员四方的主体性,协同一致,做好此项教育

（1）要帮助家长、保健医生、保育员建立新的保健教育观和主体教育观,并提出互相配合的具体建议。可以邀请家长和保育员参与评价活动,鼓励和组织他们提供有关的教育内容。

（2）应把每次身体检查的结果告诉幼儿和家长,同时可有针对性地对幼儿园和家庭的有关教育环境做全面的检查和评价。比如,在做视力检查的同时,可全面检查和评价家园桌椅、照明和儿童读物是否符合卫生标准,检查幼儿的阅读姿势、看电视的位置与时间以及是否具备眼保健意识,检查教师自身和家长在眼保健教育上的言传身教。

3. 认识并尊重幼儿在身体认识与安全教育活动中的主体地位

教师要引导和组织幼儿参加活动准备,实施和评价各个阶段的活动,发挥他们的主体能力。

4. 充分利用电视、录像、影碟、图画、模型等现代媒体

教师应充分利用现代媒体帮助幼儿了解自己的身体、自己的五官发育和健康状况,这是发展自我保健意识的认识基础。

5. 改变成人在生活自理教育中的一些误区

（1）认为生活自理能力不重要,没有认识到生活自理教育对幼儿未来的深远意义。

（2）过度护理:幼儿能学会做的事不教,能做好的事不让做。这样的过度疼爱是对幼儿自立行为的剥夺,不利于幼儿的健康成长。

（3）嫌幼儿做得慢、做不好,因为这个原因不让幼儿做力所能及的事,使得他们缺乏基本的自理能力。

（4）教育方法上"催、管、斥、责"多,鼓励、引导少,特别在幼儿出现失误或显得"笨拙"时更是责怪得多,这样会损害幼儿自信心、自尊心和自立心。

6. 多管齐下,协同一致,做好身体认识与安全教育

身体认识与安全教育是渗透在幼儿整个生活之中的。健康教育活动和生活活动是主体活动。音乐、美术、语言、科学、社会等教育活动和游戏活动也有丰富的身体认识与安全教育的内容,因此,在设计身体认识与安全教育活动时,要做到突出主体、多管齐下、协同一致,以发挥教育的整体效益。

模块五
学前儿童心理健康教育

内容概要

幼儿的身心健康和谐发展是幼儿园教育的基本目标,心理的健康发展作为实现幼儿身心全面健康发展的必要组成部分,心理发展状态影响着个体的整体发展。国务院下发的《关于幼儿教育改革与发展指导意见的通知》中指出:要尊重儿童的人格尊严和基本权利,为儿童提供安全、健康、丰富的生活和活动环境,满足儿童多方面发展的需要;尊重儿童身心发展的特点和规律,关注个体差异,使儿童身心健康成长,促进体、智、德、美等全面发展。可见,促进幼儿身心全面和谐发展,成为幼儿教育的终极目标,而心理健康作为"人的发展"的重要基础,越来越受到社会的重视。当下幼儿的心理健康状态也面临种种挑战且亟待重视和解决,幼儿园有义务开展相应的心理健康教育来关注和促进幼儿的心理健康发展。本模块通过介绍学前儿童心理健康教育的目标、内容、活动设计与组织实施等,提升学习者对学前儿童心理健康教育重要性的认识,为更好地开展学前儿童心理健康教育活动奠定基础、提供保障。

情境导入

案例一:琦琦是一个非常聪明的小男孩,有很强的记忆力和学习能力。因父母在外打工,他从小跟奶奶在一起生活,老人把孩子照顾得无微不至,从不放手让孩子自己去玩,对孩子百依百顺。琦琦的父母对孩子的教育顾及甚少,缺乏必要的关爱与指导,多方面的因素导致了琦琦在心理方面存有明显的问题。琦琦性格较孤僻且任性,与小伙伴交往相处不融洽;很少主动参与集体的体育活动,做事总是跟从别人,慢人一拍,动作发展不协调;尤其是对新的体育活动项目或是有点难度的活动总是表现出畏惧和胆怯,缺乏自信。

案例二:依依在班级里年龄偏小,既聪明又活泼,对事物充满了好奇心,不管什么事都愿意尝试去做,但却是出名的"小霸王"。只要有人想分享她的东西,她就会推倒同伴或张口咬人。老师与家长沟通后了解到,依依平时在家里长辈对她百依百顺,遇到不顺心的事随即发脾气,会咬家里人的手,但是家长们被咬了也不及时加以教育。久而久之,依依就形成了这般霸道的性格。

思考:作为幼儿园老师,如果你的班里有上述两个孩子类似的情况,你会怎么做?

探寻一　学前儿童心理健康教育概述

一、学前儿童心理健康的标准

心理健康是指一个人的生理、心理与社会处于相互协调的和谐状态。幼儿的心理健康主要是指其合理的需要与愿望得到满足之后,情绪方面所表现出来的稳定平静状态。良好的心理状态主要表现为:认知发展正常、情绪积极向上、性格特征良好、没有心理问题、社会适应良好。具体表现如下:

(一)认知发展正常

一定的认知能力是学前儿童生活与学习的重要前提,虽然学前儿童的认知发展存在着个体差异,但若某个儿童的认知能力是低下的,心理也是不健康的。学前期是儿童认知发展极为迅速的时期,应避免因各种原因造成的脑损伤或不适宜的环境刺激,防止学前儿童产生不健康的心理。学前儿童心理健康的重要前提是智力发展正常,因为正常的智力水平是学前儿童生活、学习、交往的基本条件。

(二)情绪积极向上

积极的情绪状态反映了中枢神经系统功能的协调性,也表明个体的身心处于良好的平衡状态。学前儿童的情绪具有很大的冲动性和易变性,但随着年龄的增长,情绪的自我调节能力有所增强,稳定性逐渐提高,并开始学习合理地疏泄消极的情绪。如果某个学前儿童经常处于消极的情绪状态,如整天闷闷不乐或一触即发、暴跳如雷,那么该学前儿童的心理是不健康的。

(三)性格特征良好

性格是个性中最核心、最本质的表现,它反映在对客观现实的稳定态度和习惯化了的行为方式中。心理健康的学前儿童一般具有热情、勇敢、自信、主动、合作等性格特征,而心理不健康的学前儿童常常具有冷漠、胆怯、自卑、被动、孤僻等性格特征。

(四)没有心理问题

学前儿童不健康的心理往往以各种行为方式表现出来,诸如吮吸手指、遗尿、口吃、多动等。心理健康的学前儿童应没有严重的或复杂的心理问题。

(五)社会适应性良好

良好的社会适应性是儿童智力发展的基础,也是儿童终身发展的需要。学前儿童社会适应性是指学前儿童在生物特性的基础上,在与环境作用的过程中,掌握社会规范,形成社会技能,学习社会角色,获得社会性需要、态度、价值等,发展社会性行为,并以独特的个性与他人相互交往、相互影响,适应周围社会环境,由自然人发展为社会人的社会化过程中所形成的心理特性。学前儿童良好的社会适应性表现为以下几点:

(1) 社会适应能力较强,能较快地融入集体生活,适应托幼机构的新环境、新生活。

(2) 人际关系良好,乐于与人交往并具有较好的人际交往能力。学前儿童在与他人的交往过程中,学习共享、互助、平等与友爱,能够满足自身的心理需要,使得心理健康得以维持和发展。心理健康的学前儿童乐于与人交往,能与同伴合作,游戏中懂得谦让。

(3) 自我意识发展良好,具有一定的自我调控能力,能主动地应对各种压力,以保持与环境之间及自身内在的平衡。

(4) 人际关系融洽,学前儿童之间的交往是维持心理健康的重要条件,也是获得心理健康的必要途径。

幼儿的心理健康问题与其他年龄阶段相比,具有更大的可逆转性。因为这一阶段出现的问题还比较轻微,教师若及早发现并及时给予帮助和矫治,将取得事半功倍的效果。在当今社会,随着科学技术的发展和生活节奏的日益加快,现代人每天所承受的社会心理压力越来越大,因而十分需要良好的心理素质。对处于关键期的幼儿来讲,培养良好的心理素质,进行心理的自我保护更是十分重要。

二、学前儿童心理健康教育的概念

学前儿童心理健康教育不是增加幼儿园的一日活动环节,也不是替代原有的教学活动,而是要把教学活动内在的、潜在的因素挖掘出来,根据幼儿的心理特点、发展需要,更好地发挥心理健康教学活动的教育作用。在活动组织形式上采用融合模式,打破班级界限,由小、中、大班各年级间、各班级间幼儿互相参与活动,从单一的同龄伙伴交往发展到混龄伙伴交往,扩大幼儿的交往场合和机会,提高他们的合群性和合作性。作为幼儿园教师,应高度重视幼儿的心理健康教育。教师的作用发挥得好,可以维护和促进幼儿心理的健康发展;反之,则会影响幼儿的心理健康发展。①

学前儿童的心理健康教育是根据幼儿生理、心理发展特点,运用有关心理教育方法和手段,培养幼儿良好的心理素质,促进幼儿身心全面和谐发展和素质全面提高的教育活动。对幼儿进行心理健康教育是满足他们身心健康、人格健全、和谐发展和社会适应能力发展的需要。而身心健康、人格健全、和谐发展和社会适应能力是社会对未来建设者和接班人的素质要求。因此,对幼儿及时、有效地进行心理健康教育,既是现代教育的必然要求,也是我国广大教育工作所面临的紧迫任务。

学前儿童心理健康教育不单是对各种心理疾病的防治,更重要的是要促进个体的心理健康。一方面,心理健康教育促使个体自幼就培养健康的心理和健全的人格,成为

---

① 童庆炳. 现代心理学[M]. 北京:中国社会科学出版社,1993.

身心健康的社会成员。美国著名教育心理学家布卢姆根据多年研究经验表明:如果以人17岁的智力为100计算,有约50%的智力是在怀孕到4岁之间获得的,30%是在4—8岁之间获得,20%在8—17岁之间获得。这些研究提醒我们,幼儿时期具有很大的可塑性,在受到不良环境刺激时很容易形成行为问题和不良习惯。但是,如果教育训练或治疗矫正及时,问题也会得到解决。

另一方面,由于学习者的年龄小、生活阅历浅、逻辑思维水平低,所以更需要通过亲身实践来感知和理解学习内容,于是"体验"成为当前幼儿园教育实践中特别关注的话题。对于学前儿童心理健康教育而言,尤其应设法让儿童对需要认识的事物或现象有切身体验,因为心理健康教育本质上就是体验式教育,枯燥乏味的说教并不具有实质性的教育意义。虽然目前儿童体验学习的价值已得到教育者前所未有的认同,但在教育过程中儿童体验的效果并不理想。学前儿童心理健康教育应高度重视儿童的内心体验,避开空洞说教,遵循学前儿童心理健康教育的一般规律。

三、学前儿童心理健康教育的意义

学前期是人生发展的重要阶段,开展心理健康教育对促进儿童的全面发展具有重要意义。

首先,心理健康教育有助于塑造儿童积极的情感态度和良好的社会适应性,为其后续学习与生活奠定坚实基础。由于3—6岁的孩子处在人格形成的关键时期,可塑性极强,但儿童心理上的不成熟和自我调节能力较差,表明此阶段的儿童十分容易受到环境的影响,同时由于父母过分注重幼儿的身体健康成长状况,忽视儿童的心理健康感受,很多儿童会形成自卑、焦虑等不健康的心理问题,在与同伴相处和成长的过程中,往往会出现不自信、缺乏竞争意识的消极态度,因此做好学前儿童的心理健康教育工作,可以帮助儿童树立正确的认知观念,在实践活动中形成积极向上的思想,满足儿童的整体发展需求。

其次,心理健康教育使儿童能够认识并表达自身情绪,提升自我认知与自我调节能力。从当前幼儿园的教学现状来看,幼儿园往往会采用"德智体美"的全面教学模式,设置课程停留在传授儿童基础知识和帮助儿童养成正确的行为习惯的教学层次,这在一定程度上限制了对儿童心里健康教育工作的开展,教师过分注重儿童对基础知识的掌握情况,忽视了儿童的心理健康问题,造成了儿童心理素质过差,无法应对生活中出现的问题。因此做好儿童心理健康教育工作可以满足当今社会的发展需求,心理教育可以在一定程度上帮助儿童形成健康的心理素质,有助于儿童建立积极的人际交往能力,学会合作与分享,这对于其融入社会、形成健全人格具有关键作用。

最后,早期心理健康教育能够预防和减少儿童潜在的心理问题,为其提供一个更为健康和谐的成长环境。

四、心理健康教育在幼儿园一日生活中的应用

学前儿童心理健康教育是学前教育的重要组成部分,在幼儿园一日生活中对幼

进行心理健康教育,可以促进幼儿健全人格的发展。因此,幼儿教师应充分利用各种资源,抓住教育契机,将心理健康教育渗透到幼儿园的一日生活中,帮助幼儿形成健康的心理品质。与此同时,在当前各类教育文件中也明确了心理健康教育的重要性,如《纲要》中明确指出:"树立正确的健康观念,在重视幼儿身体健康的同时,要高度重视幼儿的心理健康。"然而目前心理健康教育在幼儿园一日生活中的应用仍然具有很大的挑战性,教师应在幼儿园一日生活各个环节中开展心理健康教育,通过各种途径促进幼儿心理健康发展。

(一)专门的心理健康教育活动

比如,在进行大班语言活动"大熊的拥抱节"时,幼儿在听故事的过程中,了解到森林里的动物刚开始不愿和大熊拥抱的原因,知道森林里的小动物们对大熊的宽容,在接下来的故事表演中,孩子们通过角色扮演,除了能够表达自己对作品的理解和想法外,更深层次的是幼儿在这个活动中了解到要能够理解别人的心理,具有移情能力,懂得知错能改,学会原谅别人的错误,宽容地对待别人,才能够与朋友友好相处。又例如,在体育活动"极限爬行"中,幼儿在积极参加具有挑战性的游戏中感受爬行及团队合作的重要性,培养了不怕困难、勇于挑战的心理品质。看似简单的体育活动,有时候可以帮助个别幼儿获得不一样的体验,同时也可以促进幼儿心理的健康发展。

(二)自主游戏中的个别心理健康教育

苏联教育学家阿尔金说:"游戏是儿童心理健康的维生素。"对于3—6岁的幼儿来说,他们的语言表达能力不强,很难像成人一样清楚地表达自己内心的感受与困惑,但是成人可以通过观察幼儿的游戏来了解幼儿的心理状况,从而更好地维护幼儿的心理健康。例如,乐乐每次到了自主游戏时间都是一个人,不与别人沟通。在小舞台表演区,老师观察一段时间,发现乐乐并不是不想参与游戏,而是他不知道怎么和别的小朋友交流沟通,因此,老师引导其他幼儿同乐乐一起扮演角色,并与乐乐协商角色分配,进行表演游戏。在游戏中教师的个别引导,可以帮助幼儿学会与人沟通,与同伴合作,增强社会适应能力,促进其心理健康发展。

(三)生活活动中的心理健康教育

日常生活的各个环节蕴含着丰富的教育内容,是心理健康教育不容忽视的重要资源。作为幼儿教师我们在组织好幼儿一日常规的同时,也要结合一日生活进行心理健康教育。例如,在喝水的环节,有的幼儿不遵守规则,随便插队取水,引起其他幼儿的不满,这时候,教师就可以组织幼儿进行"我来当个秩序维护员"的团体游戏,在团体游戏中引导幼儿树立规则意识,帮助他们更好地适应集体生活并与同伴建立良好的关系等。

(四)在区域活动中渗透心理健康教育

区域活动是幼儿园一日生活中不可缺少的一个重要环节。作为幼儿教师,要充分利用各个区域的资源对幼儿进行心理健康教育。例如在建构区中,教师观察到:幼儿平时在搭建过程中容易出现同伴互相争抢玩具、遇到困难就放弃等问题。据此,教师创设主题活动"不怕困难""我们的城堡"等,在活动中鼓励幼儿相互合作搭建,遇到困难主动思考，不轻言放弃，培养了幼儿与同伴沟通与合作的能力以及坚韧的品质；在图书区投放心理健康类绘本，《爱发脾气的菲菲》《生气汤》《我变成一只喷火龙了》等情绪管理类绘本，帮助幼儿正确认识自己的情绪，并学会管理自己的情绪，通过适当得的方式发泄自己的情绪；教师还在活动室中投放沙盘和丰富的沙具，开展团体和个人沙盘活动，在沙盘游戏中，幼儿通过摆放沙具，形成沙盘作品，在游戏中创造自己的世界，表达自己的内心，纾解自己的情绪，完善自己的个性；还可以在角色表演区开展游戏，让幼儿在扮演角色的同时，培养自己的同理心，提高移情能力等。

（五）营造良好的社会环境

《纲要》指出，要建立良好的师生、同伴关系，让儿童在集体生活中感到温暖、心情愉快，形成安全感、信赖感。幼儿园的物质环境和精神环境都会对儿童产生深远的影响。因此，教师可以在班级内通过环境创设渗透心理健康教育，例如，在活动室内创设私密空间，里面投放绘画纸、表情贴纸、镜子等，当幼儿出现情绪问题时，幼儿可以主动走进那里，用自己的方式来疏导情绪。还可以在主题墙上创设一些关于人际交往、社会适应等方面的背景，来潜移默化地影响幼儿。班级教师之间也要和睦相处，为幼儿创造一种充满爱、相互尊重、相互关心的氛围。

（六）家园合作

我国台湾心理学家张春兴指出，心理健康问题根源于家庭，形成于社会，表现于学校。父母的言行举止会对幼儿产生重大影响，家庭教育如果与幼儿园教育不一致，会在一定程度上削弱幼儿园教育的力度。因此，为了更好地在幼儿园开展心理健康教育，要做好家长工作，帮助家长认清幼儿心理健康教育的重要性，在心理健康教育工作上取得家长的支持与配合。教师可以利用家长会开展家庭教育讲座，建立幼儿心理健康教育微信群，鼓励家长分享交流心理健康教育方面心得，还可以利用家园联系栏，向家长宣传心理健康教育方面的方法，举办"家长沙龙"，让家长分享交流育儿经验等。同时，教师还可以积极参加家庭教育讲座，不断提高自己的专业素养，更好地服务家庭教育。

五、学前儿童心理健康教育的策略

心理健康是人们精神意识培养中的重要内容，随着人们教育意识的逐渐提高，人们对心理健康教育也是十分重视。在学前儿童成长时期，尽管儿童年龄比较小，但是他们也存在诸多的心理情绪，这对他们的心理健康发展也会产生一定的影响。为了保证学前儿童具有良好的心理发展状况，就需要正视学前儿童日常行为，掌握他们的心理变化情况，并采取有效的心理健康教育策略，加强他们的心理健康教育，这对他们的成长具有重要意义。

（一）借助故事或者动画进行心理健康教育

学前儿童成长的过程中，具有鲜明的年龄特点，在对他们进行心理健康教育的过程中，就需要根据他们的年龄特点，进行教育方法的改进和丰富。由于学前儿童对故事和动画形式具有非常浓厚的兴趣，可以借助故事或者动画进行心理健康教育，从而实现良好的教育目的。比如,在我国传统文化中就具有非常丰富的教育素材,可以将其融入学前儿童的心理健康教育中。《孔融让梨》《卧冰求鲤》等故事,就能够有效地对儿童起到积极的教育效果,通过讲述这些具有教育意义的故事,可以对儿童心理以及思想意识起到引导培养的作用,从而促进他们心理朝着故事讲述的健康方向发展。另外,学前儿童对动画十分热衷,可以借助一些优秀的动画作品来对学前儿童心理健康进行引导教育。《西游记》《葫芦娃》等,这些动画作品都讲述一些正能量的故事情节,在儿童观看这些动画后,可以引导他们对动画情节和内容进行深入的分析,从而来了解其人物的内涵和魅力,以此促进儿童正确价值观以及健康心理的发展。

(二)组织开展趣味活动进行心理健康教育

学前儿童具有好动、好玩的特点,他们对理论性的教育往往表现出乏味的情绪,想要实现有效的心理健康教育,就不能一味地使用理论讲述的方式进行,可以组织开展趣味活动进行心理健康教育,以此有效地调动儿童的积极性,实现高质高效的心理健康教育目的。比如,可将一些心理健康教育故事通过角色扮演的方式,让儿童参与角色扮演的活动中。《4个好朋友》故事中,可以让儿童分别扮演小白兔、小黄狗、小公鸡以及小花猫等,让他们对生活中的日常礼貌用语进行一定的体验。通过使用礼貌用语进行交流,不仅能增强教育的趣味性,还能够提高教育的意义。另外,学前儿童十分喜爱游戏的方式,还可以将游戏和心理健康教育进行有效的融合。可以将儿童分成小组来进行游戏中,通过配合和交流来完成游戏,从而促进学前儿童和谐相处,这对他们良好的心理健康发展也具有重要的意义。

(三)通过心理环境的构建来引导心理健康教育

在学前儿童的心理健康教育中,不仅需要具有良好的教育手段,同时还需要注重对他们心理环境的构建来引导心理健康教育。学前儿童心理的发展是受到多种因素影响的,他们并不是在一个固定的生活或者学习环境中持续成长,想要实现对他们心理健康的教育,就需要从人际文化的角度来进行人文环境的营造和构建,不仅需要保障学前儿童具有良好舒适的实际成长环境,还要注重对他们心理环境的构建和维护。学前儿童心理年龄还比较小,他们需要具有安全性的心理氛围。学前儿童心理健康教育是一种引导教育的过程,他们的依赖性比较强,在心理健康教育的过程中,要避免出现伤害他们自尊的事,可以采取鼓励和表扬的教育方式,来培养其良好的自信心,引导他们健康心理意识的形成,使他们养成积极乐观的生活态度。

(四)采取家园共育的模式提高心理健康的实效性

家庭环境对于儿童的心理发展有着至关重要的作用,家长要积极配合幼儿园开展家园共育,提高儿童心理健康教育的实效性。学前儿童由于年龄较小,对于世界的认知十分有限,他们对很多事物的认知来自父母长辈的教育,对父母依赖性较强,成人的行为模式对于儿童的影响是巨大的。因此,家长要做好榜样,父母要互敬互爱,日常生活中注意自己的言谈举止,关注孩子的成长,让孩子能够在一个温馨、和谐的家庭中成长,形成更加健全健康的心理。家园共育是最有效的教育模式,也是心理健康教育开展的重要手段,教师与家长要关注儿童的心理状态,发现问题及时疏导。如幼儿在幼儿园出现情绪低落、睡眠不好等情况时,教师要及时关心幼儿,与家长保持联系,帮助孩子舒缓不良情绪;家长要积极配合,在幼儿回家后多倾听幼儿的心声,以爱的力量感化孩子,促进其全面发展。

探寻二 学前儿童心理健康教育的目标和内容

一、学前儿童心理健康教育的目标

我国先后颁布的《纲要》和《指南》均提及幼儿心理健康的目标与内容,这就为我们制订幼儿心理健康教育的目标提供了依据。《纲要》在健康领域的目标中指出在"集体生活中情绪安定、愉快"的总目标。《指南》在健康领域的"身心状况"中提出了幼儿"情绪安定愉快"的发展目标,如表5-1所示。

表5-1 《指南》中各年龄阶段幼儿心理理健康的目标

3—4岁	4—5岁	5—6岁
1. 情绪比较稳定,很少因一点儿小事哭闹不止 2. 有比较强烈情绪反应时,能在成人的安抚下逐渐平静	1. 经常保持愉快的情绪,不高兴时能较快缓解 2. 有比较强烈的情绪反应时,在成人提醒下逐渐平静下来 3. 愿意把自己的情绪告诉亲近的人,一起分享快乐或求得安慰	1. 经常保持愉快的情绪,知道引起自己某种情绪的原因,并努力缓解 2. 表达情绪的方式比较适度,不乱发脾气 3. 能随着活动的需要转换情绪和注意

结合对于《纲要》及《指南》的综合分析可以看出,良好的情绪表现是心理健康的重要标志。对于幼儿来说,情绪的安定与愉快是维护身心健康,促使其产生社会适应行为并逐渐形成良好个性的重要条件。随着年龄的增长,幼儿对情绪过程的自我调节能力也在逐渐加强。小班幼儿常被称作情绪"暴发户",因为他们易冲动,常常处于激动状态,而且来势猛烈,不能自制。这与其大脑皮质的兴奋容易扩散、皮质对皮下中枢的控制能力发展不足等生理因素有关。他们的情绪具有情境性、易变性、易受感染的特点,非常不稳定,两种对立情绪常常在很短的时间内相互转换,随着情境的变化而迅速变化。并且,小班幼儿的情绪明显外露,丝毫不加掩饰,不会调节情绪。到了中班,幼儿情绪的冲动性逐渐减少,稳定性逐渐增强,逐渐产生了要控制自己情绪的意识,但还不能完全控制自己的情绪。直到大班,幼儿对情绪的自我调节能力才逐渐发展,能够较多地调节自己情感的外部表现。他们在人际交往中掌握了许多情绪技能,并逐渐形成较为成熟的情绪调节策略,情绪表现也逐渐内隐。

《指南》依据幼儿的情绪特点与发展需要,提出了不同年龄段幼儿在稳定情绪、保持愉快情绪、适度表达和调节情绪等方面的具体发展目标。幼儿的情绪表现与幼儿所处的环境及其内在的感受直接关联。在幼儿园尚存在忽视幼儿情绪和内在感受的现象，不利于幼儿的心理健康。例如，初入园的幼儿通常会因为与亲人分离以及环境陌生而产生焦虑、紧张、伤心、害怕等不良情绪，这时教师要理解他们的心情，要格外地关爱他们，帮助他们缓解分离焦虑，并通过引导使他们进入丰富有趣的活动之中，促使他们体验到幼儿园生活与活动的快乐。但是，有的教师却无视幼儿的这种感受和需要，任幼儿哭泣或伤心，也有的教师甚至会吓唬或训斥幼儿。入园初期的幼儿若长时间处于这种不良的情绪状态，很容易致使身体机能的失调，出现身体不适、生病或夜惊、梦魇等身心健康问题。又如，在幼儿进餐过程中，有些教师可能会将注意力更多地放在维持进餐秩序、保持进餐环境的安静、督促幼儿快吃、要求幼儿不挑食或完成一定的进食量等方面，虽说教师的初衷也许是好的，但这种做法会导致进餐环境过于紧张、压抑和沉闷，进而导致幼儿无法感受到进餐过程的轻松和愉悦，从而影响幼儿身心的健康发展。再如，有的教师会对那些乖巧懂事、聪明能干、可爱随和的幼儿表现出明显的偏爱，给予他们较多的关爱和照顾，而不太喜欢那些调皮捣蛋或性格有点异常的幼儿，有时甚至会不自觉地对他们表现出不耐烦、拒斥的态度或行为。教师这种不公平、不接纳的态度和行为很容易被那些较敏感的幼儿意识到，很可能对其情绪表现以及个性的形成产生不良影响。

良好的感受和体验是幼儿形成安定、愉快情绪的基础。幼儿若能经常性地获得良好的感受和体验，便有助于形成良好的感受和体验，有助于形成良好的情绪反应模式和习惯。为此，《指南》在"教育建议"中强调要为幼儿"营造温暖、轻松的心理环境，让幼儿形成安全感和信赖感"，要"以积极、愉快的情绪影响幼儿"，要"欣赏"幼儿、"接纳"幼儿等，这对于帮助幼儿逐渐形成安定、愉快的情绪具有特别重要的意义，也是促进幼儿心理健康的重要条件。同时，《指南》还强调要"帮助幼儿学会恰当表达和调控情绪"。依据幼儿的年龄特点和个性特征，教师可以从帮助幼儿学习识别情绪、理解情绪和表达情绪开始，逐渐引导幼儿学习和掌握转移、缓解或控制消极情绪（如生气、伤心）的方法，这是促进幼儿情绪健康发展的重要途径和方法。

大班健康教育活动：我是勇敢的孩子

【设计背景】

"老师，我的孩子近一段时间不知道为什么变得非常胆小，晚上不敢一个人上厕所，不敢一个人进房间，睡觉也要陪，以前他可不是这样的呀！他是不是吓着了呀？这可怎么办？"这段时间，好几个孩子的家长都向我反映了这个情况。针对这一现象，我认为孩子到了一定的年龄，由于认知水平较低等原因，对一些不了解的事物或事情产生恐惧心理，这是正常现象，只要找到他们害怕的原因所在，针对性地教会孩子一些克服恐惧的方法，就可以改变这种情况。

【活动目标】
1. 了解克服恐惧的基本方法。
2. 能够克服恐惧心理去救回玩具并大胆表述自己是如何做的。
3. 积极参与"捉迷藏"游戏，大胆地寻找玩具。

【活动准备】
1. 物质准备：玩具、手电筒、激光枪、金箍棒等。
2. 经验准备：有过独自做事情的经历。

【活动过程】
一、创设情景，导入问题
活动当天的上午，组织幼儿带上自己的玩具到隔壁中一班玩，临走前把玩具落在中一班。活动开始前，我们一起在走廊上散步。

教师："小朋友们，今天晚上我们一起来幼儿园玩游戏，我们先来跳个舞吧！（播放音乐，幼儿随音乐起舞）请小朋友拿出自己的玩具，我们一起来玩"和玩具宝宝捉迷藏"的游戏吧！"

幼儿："老师，我们的玩具宝宝落在中一班了。"

教师："玩具宝宝一定在中一班的玩具柜里，现在是晚上了，中一班的小朋友都回家了，没有人陪着，玩具宝宝一定会害怕的，哪个勇敢的小朋友敢自己去中一班救回自己的玩具宝宝呀？"

幼儿园里熟悉安全的环境，欢快的音乐，为幼儿创设一个轻松愉快的心理氛围，同时教师通过准备组织幼儿玩游戏的方法，和"哪个勇敢的小朋友敢自己去救回自己的玩具宝宝呀？"这种积极的语言暗示调动幼儿的积极情绪，增强幼儿的勇气，帮助克服幼儿的恐惧心理。

二、实践交流，体验成功
教师："谁敢去救回自己的玩具宝宝？"（大家摇摇头）

幼儿："外面一个人也没有，我怕大灰狼；我怕大坏蛋抓走我；窗外黑乎乎的，我怕黑……"

教师："可是我们的玩具宝宝在别人的家里，一定也害怕，怎么办呢？有哪一个勇敢的小朋友愿意去救自己的宝宝的吗？"

幼儿："我。"（教师请了一位举手的幼儿，他很快就从隔壁班取回了自己的玩具）

教师："你真勇敢，小朋友们，我们为他鼓鼓掌！"（幼儿鼓掌）

教师："刚才你害怕吗？"

幼儿："不害怕。"

教师："那你刚才是用什么方法让自己不害怕的呢？"

幼儿："因为刚才我们刚才散步时经过中一班了，里面开着灯。虽然没有人陪，我也不害怕。我假装自己是超人，'呜'一声飞到了。"

教师："你的办法真好！奖你一颗'勇敢星'。"

这一环节，教师利用幼儿爱惜自己玩具的心理，鼓起幼儿战胜困难的勇气，并在幼儿获得成功后,引导幼儿详细讲述成功的体验,为大家树立榜样,通过个别幼儿的勇敢行为对大家的暗示作用,消除幼儿对黑暗的恐惧。

教师:"还有谁也敢去?(教师又请了一名幼儿)我们为他鼓鼓掌。"

幼儿走到门口又犹豫了,小朋友的掌声鼓起了他的勇气,他冲了出去,一会儿又跑回来了,手里拿着一个玩具。

教师:"哇,你真勇敢,小朋友们,我们再次为他鼓掌!"(幼儿热烈鼓掌)

教师:"刚才你害怕吗?"

幼儿:"有一点。"

教师:"所以你才跑得那么快,是吧?你克服了困难,奖你一颗'勇敢星'。其他小朋友还有什么方法让他不那么害怕?"

幼儿:"给他一个手电筒;给他一把超人的激光枪;给他一根金箍棒;我爸爸说,如果害怕,就大声唱歌,这样就不害怕了。"

教师:"小朋友想得真好,老师也有一个办法:可以深深地呼吸,想一些美好的事情,或者大声唱歌、数数、朗诵诗歌,这样我就不怕黑了。现在有谁想试试自己的办法好不好用,并把好办法告诉自己的朋友。"

教师轮流请幼儿去取玩具,成功后奖励'勇敢星',幼儿取回来后兴奋地和旁边的幼儿讲述自己的经验。

这一环节,教师在活动中以同伴的身份引导幼儿讨论如何克服恐惧,在每一位幼儿想出办法后,都给予肯定,最后教给孩子们一些克服恐惧的方法,并鼓励幼儿去实践验证,和同伴交流自己的经验,知道哪一种方法最有效。幼儿有了成功的体验,树立了自信心,更加乐意和同伴进行语言交流。实践交流这一环节是活动的重点,教师给予了足够的时间和空间让幼儿自主学习。

教师:"还有两位小朋友害怕,不敢去,怎么办呢?"

幼儿:"你们一起去吧!"(他们摇摇头)

幼儿:"我和你一起去,我起保护你们"(其他幼儿也争着举手要去)

教师:"那好,我们一起陪你去,好吗?"(他们点点头,大家一起唱着歌陪他们去拿回了玩具)

教师:"今天我们一起克服了恐惧,成为一个勇敢的孩子,心里真高兴!我们一起表扬自己好吗?以后,我们再也不怕黑了。"

这一环节,教师对特别胆小的孩子进行了个别辅导,但他还是不愿意自己去中一班,于是教师不再强求,而是引导其他幼儿陪同他一起去,通过同伴间的互相帮助和鼓励,使幼儿从朋友处获得温馨友好的情感体验,形成良好的社会性情感。活动中教师根据每一个幼儿的个体差异,因材施教,使每一位幼儿得到全面、和谐、自主的发展,体现了教师"尊重幼儿"的教育原则。

三、游戏巩固,迁移经验

教师:"我们现在来玩'和玩具宝宝捉迷藏'的游戏吧!"(教师开着小台灯,请小朋友将玩具宝宝送到玩具柜中,坐回位置后熄灭台灯,幼儿轮流根据记忆摸黑找回自己的玩

具)

教师:"今天晚上我们玩得真高兴,玩具宝宝说以后再也不怕一个人了,小朋友们,今天晚上开始,我们也试一试自己一个人睡觉,好吗?"

这一环节,幼儿还处在获得成功的兴奋中,游戏使他们完全放松,忘记了恐惧,顺利地在黑暗中开展游戏。在活动的最后,教师给幼儿提出了新的要求:回家尝试一个人睡觉,让幼儿进一步强化成功的体验,将习得的经验迁移到生活中去。

【活动反思】

现代教育理论提出培养"完整儿童"观点,其中的关键在于对幼儿社会性发展的高度重视和关注。幼儿时期的社会教育对儿童人格、心理健康、学习、智力等一生的发展都具有重要影响。因此,在教育活动中,我们更加注重幼儿情绪、情感的体验,以幼儿的感受体验为核心和基础,发展其社会认知能力,养成良好的社会行为技能,促进三者统一协调地发展。

(江辉,广东茂名市第二幼儿园)

二、学前儿童心理健康教育的内容

学前儿童心理健康教育的内容是心理健康教育目标的具体化,直接体现心理健康教育的目标,为实现心理健康教育的目标服务。幼儿心理健康教育内容的选择,一方面受心理健康教育目标制约,另一方面要考虑幼儿年龄特征和心理发展水平以及幼儿心理健康状况。通过心理健康教育,幼儿可具备良好的自我意识能力,形成良好的情绪情感、行为习惯、个性心理品质和社会适应能力,逐步发展自我解决心理问题的能力,最终达到身体、心理和社会适应性的完满状态。心理健康教育的范畴很广,《指南》的健康领域仅涉及幼儿情绪发展以及对集体生活环境的适应等方面,还有许多与幼儿心理健康发展相关的目标包含在《指南》的社会领域中,因此,健康领域与社会领域密切关联、相互补充,幼儿在这两个领域的学习与发展都有助于幼儿的身心健康。

(一)表达和调节自己情绪的方法

所谓情绪和情感是指客观事物是否满足主体需要而产生的态度的体验。它随个体的成长而逐渐分化,由简单到复杂。3—6岁的幼儿,情绪情感正处于迅速发展时期,如何发展积极情感、避免消极情感是幼儿心理健康教育的重大议题。

1. 学会提出合理的要求

对幼儿的要求,教师不可一味地迁就,也不可粗暴拒绝,而是需要加以区别对待。对于幼儿合理的要求,教师要及时满足,不合理的则要坚决地予以拒绝,并向幼儿讲清楚拒绝的理由。通过这种教育让幼儿懂得,哪些要求是合理的,哪些要求是不合理的。在教师的引导和帮助下,幼儿慢慢地学会对自己要求的合理性予以分析。

2. 学会合理发泄不良情绪

每个人都会有不良的情绪,这种情绪积累过多就会对个体的身心产生消极的影响。因此需要找一个合理的方式宣泄出来,以减轻心理压力。幼儿也是一样,他们有时也会受到挫折,觉得委屈。这时他们需要一个渠道来释放不良情绪,缓解内心压力。合理地宣泄不良情绪,有助于幼儿取得内心的平衡。教师要给幼儿提供机会,培养幼儿适应环境的能力,学习以支持的方式应付心理压力的策略。

(二) 社会交往技能

1. 移情能力

移情能力指的是一个人感受和理解他人情感的能力。幼儿不断发展的移情能力,会逐渐成为其亲社会行为的重要动机。在日常生活中,教师要为幼儿创造与人交往的机会,鼓励幼儿积极参加各种游戏活动。让他们在与同伴的游戏中,培养正确地认识、感知、理解自己和他人情感的能力和亲社会行为。

2. 分享与合作

幼儿需要通过人际交往认识、体验、理解并遵守日常生活中基本社会行为规则,学习自律和尊重他人。幼儿在游戏中学习,也在游戏中成长。游戏中的行为互动,在促进幼儿的社会性成长过程中起着非常重要的作用。教师可以为幼儿创设一定的游戏情境,让他们通过角色扮演在游戏的过程中认识到分享与合作的重要性,并初步培养分享与合作的精神。

3. 恰当的自我评价

幼儿的自我评价能力是逐步发展起来的,反映幼儿对自己在环境中所处地位的认识和评价自身能力的价值观念,在其个性形成中占重要地位。家长和教师对于幼儿自我评价起着重要的作用,他们的正确评价和恰当期望直接影响幼儿自我评价的正确性。

此外,幼儿自我评价的定位是在平常通过做事获得的。根据幼儿心理发展的特点,教师可有重点地在各年龄阶段循序渐进地开展活动,除了进行专门的健康教育系列活动外,还要关注发展目标与其他领域的融合。例如,在科学教育活动中,通过尝试、探究等活动所带来的成功体验可以培养幼儿对自己的认同感。在艺术教育活动中,通过创造性活动可以使幼儿获得对自我的客观评价。

(三) 早期性教育

幼儿期的性教育是幼儿心理健康教育的重要内容,它将在很大程度上决定幼儿今后一生的"性观念",影响到他们的性别认识、性别自我表现和性别角色行为的建立,从而对幼儿的心理健康产生极大的影响。适当的性教育可以促进幼儿心理的健康发展。幼儿期的性教育包括以下几个方面:

1. 培养幼儿正确认识性别角色的能力

性别角色认识应该从幼儿时期开始,由家长在日常生活中帮助幼儿逐步形成。家长在幼儿很小的时候就应对他们的行为是否符合其性别角色加以赞许或批评。幼儿从赞许和批评中逐渐懂得了什么样的行为方式才是符合自己性别角色特点的。

2. 生理发育的教育

让幼儿大致知道婴儿出生的知识。向幼儿传授生理发育的知识,简要说明人体结构,告诉他们各部分的功能,强调指出性器官也是人体的重要器官,一定要好好爱护,不能随意玩弄,更不能让其他人伤害。

3. 尊重生命的教育

生命的出现是性的产物,尊重生命是性教育的重要内容。家长应当教育幼儿珍惜自己的生命,同时也要珍惜他人的生命。

4. 男女合作精神的教育

家长可以简明地告诉幼儿,男性和女性是有差异的。世界上必须有男也有女,所以男孩和女孩之间应该友好相处,相互帮助,共同进步。

5. 预防性暴力的教育

家长可告诉幼儿,不能随便接受陌生人的水果、糖果、点心之类的东西。未经大人的许可,不能单独进入别人的房间,不准别人触摸自己的性器官。

探寻三　学前儿童心理健康教育活动的设计与实施

一、学前儿童心理健康教育活动的设计

幼儿的健康心理离不开教师和家长对幼儿心理状态的关注与呵护,而积极、有趣、富有针对性的活动也是促进幼儿心理健康的重要手段之一。教师要从建立良好的师幼关系、亲子关系入手,营造有趣的活动氛围,通过快乐的专门的集体活动、游戏活动培养孩子的健康心理。专门的心理健康教育活动设计的基本思路是:在幼儿原有发展水平基础上,围绕关键经验确定活动目标,根据活动目标选择具体活动内容,做好活动准备,根据幼儿的特点和教育规律设计实施过程,考虑与内容相适应的活动方式,围绕关键经验进行针对性评价。

(一)分析幼儿现况

进行幼儿现况分析必须是建立在对幼儿身心发展水平观察、调查基础上的客观分析,要避免主观臆断。此外,教师要全面把握幼儿在身心健康发展方面的一般特点和规律,并且清楚地判断本班幼儿在心理发展方面的整体水平和兴趣需要。

(二)确定活动目标

确定心理健康教育活动的目标,实际上就是挑选所要培养的幼儿的某一心理素质或心理特征。因为个体的心理特征有许多,在一次教育活动中,不可能对所有的心理特征都加以培养,面面俱到反而无所适从,必须有针对性地、有选择地加以培养。以中班心理健康教育活动"我高兴,我快乐"为例,该活动的目标是:

1. 幼儿在体察、感知、理解中,懂得人的基本情绪的特征、分类及成因;
2. 通过分析讨论初步学习情绪转化策略;
3. 养成开朗的性格和乐观的情绪。

(三)选择活动内容

围绕活动目标,针对活动对象的心理特点和知识水平来设置活动内容。如解决问

题能力训练"我该怎么办"、合作意识的培养"小动物抬水比赛"、自信心的提高"说说我的优点"、应付挫折:"如果我失败了",等等。

(四) 做好活动准备

活动准备包括教师对活动的内容、方法、途径进行选择,以及对环境的创设和做好物质资源准备,对儿童知识和能力方面的准备等。如中班心理健康教育活动"我高兴,我快乐"的活动准备包括:一组表情娃娃、各种情景图、律动《表情歌》。

(五) 精心设计活动过程

活动过程的不同部分有不同的作用。"导入部分"在于吸引幼儿的注意力,调动幼儿的兴趣和情绪;"基本部分"中,教师要考虑活动环节的先后顺序,要考虑何时且如何提问,以启发幼儿思考。要考虑手段和方法的选择运用,以激发幼儿在活动中的主动性。教师的活动设计只是教学过程的大致预演,在实际教育教学中,还会不断出现新的情形、新的问题和新的教育机会,这就要求教师在教育活动中不仅要注意既定目标的达成,还要注意新教育活动的生成,敏锐发现新的、有价值的教育契机。

中班心理健康教育活动"我高兴,我快乐"的"导入部分",教师运用情境营造、材料自主选择、问题激趣、表演等多种方式有效地激发幼儿的兴趣,从而导入主题。活动过程如下:

1. 师幼谈话,让幼儿体验情绪

教师:"今天,我为小朋友们制作了许多精美的表情娃娃,你们来看一看,上面是什么表情呀?(生气、微笑、伤心)。现在老师发给每个小朋友一个表情娃娃,然后把它戴在你们的脖子上。"

教师:"好了,戴好表情娃娃,接下来我们要去认识几个小朋友。"

中班心理健康教育活动"我高兴,我快乐"的"基本部分",在教师设计的层层递进的环节下,呈现本次活动的主要内容"情绪"的心理体验,并通过与幼儿的讨论分析得出保持积极情绪,调节消极情绪的措施。活动过程如下:

2. 感受不同的表情,能表达自己的想法

(1) 出示情景图(一群小朋友很开心地邀请乐乐参加游戏,乐乐因为心情不好而粗暴拒绝,使得这群小朋友也变得很不开心)。

请小朋友表演一下自己脖子上挂的表情娃娃,说说他们现在应该是什么表情娃娃。

教师提问:"谁愿意告诉乐乐怎样做好?"

① 结合生活经验,幼儿互相交流。

告诉小朋友:"我现在不想玩,过一会儿再说。"

直率地说:"我生气了,我想去情绪角休息一会儿。"

想一想"和小朋友一起玩一定会让我快乐起来",然后愉快地接受邀请。

教师小结:"生气是不好的行为习惯,会失去很多好朋友,经常发脾气、生气,时间长了会不爱吃饭,不爱运动,不爱和小朋友交往,会影响身体健康,会生病,生活中有很多事情是可以通过其他方法来解决的。"

② 联系幼儿实际,帮助幼儿学会调节不良情绪的具体方法,保持快乐的心情。

教师提问:"小朋友,你们有没有生气的时候?"(有)

教师:"为什么生气? 生气了怎么表现?"(星期天,我想上公园,妈妈没时间带我去,我就摔东西,大哭大闹等)

教师:"这样做对不对? 为什么?"(不对,影响自己健康,也不讨人喜欢)

教师:"那我们生气的时候想什么办法使自己不生气?"(想想高兴的事;找好朋友聊一聊,说一说自己的心里话,与他们一起做游戏;做一做自己喜欢的事,如画画、听故事、欣赏音乐、看电视、参加体育活动等)

教师:"如果乐乐很不礼貌地拒绝了你,你会怎么做?"

③ 幼儿说说自己想的办法。

可以让幼儿把不开心的事情告诉大家,大家安慰乐乐,乐乐心里就会好受些;陪她听会儿音乐,玩玩具,看看书,一定会让乐乐快乐起来;讲笑话给她听,与她一起游戏、唱歌、说话,让她快乐……

④ 结合生活经验,幼儿互相交流。

教师小结:"对,我们不但要自己保持高兴、愉快的心情,还要想办法体察他人的心情,心情是藏在我们每个人心中的小精灵,只要你少生气,多关心别人、帮助别人,就能天天拥有好心情,你的快乐就会变成大家的快乐,我们的身边就会充满快乐!"

(2) 出示情景图(佳佳在游园活动中得了奖,他将巧克力分给小朋友,让大家一起分享他的快乐)。

教师提问:"他现在应该是什么表情娃娃,为什么? 他这样做好在哪里?"

① 结合生活经验,幼儿互相交流。

教师小结:"快乐、成功、友爱要让大家分享,让好心情像甜甜的糖一样甜到大家心上。"

② 教师提问:"你什么时候感到快乐?"(做了好事,受到了表扬、称赞)

教师:"小朋友平时应该保持怎样的情绪呢?"(要保持愉快的情绪,不要为一点小事生气,这样才能使我们的身体健康,别人也才会喜欢我们)

教师:"我看小朋友们讨论得又热烈,又高兴,今天老师还准备了你们平时最喜欢的活动材料,如绘画工具、大型积木、娃娃家等玩具。小朋友可以自己选择你最高兴做的事,在游戏中与你的好伙伴分享快乐。好,现在自己选择吧!"

(3) 律动《表情歌》。

在该活动的结束部分,教师将活动内容迁移到幼儿生活中,引导幼儿学会保持积极的情绪。

(4) 结束活动。

教师提问:"现在,你们的心情怎么样?"(非常高兴)

教师:"我看到小朋友们高兴的时候,老师的脸上也洋溢着笑容。那么我们一起唱支歌,跳个舞,分享快乐,小朋友说好吗?"(老师与小朋友们共舞)

(5) 活动延伸。

教师:"让我们一起回家去把今天开心的事都告诉爸爸、妈妈、爷爷、奶奶、叔叔、阿姨,让他们和我们一起高兴吧!"

(六)选择有效的教学方法

幼儿心理健康教育主要是通过师幼共同活动来进行的,因此我们把这些共同活动的方式看成幼儿心理健康教育活动的教学方法。幼儿心理健康教育活动的组织方法主要有讲解示范法、情境表演法、游戏法、讨论评议法等。

1. 讲解示范法

讲解是指教师以心理健康教育目标为切入点,具体而形象地向幼儿讲解保持心理健康的方法和途径。因为幼儿最信服的对象是教师,对教师的言谈举止观察最细、感受最强,而且经常不加选择地信服教师的言行。所以,教师应该注意自己的一言一行,用良好的言行去感染幼儿。教师的言语、态度、思维、习惯都容易转化为幼儿的行动,所以要求幼儿做到的,教师首先要做好。例如:在"合作性训练"中,在演示了"一根筷子易折断,一把筷子折不断"之后,教师用讲解法使幼儿明白合作的重要性。讲解法还包括讲故事,利用儿童喜欢听故事的心理,讲述与心理健康有关的故事,如创造力培养,可以讲述《司马光砸缸》的故事。

2. 情境表演法

情境表演法是指教师或幼儿对特定的生活情境、故事情节等加以表演,通过行为模仿或行为替代来影响个体心理过程的方法。由于情境表演的主题来源于幼儿的现实生活,能激发他们的兴趣,所以这种方法能较好地帮助他们认识生活中可能遇到的心理健康问题和冲突,了解应该做出的合乎要求的行为。例如,教师给幼儿讲故事《委屈的涛涛》,请幼儿说一说当遇到挫折、感到委屈时应该怎么做并进行表演,引导幼儿把自己的情绪告诉亲近的人去求得安慰。

3. 游戏法

在幼儿园进行的心理健康教育活动中,游戏法是最主要的方法之一。因为游戏是幼儿最喜爱的活动,对他们来说,通过游戏进行学习比通过说教更容易接受。而且游戏能够满足幼儿各种层次的需要,促进幼儿想象力和创造力的发展,有利于幼儿增强自尊心和自信心,获得成就感。在游戏中,幼儿能够进行真正的学习。

4. 讨论评议法

讨论评议法是指教师通过组织语言讨论活动,让幼儿积极参与心理健康教育的过程,为他们提出问题、发表意见、得出结论提供机会。讨论评议法能有效地帮助幼儿表达自己的真实想法,鼓励他们对他人的言行加以评价,从而提高其判别是非的能力。讨论评议法通常选择幼儿感兴趣的心理健康话题展开讨论,该方法多用于解决问题能力训练的教育活动中。运用此方法时,教师应注意严禁批评,并给予幼儿畅所欲言的时间和机会,鼓励他们想得越多越好,也可以对别人的想法加以改进和组合。例如,在"我是开心果"活动中,教师可以引导幼儿讨论:你遇到过哪些让你觉得不开心的事情?你是怎么处理的?我们如何安慰不开心的小朋友?通过讨论、总结,了解转移、缓解及控制消极情绪的恰当方法。

二、学前儿童心理健康教育活动的组织与指导

对幼儿实施心理健康教育,必须符合幼儿心理发展的一般特征。一方面,尽管幼儿对外界各种事物充满了好奇,渴望独立参加社会实践活动,但他们从事独立活动的经验及能力水平远跟不上他们的需要,这使得教师在计划、实施心理健康教育活动时,应考虑以游戏为主,即寓教育于游戏之中,对幼儿产生潜移默化的影响。另一方面,幼儿各种心理过程常有明显的具体形象性和不随意性,而抽象概括性和随意性刚刚开始发展,因此,在建立幼儿心理健康教育模式时,应尽可能具体化、形象化,具有新颖性。例如通过他们所熟悉的动画人物、故事、游戏等来完成教育活动及功能。学前儿童心理健康教育活动有以下几种教学模式供参考。①

(一) 情感陶冶活动模式

情感陶冶活动模式是指通过创设情境,启发幼儿联想,诱发新的情绪体验,使幼儿与现实中、情境表演中或作品中的人物心心相印、情意相通,在心灵深处产生强烈的共鸣并做出反应,从而使幼儿在遇到类似的真实情境时,更容易产生移情,做出亲社会行为。组织指导过程如下:

1. 情感激发

情感激发也叫认知提示,指通过成人的言语提示,组织幼儿通过讨论、绘画、唱歌、表演等形式,帮助幼儿辨别各种不同的情感及其面部表情,理解不同的人在不同的情境中的想法、观点和情感,促进幼儿辨别他人的表情、设想他人观点及进入他人角色的能力的发展,进而促进幼儿认知水平和社会理解水平的提高,为产生移情奠定认知基础。

2. 情绪追忆

情绪追忆是运用言语提示唤醒幼儿在过去生活经历中亲身感受到的最强烈的情绪体验,引起他们对情绪体验产生情境、原因和事件的联想,加强情绪体验与特定社会情境之间的联系。

3. 情感换位

情感换位是提供一系列由近及远的社会情境,让幼儿分析讨论和扮演角色,从而使幼儿转换角色去体验某种情绪、情感状态并促进其角色转换能力的发展。通过情绪追忆和情感换位,幼儿得以把过去的情绪、情感体验迁移到相应的社会情境之中,使自己置身其中,设身处地为他人着想,体验或设想他人正在体验的情绪、情感,从而产生移情。

4. 实际行动

实际行动是组织幼儿将自己移情的体验表达出来,与同伴、老师进行交流,再由幼儿或教师小结设身处地为他人着想的话语或将采取的行为方式。在这一步骤中,教师是指挥,幼儿是主体。教师指挥幼儿操练,要注意操练的时效性,力求形式多样。

---

① 庄虹.幼儿园教学模式介绍[M].长春:东北师范大学出版社,2003,引用内容有所改动。

(1) 应用性操练。教师根据活动前的预想提供幼儿抒发感情、做出积极行为的情境,让幼儿实际做一遍。例如,"关心生病的小朋友"活动中,请幼儿按意愿选择"关心病人"的方式,参加相应的小组活动。

(2) 表演性练习。表演性练习包括事例分析和行为练习,即先举出假设的各种典型的社会情境或事例,或通过欣赏、表演、儿歌等,让幼儿分析出在该种情形下怎样做才能给别人带来欢乐,并根据幼儿的提议,让大家轮流扮演不同的角色,从中体验不同的情感。教师应鼓励幼儿用动作和表情进行表演练习,使所学新知逐步深化,达到学以致用的目的。例如,大班"他为什么哭"活动最后一个环节中,教师让幼儿扮演"哭的人"与"关心者",在表演中抒发关心他人的情感,体验关心他人的行为。

(二) 角色扮演活动模式

角色扮演活动模式是指帮助幼儿了解人际关系及不同角色身份,学习以适当的行为方式进行沟通,从而掌握互助、合作等友好交往技能,发展语言交流能力和想象力,使幼儿实践和尝试自己解决社交问题的办法。组织指导过程如下:

1. 创设情境

情境创设应力求真实、生动、有人有景,可以用电化教具相配合,也可以用画板或口技代替。场景布置及道具应尽量简单,化妆只要突出人物身份的主要特点,能使幼儿看懂就行。如需幼儿扮演角色,应先物色人选,组织排练。活动开始时,教师要用语言向幼儿介绍场景(什么地方)、角色和主演者,以引起幼儿观看表演的兴趣,并向幼儿交代任务,提醒他们仔细观看表演者的表情、动作,记住表演内容,以便在观看后讨论。

2. 情境表演

为了使全体幼儿看清楚表演内容,表演者要面向大家,表演速度适中。可以完整表演,也可以分段表演。

3. 组织讨论

观看表演后,教师应围绕活动目标有重点地提问,引导幼儿讨论评价表演中人物的言行,激发某种情感,提出今后行为的选择建议,提高幼儿的社会认知水平和判断能力。讨论时,教师要尊重幼儿,让他们畅所欲言,提出不同看法。通过幼儿自己的活动,思考得出正确的结论。讨论的基本形式主要是小组合作形式,在此基础上全班交流,甚至展开争论。在应得出一致意见的问题上力求取得一致,在允许有不同意见的问题上一定不要强求一致。要鼓励幼儿谈论带有个人情感的理解,鼓励创新。

4. 学习表演

幼儿有模仿和表演的兴趣,在这一阶段中,教师要组织全班幼儿分组、分角色进行表演,从而巩固在活动中获得的行为规范。有时可让部分幼儿参与表演,其他幼儿在此观看,这要依据具体的活动内容和教学环境来定。通过表演,幼儿进一步判断正确行为,在亲身参加表演中更好地掌握正确行为要求。

(三) 艺术感染活动模式

艺术感染活动模式是指通过文学艺术作品,即诗歌、故事、散文等,使幼儿理解和掌握寓于艺术作品中的健康心理知识和行为要求。组织指导过程如下：

1. 欣赏艺术作品

活动一开始，教师给幼儿生动流畅地讲述故事或有感情地朗诵散文、诗歌，使幼儿在欣赏文学作品中受到感染。讲述故事或朗诵散文时，教师可配以挂图、幻灯、实物、图片及音乐等，帮助幼儿理解文学作品内容。为了使艺术作品更好地发挥教育作用，教师应注意两个问题：一是活动前，教师应精心选择幼儿感兴趣的、健康的、有益的、有启迪性的作品；二是根据幼儿对语言的掌握和理解程度适当地讲解启发。对于作品中表现的主题要重点予以提示，使他们更好地从中领悟道理。

2. 讨论小结

心理健康教育活动中让幼儿欣赏文学艺术作品的目的是使幼儿明理、共情，进而导行。因此，欣赏艺术作品后，教师应围绕教学要求提些问题，让幼儿围绕问题进行讨论，从而明白蕴藏在作品中的某个道理，激发良好的情感并影响其以后的行为。讨论时，教师要尊重幼儿，鼓励他们畅所欲言，提出不同看法。讨论后，教师进行小结，引导幼儿得出正确的认识，对幼儿提出行为上的要求。

3. 联想深化

教师要适当地拓宽活动内容，达到开阔视野、发展思维的目的，从内容、形式、范围多角度引导幼儿结合自己的生活实际或对一些知识和能力进行巩固。这一阶段可对现象进行议论，以促进道德知识的进一步内化。教师列举有关事例时，可以适当结合图片等直观教具，让幼儿通过联想深化认识。例如，大班"做个守信的孩子"活动中，教师在幼儿讨论"波波和乐乐"作品的基础上，开拓幼儿的思路，让幼儿分析另外两个事例，使他们能进一步领悟蕴含在作品中的道德知识，明辨是非，并以此指导自己的道德行为。

4. 创作实践

幼儿掌握了一定的知识后，教师可组织他们开展一些力所能及的创作实践活动，让幼儿把学到的知识加以运用，培养良好的行为。例如，中班"只想生病的小狗"活动中，教师组织幼儿为妈妈开个"小小音乐会"，在音乐会上让他们唱有关爱妈妈的歌，并且将自制的礼物布置在妈妈的照片旁。这些活动可以激发幼儿爱妈妈的情感，让他们懂得爱妈妈的一些实际行动。

中班心理健康教育活动：生气汤[①]

【活动目标】

1. 知道生气是一种情绪反应，了解经常生气会影响人的健康。
2. 尝试用恰当的方式排解生气情绪。

---

① 顾文文.健康活动：生气汤（中班）[J].学前课程研究，2009(11)，略有改动.

3. 愿意保持快乐的心情。

【活动准备】
《生气汤》故事的演示幻灯片。

【活动过程】
一、图片引入

1. 教师出示小主人公霍斯的图片,提问:"今天老师带来了一个朋友,他的名字叫霍斯。看,他怎么了?"

2. 提问:"今天霍斯真的很生气,你从哪里看出来的?"

3. 小结:"我们从他的表情和动作看出来,霍斯今天真的很生气。"

4. 提问:"猜猜霍斯为什么会这么生气,让我们一起来看看吧!"

评析:借助提问的方式,引起幼儿共鸣,为下一个环节做铺垫。

二、倾听故事

1. 教师出示演示幻灯片,讲述故事第一部分。

提问:"霍斯是为什么这么生气呀?你们有过生气的时候吗?你什么时候会生气?生气的时候你有什么样的感觉?"

小结:"经常生气会影响自己的身体健康。"同时结合自身体验,进一步激发幼儿表达内心感受的欲望。

评析:倾听故事了解主人公生气的原因。

2. 讲述故事第二部分。

提问:"霍斯生气了,他都做了什么事情?霍斯这样生气好吗?为什么?"

小结:"经常生气除了会影响自己的身体健康,也会让身边的人不开心,更会让你失去朋友。"

评析:通过讨论引导幼儿换位思考,让幼儿更深入地了解生气所产生的消极情绪对自身及他人的负面影响。

3. 讲述故事第三部分。

提问:"霍斯妈妈想出了什么办法呢?现在霍斯的心情怎么样了?生气的时候我们还有什么好办法让自己的心情好起来?"

小结:"其实生气很正常,我们每个小朋友都有生气的时候。所以,我们要学会用各种好方法让自己的心情好起来。"

评析:在这一环节中,借助妈妈煮生气汤的巧妙构思,充分调动幼儿的积极性,将自己的生活经验迁移到活动中,使整个活动达到高潮。

三、"生气汤"游戏

1. 提问:"如果你的朋友生气了,你可以怎么帮助他?我们一起来玩一个可以让自己和朋友快乐的'生气汤'游戏吧!"

2. 玩法:我们手拉手,围成一个"大锅"的形状。每个人对着大锅大声说出一件自己生气的事情,然后念儿歌"撒点盐、放点糖,左左左扭三下,右右右扭三下,喷出一口火龙气,啊!我快乐啦!"

3. 小结:"我现在开心极了,你们心情怎么样啊?如果你的朋友生气了,可以和他一起玩这个'生气汤'的游戏,让大家的心情都变快乐。现在就让我们把这个好办法告诉其他班的小朋友,好不好?"

【案例评析】

本活动以故事主人公霍斯生气所发生的一系列事情为线索,了解霍斯生气的原因和表现,借助妈妈煮汤的方式帮助霍斯消除生气所产生的消极情绪。"生气汤"活动贴近幼儿实际生活的真实体验,体察幼儿的内心感受。在活动中,教师通过与幼儿谈话,从寻找霍斯生气的原因到谈论自己为什么会生气,并寻找正确的宣泄方式等。在交流的过程中,教师有机地将健康的知识、换位思考的理念、正确排解自己生气时产生的消极情绪的方式渗透在教学活动中。

1. 学前儿童心理健康教育的目标有哪些?
2. 学前儿童心理健康教育的内容有哪些?
3. 学前儿童心理健康教育活动组织与指导的策略有哪些?
4. 请结合见习,谈一谈如何在幼儿园开展学前儿童心理健康教育活动。

1. 请以"我长大了"为主题,设计大班心理健康教育活动方案,要求设计、编写详细的教育活动方案,以小组为单位,组织模拟试教。
2. 请在观察的基础上,设计一个以心理健康教育为主题的家园信息栏,帮助家长了解幼儿心理动态。

性关怀是性教育的必要补充

孩子这个年龄出现这样的性活动正常吗?出现这样的现象是什么原因?成人应该如何看待?在什么时期怎样对孩子进行性教育……一直以来这些问题是社会和家庭的难题。我们对孩子的性心理问题表现出来的行为容易以道德品质来评判。而事实往往证明,如果我们忙于用道德去评判,用规章制度去惩罚,去"教育",无疑是将孩子推入二次伤害以致万劫不复的深渊……

那么,我们为什么不能从小就对孩子开始性关怀,以此来填补对孩子的性教育呢?

等到性教育出了问题才去补救,是不是有点迟?

  世界著名性学家弗洛伊德将人类的性发展分为口欲期、肛欲期、生殖器期、潜伏期和青春期。6岁前孩子的性活动经历了从口唇到肛门再到生殖器的过程,性感觉朝着以生殖器为主导的方向发展,为青春期以生殖器为统治地位的性活动打下了基础。所以6岁前的性发展是个体一生中性发展最重要的时期,也是孩子性发展的幼稚期。其间,孩子有很多幼稚的性活动,比如在他人身体上摩擦生殖器、手淫的时候还不会回避他人,因此我们在看待儿童的性活动时,不能与成人的性行为相提并论,更不能按照成人社会的性道德标准来看待孩子。

  如果我们从孩子出生就开始关心和保护他们天然的"性",在孩子性心理发展到达的每一个阶段都掌握孩子性发展的规律,尊重孩子的性隐私权,逐渐引导孩子建立起儿童时期健康的羞耻感和道德感,我们的孩子一定能从小养成性心理健康的基本素质,为后续的青春期的性发展奠定良好的基础,从而健康快乐地长大。

  与此同时,我们还应认识到幼儿在其他领域的学习与发展也有助于幼儿身心健康成长。例如,幼儿在了解与探索物质世界和周围环境的过程中可以获得对物质特性以及有关安全等方面的知识和经验,还有助于提高幼儿对危险事物的认识与判断能力,更好地维护自身的安全。又如,幼儿要清晰地向他人表达自己内心的想法和情绪情感,离不开语言能力的发展。可见,幼儿在健康领域的学习与发展应与其他领域的学习与发展有机结合、相互渗透,只有这样,才能促进幼儿身心全面、协调地发展,这也正体现了《指南》所倡导的要"关注幼儿学习与发展的整体性"的基本理念。

(胡萍《善解童贞——决定孩子一生幸福的性教育》)

模块六 学前儿童体育活动

内容概要

《3—6岁儿童学习与发展指南》着重强调，要充分认识生活和体育游戏对幼儿成长的教育价值，建议幼儿每天户外活动时间一般不少于2小时，其中体育活动时间不少于1小时，突显了幼儿体育活动的重要价值。本章介绍了学前儿童体育活动概述，学前儿童基本动作练习指导，学前儿童体育教学活动、体育游戏、早操活动的设计与指导，学前儿童户外体育活动的组织与指导等内容，以期使学生通过本章的学习，形成针对各种体育活动类型的特点设计相关活动的能力，帮助幼儿逐渐培养体育锻炼的兴趣和形成运动的习惯，促进幼儿关键动作的发展，为幼儿的全面发展奠定基础。

情境导入

某幼儿园组织教师学习《3—6岁儿童学习与发展指南》中的健康领域部分，教师们对健康领域目标的第二个动作发展目标进行了激烈讨论。有的老师认为，《指南》更多地强调了动作对幼儿的发展，而弱化了体育对幼儿健康发展的作用；有的老师则认为，发展好了幼儿的身体素质，幼儿体能就提高了，也有的老师认为，幼儿学习基本动作就能很好地促进幼儿身体素质的提高。老师们各抒己见。

思考：教师们的争论是否有道理？是否正确地认识到体育与健康的关系？是否理解了体能与身体素质的内涵？动作发展与体能的关系又是如何？

探寻一　学前儿童体育活动概述

一、学前儿童体育活动的内涵

广义的体育是一种复杂的社会文化现象，它以身体与智力活动为基本手段，根据人体生长发育、技能形成和机能提高等的规律，达到促进全面发育、提高身体素质与全面教育水平、增强体质与提高运动能力、改善生活方式与提高生活质量的一种有意识、有目的、有组织的社会活动。随着国际交往的扩大，体育事业发展的规模和水平已是衡量一个国家社会发展进步的一项重要标志，也成为国家间外交及文化交流的重要手段。体育可分为大众体育、专业体育、学校体育等种类。具体包括体育文化、体育教育、体育活动、体育竞赛、体育设施、体育组织、体育科学技术等诸多要素。通常人们所说的"体育"多为狭义的"体育教育"，即维持和发展身体的各项活动能力的一种教育过程。

结合对狭义的体育内涵的理解以及幼儿园教育活动的特点，我们认为，学前儿童体育活动是遵循学前儿童身体生长发育的规律，以增强体质，提高健康水平，促进儿童全面、和谐发展为目的一系列教育活动。

二、学前儿童体育活动的意义与目标

（一）学前儿童体育活动的意义

幼儿在参与体育活动的过程中，不仅能获得身体上的锻炼与发展，而且对其心理、社会性等方面的良好发展也大有帮助。

1. 促进幼儿身体形态和身体机能的发展

幼儿阶段的生长发育迅速，身体各组织、器官与系统正处于发育的关键时期。适当的体育活动对幼儿的运动系统、心肺系统、神经系统等都具有良好的刺激和促进作用。

首先，体育活动能提高幼儿神经系统对机体的调节与控制能力。例如，幼儿通过各种身体动作的练习，能提高神经系统对肌肉组织的控制与调节能力，使动作的准确性和质量不断提高；幼儿参与跑、跳等运动，能增强神经系统对心肺系统的调节作用；幼儿在进行投掷、拍球、抛接球等运动的过程中，能提高神经系统对视觉、肌肉运动的综合调节能力。此外，一些针对性的体育活动还能有效促进幼儿大脑双侧分化与前庭平衡功能，增强前庭功能的稳定性，同时使幼儿视觉、触觉、本体感等得到协调发展，避免感觉统合失调，促进学习能力的发展。

2. 促进幼儿身体素质的发展

身体素质是人体主要器官系统的功能在肌肉工作中的综合反应，表现为一个人能有效活动的一种能力，包括力量、耐力、速度和柔韧等。幼儿参与体育活动能有效促进身体素质的发展。提高幼儿身体素质的过程,也是增强幼儿体质的过程。同时,身体素质与基本活动能力之间又相互联系,幼儿基本活动能力是幼儿身体素质发展水平的外部表现。例如,幼儿腿部力量发展到一定程度时,就学会站、走等。提高身体素质,是发展其基本活动能力的基础。

3. 促进幼儿心理、社会性等方面的发展

运动医学与脑科学的研究表明,幼儿早期的运动有助于增强幼儿脑组织的功能和感觉统合,这些都将为幼儿认知能力的发展提供良好的生理基础。同时,幼儿在运动中还伴随着大量的认知活动。例如,幼儿需要认知并记忆身体部位和运动器械的名称;要理解游戏的方法、运动的规则;要注意观察和记忆教师的动作示范和动作要求;要模仿和表现各种身体姿态和动作;要判断物体或他人运动的速度、方向及位置,并适时地调整自己的空间方位和速度等。

在体育运动中,幼儿会面临一些挑战,也会遇到一些困难和挫折,这时需要幼儿能够勇敢地去面对,树立起克服困难的信心,大胆地去尝试和探索。因此,运动有助于培养幼儿积极乐观的态度与坚强、勇敢、不怕困难等良好的意志品质。

幼儿参与体育运动的过程也是与他人交往的过程,幼儿需要遵守游戏的要求和规则,克服自我中心和自我冲动,学会等待、分享和合作,还要具有一定的团体意识以及责任感,这些都将为幼儿社会性的良好发展提供有利的契机。

(二) 学前儿童体育活动的目标

在认识学前儿童体育活动对幼儿发展的重要价值的基础上,依据《幼儿园教育指导纲要(试行)》中幼儿园健康领域的目标以及《3—6岁儿童学习与发展指南》中对儿童学习与发展提出的健康领域的目标和期望,归纳出我国学前儿童体育活动的总目标如下:

第一,激发儿童参加体育活动的兴趣,提高儿童对体育活动的积极性、主动性和创造性,开发儿童的运动潜能。

第二,保持儿童愉快的情绪和活泼开朗的性格,培养儿童坚强、勇敢、不怕困难的意志品质和主动、乐观、合作的态度。

第三,促进儿童身体正常发育,机能协调发展,增强其体质,提高机体对环境的适应能力。

三、学前儿童体育活动的内容

学前儿童体育活动的内容包括:基本动作练习、身体素质练习、基本体操、体育游戏、器械练习、幼儿启蒙体育项目。

(一) 基本动作练习

基本动作是人体最基本的活动能力,是人们在日常生活和生产劳动中的实用技能,也是锻炼身体的重要手段之一。基本动作练习是幼儿园体育活动的主要内容之一,主要包括走、跑、跳跃、投掷、钻、爬、翻滚、攀登及平衡等动作技能。

(二) 身体素质练习

幼儿身体素质通常指的是幼儿在运动中表现出来的速度、力量、耐力、平衡及柔韧等方面的能力,是幼儿各器官系统的机能在肌肉工作中的综合反映。身体素质包括速度素质、力量素质、耐力素质、灵敏素质、平衡素质等方面。

(三)基本体操

幼儿基本体操是幼儿园体育活动的重要内容之一,它是锻炼幼儿身体、促进身心协调发展的一种运动形式,包括幼儿操、队列队形两部分。

1. 幼儿操

幼儿操是根据幼儿生理和心理特点,在音乐和歌谣的伴奏下,通过身体的头部、颈部、四肢、躯干等部位的协调配合,根据人体各部位运动的特点,按照一定的程序,有目的、有节奏地进行各种举、摆、绕、踢、屈伸、跳跃等一系列单一或组合动作的身体练习。幼儿操又可分为徒手操和轻器械操。

徒手操简单易学,方位明确,节奏明快,以正前、上、侧方向为主,双侧对称,侧重发展儿童的身体姿态。

轻器械操内容丰富,动作多变,易激发幼儿学习和掌握的兴趣,典型代表有哑铃操、花环操、绳操等。

2. 队列队形

队列队形练习是指练习者按一定的队形做协调一致的动作,包括口令、信号与动作、队列、变化队形等。

(四)体育游戏

幼儿体育游戏是以基本动作为主要内容,以游戏活动为形式,以增强幼儿体质为主要目的的一种活动。体育游戏包括三层含义:第一,以各种身体动作的练习为基本内容,主要包括各种基本动作的练习、提高身体素质的练习以及运动技能动作的练习。第二,以游戏活动为基本形式,一般具有一定的情节、角色、规则,以及娱乐性、竞赛性、自主性和创造性。第三,以发展幼儿的身体素质和基本活动能力为主要目的。

(五)器械练习

器械练习可以专指运用体育器械来进行身体锻炼的活动。其中应该可以包括各种利用小型(如球)、中型(如车)、大型(如攀爬器械)专门性体育器械进行的身体练习活动和游戏活动,还可以包括利用各种自制的或替代性的器械进行的身体练习活动,甚至还应该包括利用游泳池、沙池、假山、树林和其他一切室内、室外、幼儿园外的人工环境、自然环境中的可利用物质条件进行的体育锻炼和游戏活动。

(六)幼儿启蒙体育项目

有条件的幼儿园可以根据幼儿的生理发展特点开展如篮球、足球、游泳、溜冰、乒乓球等项目的启蒙训练,游戏是幼儿启蒙体育项目的最基本形式,多种方式的结合可以提高幼儿启蒙训练的效果。

探寻二　学前儿童基本动作练习与指导

某幼儿园老师小李组织了一堂大班投掷练习的观摩课。小李老师为让幼儿掌握侧面单手投掷,进行了动作示范,并进行了细致讲解,然后让幼儿进行练习,并以游戏的形式巩固动作。在进行教研的时候,各位老师对小李老师的观摩课提出了不同的意见。有的老师认为,小李老师的动作示范不规范,有错误;有的老师认为,没有必要进行动作示范,让幼儿自我尝试就可以,动作正确与否无关紧要;有的老师认为,动作要领没有讲清楚,讲得过于专业化。

思考:教师们提出的意见是否有道理?是否正确地理解了基本动作的特点和动作要领?是否掌握了各基本动作的内容?又有什么样的游戏可以发展儿童的基本动作能力?

一、走步动作的发展

走步是人类最基本的自然移动方式,是锻炼身体的手段之一,走步能有效地促进幼儿身体发育,提高幼儿身体机能和活动能力,是幼儿园一项重要的体育活动内容。一般情况下,幼儿在一岁左右时就开始学习走步,幼儿园阶段是幼儿形成自身走路特征的关键时期,因此在幼儿园体育活动中开展与走步相关的体育游戏尤为重要,能发展幼儿的走步能力,培养幼儿正确的走路姿势,避免如内八字脚、外八字脚等错误的动作姿态。

(一) 走步动作的特点

当幼儿开始学习走路时,动作是不稳定、不协调、不舒展的。具体表现如下:全身肌肉紧张;腿部的肌肉力量很弱,当落地支撑时,腿部不能保持正直;双脚间隔距离较大,脚掌弹性较小,落地时轻重不同;走步幅度小、频率快,有时像是小碎步跑动;双臂不能前后自然摆动,经常通过手臂来保持身体平衡。简而言之,当幼儿学会走路之初,动作是较为僵硬且笨拙的,并且伴随较多的多余动作。随着幼儿年龄的增长,下肢的力量会随之增强,走步运动的能力也会得到极大的改善和发展。

(二) 走步动作的发展特征

在不同年龄段,幼儿受到各种因素的影响,如肌肉控制能力的发展、视觉整合能力和神经系统的成熟等,导致幼儿走步动作的发展处在不同的发展阶段,如表6-1所示。

表 6-1　幼儿走步动作的发展

年龄阶段	发展特征
3—4 岁	能初步控制走步方向,能平稳熟练地走步,但步幅小而不稳定,摆臂幅度小,膝关节灵活性较差,上下肢配合还不够协调,转动不灵活,注意力易分散,调节节奏、步幅能力较差
4—5 岁	步幅较稳定,上下肢配合协调,个人走步特点已初步形成,但调节节奏能力稍差,注意力易分散
5—6 岁	走步自然放松,平稳协调,排队时能较好保持队形并能掌握多种变化队形的方法,步幅已增至 50 厘米左右,能掌握多种走步技能

(三) 走步的动作要领

走步时动作要自然放松,上体保持正直,头部端正,脚尖正对前方,胸部自然挺起,双目平视前方,手臂放松,并以肩部为轴前后自然摆动,腿向正前方抬起,落地轻柔。节奏稳定且合理,步幅、步频均匀适中。重心保持稳定,不上下左右移动,精神饱满,节奏感强。当集体走步时,彼此之间要保持合适的距离与间隔。

走步动作的重点是幼儿腿的动作和躯干姿势。要求小班幼儿上体正直自然走;中班幼儿上体正直,上下肢协调地走;大班幼儿步伐均匀,有精神地走。

(四) 走步常见的错误动作及纠正方法

1. 内外八字脚

纠正方法:有这样缺点的幼儿需要经常性地被提醒,走路时脚尖指向正前方。同时,可以通过脚内侧踢羽毛毽、两脚内扣站立、地上画直线行走等方法进行纠正。

2. 抬腿过高

纠正方法:在幼儿行走时,要经常提醒幼儿向前方迈步,在排队行进时,前后间距要稍大。

3. 低头含胸,上体摇晃

纠正方法:教师与家长应该先讲解与示范正确的姿势,然后提醒孩子抬头、挺胸。

除上述常见错误外,还有些幼儿走路落地过重;摆臂过紧,幅度太大,身体左右摆动;迈不开步等。教师应针对不同情况采取相应措施,使幼儿养成正确的走步动作。

(五) 走步的内容和游戏

幼儿走步的具体内容及游戏如表 6-2 所示。

表 6-2　幼儿走步的内容及游戏

年龄阶段	内容	游戏
3—4 岁	1. 听信号向指定方向走 2. 在指定范围内散开走 3. 一个跟着一个走 4. 跨过小障碍	开火车、跟着小旗走、开飞机、吹泡泡、跟着老师走、找玩具等

(续表)

年龄阶段	内容	游戏内容
4—5 岁	1. 听信号有节奏地走 2. 听信号变换速度走 3. 持物走 4. 平衡板上走 5. 远足	捡豆豆、各种模仿走、持物竞赛走、听鼓声走、老猫睡觉醒不了等
5—6 岁	1. 整齐地走 2. 高人走、矮人走 3. 听信号变换方向走 4. 倒退走、上下坡走 5. 脚跟、脚尖走 6. 推着小车走	找朋友、穿大鞋、学做解放军、花样走路、两人三足、熊和木头人等

（六）走步的动作形式、发展能力及动作要点

走步的动作形式、发展能力及动作要点的具体内容如表 6-3 所示。

表 6-3　走步的动作形式、发展能力及动作要点

动作形式	发展能力	动作要点
自然走	促进身体形态，全面锻炼身体	步幅均匀，摆腿方向正，落地轻，两脚跟内侧在一条直线上，脚尖向前，头正，颈直，眼向前看，躯干正直，自然挺胸，肩臂放松，两臂以肩为轴前后自然摆动，与下肢配合协调，注意力集中
螃蟹走（侧身走）	发展动作的协调性、灵敏性，以及快速反应能力	侧身行走，一只脚跟着一只脚一步一步侧向移动
侧向滑步走	发展动作的协调性、灵敏性，以及快速反应能力	侧身滑步，一只脚连续地侧向移动
前滑步走	发展动作的协调性、灵敏性等	向前进方向滑步，一只脚紧跟着另一只脚连续地快速移动
前脚掌走	增强小腿及脚掌力量，发展平衡能力	脚跟尽量提起，直腰，挺胸，步幅小
后脚跟走	发展平衡能力	步幅要小，落地要轻，支撑腿稍屈，两脚跟间距稍宽
高抬腿走	锻炼大腿肌肉的力量、髋关节的柔韧性和灵活性	抬腿时髋关节放松，轻举快放，上体正直
后踢腿走	发展膝关节的灵活性、柔韧性和屈小腿肌肉的力量	后踢腿膝放松，动作要快，上体正直
蹲着走	锻炼膝关节及周围韧带，发展下肢肌肉力量与肌肉耐力	双腿全蹲，步幅要小，重心前移时不要站起，走的距离不要太长

(续表)

动作形式	发展能力	动作要点
弹簧走	发展下肢力量和踝关节的灵活性,培养动作的韵律感	腿前摆绷脚面,支撑脚提踵,上体正直,脚尖先着地,然后柔和地过渡至全掌,膝部随之做弹性屈伸;同时,支撑腿前摆伸出,上体保持正直,眼向前看,两臂自然摆动
后退走	锻炼腰背和大腿后侧肌肉,发展本体感和控制身体运动方向的能力	步幅小,上体正直,注意依靠肌肉感觉和控制身体运动方向的能力
持物走	提高控制身体的能力和动作的协调性	推、拉、背物走时上体前倾,单手提物和单肩扛物时上体应向一侧倾斜
协同走	发展集体走步能力,培养协同习惯和集中注意力	集中注意力,协同一致,善于调节个人的步幅步频
模仿动物走	发展走步能力,发展模仿、创新等能力	模仿要在观察和熟悉模仿对象的基础上,做到动作模仿形象,如"企鹅走"

小动物找家(小班)

【游戏目标】

练习踮步走、矮人走,发展幼儿的灵敏性及判断能力。

【游戏准备】

1. 在活动场地上画一个大圆圈,在大圆圈中画5幢小房子,如图6-1所示。
2. 准备1~5数字卡片、5种形状卡片、5种颜色卡片。
3. 每个幼儿发一块"金牌"(一根丝带上穿一个夹子,夹子上面可以夹小卡片)。
4. 幼儿熟悉《小鸟飞》《小矮人》的音乐。
5. 大卡片放在房子里,小卡片挂在幼儿脖子上。

【游戏玩法与规则】

初级版:幼儿随着《小鸟飞》的音乐在大圈上踮步走,教师突然停止音乐,幼儿迅速走到跟自己所挂"金牌"颜色相同的小房子中,如幼儿所挂"金牌"是红色,就迅速走到红色小房子中。玩过一遍后,可交换"金牌"卡片,用《矮人走》的音乐继续游戏。

升级版1:幼儿随着《小鸟飞》的音乐在大圈上踮步走,教师突然停止音乐,幼儿迅速走到跟自己所挂"金牌"数字相同的小房子中,如幼儿所挂"金牌"数字是4,就迅速走到4号小房子中。玩过一遍后,可交换卡片,换成《矮人走》的音乐继续游戏。

升级版2:幼儿随着《小鸟飞》的音乐在大圈上踮步走,教师突然停止音乐,幼儿迅速走到跟自己所挂"金牌"形状相同的小房子中,如幼儿所挂"金牌"是圆形,就迅速走到圆形小房子中。玩过一遍后,可交换卡片,用《矮人走》的音乐继续游戏。

【指导建议】

1. 本游戏可根据教学进度，决定房子的多少。
2. 可根据教学目标，决定选择哪一种音乐。

【场地示意】

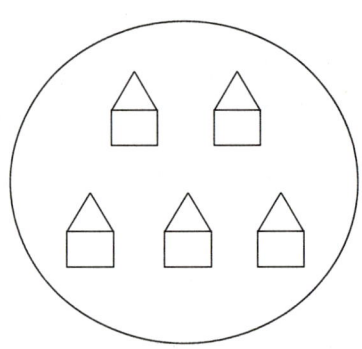

图6-1 "小动物找家"活动场地

小兔搬家（中班）

【游戏目标】

1. 练习在宽30～35厘米的平行线中间走。
2. 发展幼儿控制动作的能力和协调能力。

【游戏准备】

头饰若干、小推车4辆、小筐4个、障碍物4个，玩具数量与幼儿人数相等。

【游戏玩法与规则】

幼儿分成人数相等的4队，分别站在起始线后。

初级版：小白兔新建了4间房子，我们要帮助小白兔把东西搬到新家去，注意走的时候不要踩线。教师发出信号后，各队第一名幼儿开始拿玩具在小路上走，到小筐处把玩具放下，走原路回来，依次进行，搬家最快的队获胜。

升级版1：小白兔新建了4间房子，我们要帮助小白兔把东西搬到新家去，注意走的时候不要踩线。教师发出信号后，各队第一名幼儿开始推车在小路上走，到小筐处把玩具放下，走原路回来，依次进行，搬家最快的队获胜。

升级版2：小白兔新建了4间房子，我们要帮助小白兔把东西搬到新家去，注意走的时候不要踩线。教师发出信号后，各队第一名幼儿开始推车在小路上绕障碍物走，到小筐处把玩具放下，走原路回来，依次进行，搬家最快的队获胜。

【指导建议】

1. 走路时候不要踩线。
2. 前一个小朋友回来，下一个小朋友才可以走。

【场地示意】

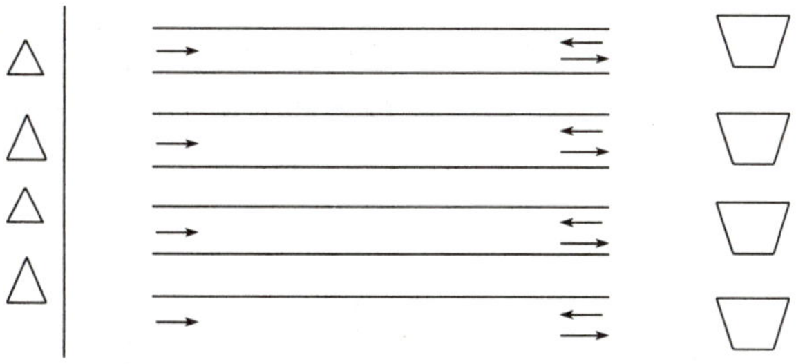

图6-2 "小兔搬家"活动场地

走步擂台赛(大班)

【游戏目标】

1. 发展幼儿多种走步的动作。
2. 探索多种走步的方式,发展思维能力和想象力。

【游戏准备】

起始线和终点线各一根。

【游戏玩法与规则】

初级版:请幼儿利用一般走法,从起点走到终点。

升级版1:幼儿自由讨论:从起点到终点,还可以怎样走?鼓励幼儿分散去尝试,教师引导幼儿从身体的不同方向、走步的不同情绪、不同的人(高人和矮人)、不同的走步的情景(受伤等)、不同的地点(上坡和下坡等)等方面想象不同的走步方法。

升级版2:幼儿分成4路纵队,以组为单位,用不同的走法从起点走到终点,所用走法多的一组获胜。

【指导建议】

1. 活动的组织形式应生动、活泼,运动负荷适当。
2. 练习中注意幼儿各种走的姿态是否正确,因为该游戏的最终目的是培养幼儿掌握正确的走路姿势。

【场地示意】

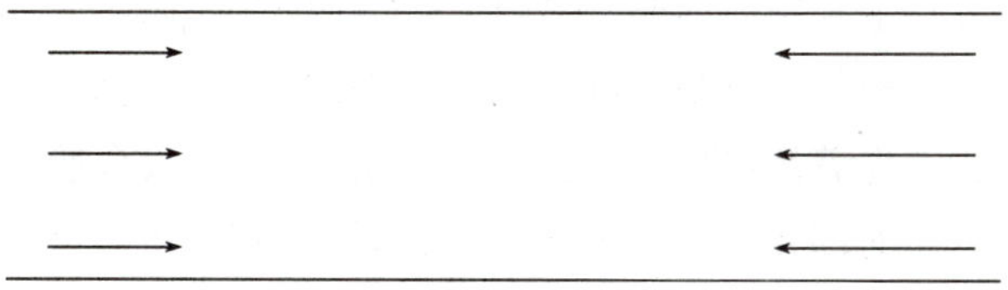

图6-3 "走步擂台赛"活动场地

二、跑步动作的发展

跑步和走步都是人们日常生活中最基本的活动技能。跑步和走步的最大区别在于跑步中有一个瞬间是处于腾空状态,这是一种周期型的身体运动,也是幼儿最简单、最有效的运动方式。

(一)跑步动作的特点

早期幼儿由于身体形态和腿部肌肉力量较弱,平衡能力、自我调节能力以及控制能力差,因此,幼儿在跑步时有头重脚轻的感觉,容易摇晃、摔倒。这一时期,幼儿跑步的主要特征是小、慢、直、不稳定。具体来说,蹬摆的力量不足,步幅小,腾空时间与支撑时间的比值小;速度慢,反应迟缓;上体较直,直臂摆动;步幅、方向、速度不稳定,容易摔倒。3岁以上的幼儿在跑步时有一个明显的腾空阶段,但他们仍然以小碎步跑为主,步幅小且不均匀。随着幼儿年龄不断增长,他们的跑步动作和能力不断发展和提高。跑步姿势基本正确,蹬地动作更加明显和强大,运动更自然、轻松、协调,节奏更好。跑步时控制速度和方向的能力也得到了显著的发展和改进。

(二)跑步动作的发展特征

跑步动作的发展特征如表6-4所示。

表6-4 幼儿跑步动作的发展特征

年龄阶段	发展特征
3—4岁	1. 步幅小而不均匀,幼儿控制跑动方向的能力较差,直线跑不直,跑动中改变方向费力而迟缓 2. 启动和制动较慢;跑的稳定性有了明显提高,但稍有碰撞或地面不平时容易摔倒 3. 跑的耐力差;速度意识和竞赛意识缺乏,对自己跑速调节的意识也弱
4—5岁	1. 跑步能力发展迅速,在跑的技能、速度和耐力以及心理素质方面都有明显的进步 2. 跑速、步幅都快速发展,对胜负开始关注
5—6岁	1. 速度意识和竞赛意识很强,对胜负的情绪反应较强 2. 跑步中能够有意识地克服疲劳,表现出较强的意志力,跑步的目的性比较明确

(三)跑步的动作要领

跑步动作的要领是上身稍向前倾,眼睛向前看,两只手轻轻握紧拳头,两臂屈肘于腰侧前后自然摆动。跑步的重点是腿部的动作。腿向后用力蹬地,向前摆腿方向正,幅度大,膝放松,用前脚掌先着地,脚尖朝向正前方,落地轻,呼吸自然而有节奏。

小班幼儿需要弯曲肘部并在身体侧面自然摆动;中班幼儿要求上下肢协调配合进行跑动;大班幼儿要求向前微微倾身,并用前脚掌着地跑动。

(四)跑步的常见错误动作及纠正方法

1. 上体过分前倾或后仰

纠正方法:做原地摆臂或弓步下振练习,注意躯体的正确姿势;在幼儿跑步时教师需不断提醒幼儿目视前方。

2. 跑的路线不直

纠正方法：可采取——跟随跑步、窄道跑、划线跑或踏着脚印跑。

3. 耸肩、摆臂僵硬

纠正方法：采取大步跑，要求自然放松；教师要及时提醒幼儿动作放松；在纠错过程中少做接力赛或其他形式的跑步比赛。

除了以上常见错误动作，幼儿在跑步时还存在"坐着跑""内外八字脚""跳着跑"等动作，需要针对不同情况采取不同的策略来纠正动作。

（五）跑步的内容和游戏

幼儿跑步的内容和游戏如表 6-5 所示。

表 6-5　幼儿跑步动作的内容及游戏

年龄阶段	内容	游戏
3—4	1. 听信号向指定方向跑 2. 在指定范围内四散跑 3. 100 米慢跑或走跑交替 4. 沿场地跑 5. 圆圈跑	小孩小孩真会玩、找找小动物、看看谁能追上我等
4—5	1. 跑动中听信号做规定动作 2. 在一定范围内四散跑 3. 100～200 米慢跑或走跑交替 4. 20 米快速跑 5. 曲线跑 6. 绕障碍物跑	捉星星、我是小小运动员、踩影子、捕小鱼、插小旗等
5—6	1. 听信号变速跑，或改变方向跑 2. 四散追逐跑或躲闪跑 3. 200～300 米慢跑或走跑交替 4. 20～30 米快速跑 5. 上下坡跑 6. 持物跑	狡猾的狐狸在哪里、往返接力、迎面接力赛、人枪虎等

（六）跑步的动作形式、发展能力及动作要点

跑步的动作形式、发展能力及动作要点如表 6-6 所示。

表 6-6　跑步的动作形式、发展能力及动作要点

动作形式	发展能力	动作要点
短距离直线跑	发展速度和灵敏素质	向后蹬地要有力，向前摆腿方向正，幅度大，髋膝放松，落地轻；两臂屈肘前后自然摆动，躯干正直稍前倾；抬头，眼向前看；呼吸自然
侧身跑	发展灵敏控制能力	在跑步时，头部和上体转向侧面，脚尖朝着跑动方向；跑动时，既要注意跑动速度，又要保持身体平衡

(续表)

动作形式	发展能力	动作要点
跑跳步	发展肌力、瞬间爆发力及身体的协调性	一只脚踏跳,另一只脚抬跑,双手随着脚的动作前后摆动
圆圈跑	发展速度,调节跑动方向和平衡能力	整个身体向内稍斜,不要斜着上身跑;脚要贴近圆圈里线
往返跑	发展速度、灵敏素质	到达转弯处前放慢速度,上体直或稍后仰,后腿蹬力稍小,然后转体360度,重心移至转身的前脚,继续跑动
追逐跑、躲闪跑	提高速度、灵敏性和快速反应能力,发展耐力素质	身体需快速启动,快速急停,注意观察周围环境,并做出迅速反应,躲避来人或物体
接力跑	发展奔跑能力和耐力素质	传球时两人要错开身体,避免碰撞,传接均用右手
持物跑	加大运动负荷,增强幼儿持物移动的能力	持物方法要便于用力,全身承受负荷,注意保持平衡,单手提物或单肩扛物时,上体应向异侧倾斜,背物时上体应向前倾斜,持物跑步时步幅要小,步频要高,重心起伏要小
后踢腿跑	发展腿后侧屈肌力量和膝关节的灵活性	跑步时有意后踢小腿,前摆幅度小,膝部放松,步幅小,步频高,前脚掌先着地
后退跑	发展大腿后侧和背部肌群以及本体感	腿后摆方向要正,脚尖先着地,上体正直,靠本体感和眼看前方固定目标,控制后腿方向
模仿跑	发展奔跑能力及模仿、审美、创新等能力	模仿要在观察和熟悉模仿对象的基础上,做到动作模仿到位,如螃蟹跑

可爱的小鸡(小班)

【游戏目标】

练习听信号往指定方向跑,发展幼儿跑的能力和动作的协调性。

【游戏准备】

用皱纹纸制作的小虫、萝卜、青菜、蘑菇、小鸡头饰,绿筐3个,红、黄筐各1个,泡沫垫,音乐。

【游戏玩法与规则】

教师扮演鸡妈妈,幼儿扮演鸡宝宝,带领幼儿玩捉虫子的游戏。

1. 教师:鸡宝宝们,前面就是青菜娃娃家,可是有许多虫子在吃青菜娃娃,我们赶快跑去救青菜娃娃吧。每次只能捉一条虫子,捉好后送到绿色的筐里。

教师带幼儿跑到菜园里,捉虫子放到筐里。

2. 教师:小鸡真能干,帮助蔬菜娃娃把所有的害虫全捉完了,我们一起去做游戏吧,鸡妈妈(老师)带领鸡宝宝去游玩。

音乐起,"狐狸"出现后,鸡宝宝全部跑回家。教师引导幼儿听音乐信号,朝着家的方向快速跑。

3. 教师:听说青菜、萝卜、蘑菇家出现了红、黄、绿三种不同颜色的虫子,我们去帮助他们捉虫子吧。

增加红、黄筐各1个,引导幼儿每捉一次虫子,并把它送到相同颜色的筐里,红虫子送到红筐里,黄虫子送到黄筐里。

【指导建议】

1. 教师在场地和材料的布置上应做好充分的准备。
2. 活动前教师要做好引导,以确保幼儿活动时的安全。

【场地示意】

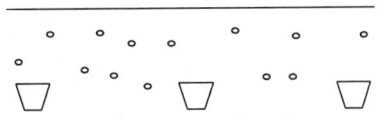

图6-4 "可爱的小鸡"活动场地

三、跳跃动作的发展

跳跃动作是幼儿早期掌握的基本运动技能,也是幼儿最喜欢的体育活动之一。跳跃是一种非周期性的动作,整个过程为双腿用力蹬地,身体腾起一定的高度和距离,然后轻轻落地。幼儿掌握双腿跳技能的年龄差别不大,均在两岁左右。而女孩各个阶段的单腿运动的发展早于男孩,但幼儿阶段的跳跃技巧尚未形成,幼儿时期是跳跃技能发展的重要时期。跳跃动作可以发展幼儿的腿部力量、弹跳能力以及身体的柔韧性、稳定性、协调性和平衡性,还有利于幼儿视觉能力的发展。

(一) 跳跃动作的特点

幼儿早期跳跃的特点是:蹬地力量小,弹跳高度低;跳跃能力差;动作紧张僵硬,摆臂和蹬腿协调性差;落地较重,没有缓冲,缺乏落地意识,容易因失去平衡而摔倒。随着年龄的增长、身体的发育和身体素质的提高,儿童的跳跃能力提高得较快。他们不仅可以掌握跳跃的一些基本动作,还可以学习一些更复杂的跳跃动作,如助跑快跳、跳绳、跳橡皮筋等,但与学龄儿童相比,他们的跳跃动作和能力仍然很差。

(二) 跳跃动作的发展特征

幼儿跳跃动作的发展特征如表6-7所示。

表 6-7　幼儿跳跃动作的发展特征

年龄阶段	发展特征
3—4 岁	1. 起跳动作的蹬伸意识较差，蹬地力量弱，摆臂与蹬地动作脱节 2. 落地的缓冲意识差，往往出现落地不稳的情况 3. 跳跃的远度近，在该年龄段主要进行双脚连续跳跃练习
4—5 岁	1. 该年龄段幼儿跳跃的远度增长较快 2. 能较熟练地掌握徒手或者持轻器械的单双脚跳，而且跳跃动作基本合理和协调
5—6 岁	1. 跳跃动作合理、协调，起跳时摆臂和蹬腿动作配合协调，而且在跳跃时节奏稳定，落地能屈膝缓冲，保持好身体的平衡性 2. 该年龄段幼儿能掌握多种跳跃的方法，可以进行跳圈、跳皮筋、跳绳、助跑跨跳等复杂的跳跃技能

（三）跳跃的动作要领

跳跃分为跳高和跳远，动作稍有不同，但是大体上都分为预备、起跳、腾空、落地四个阶段。预备：两脚自然开立，屈膝半蹲，上体前倾，两臂后摆；起跳：两臂由后向前上方做摆动时，两前脚掌用力蹬地，两膝充分蹬直向前跳起，身体尽量前送；腾空：保持平衡，可能伴有联越过程；落地：脚跟着地，屈膝半蹲，上体前倾，两臂自然放下，保持平衡。

跳跃动作的重点是起跳和落地动作。要求起跳时两腿要充分蹬直，落地时屈膝缓冲。

（四）跳跃的常见错误动作及纠正方法

1. **两脚蹬伸不充分，向上屈大腿或后屈小腿；落地不屈膝缓冲**

纠正方法：教师要示范正确的跳跃动作，幼儿练习时，教师用语言提醒幼儿"膝盖蹬直，向上跳"，落地时可提醒幼儿，看谁的膝盖有弯曲；高处往下跳跃后双手摸地；原地向前跳后手摸地；在一定高台跳起摸悬在空中的物体（如小球或小玩具）。

2. **起跳时腿蹬伸不充分，两腿蹬伸用力不同，不会摆臂助跳**

纠正方法：练习纵跳摸高，向前跳时触摸在身前的绳子或教师的手。

3. **起跳的高度不够**

纠正方法：原地纵跳触物；原地双脚跳过一定高度的障碍物；原地双脚连续跳过一定高度的障碍物；原地向上跳一定高度的台阶；助跑纵跳触物。

4. **起跳时两脚蹬地的力量不均匀，两脚没有同时落地**

纠正方法：可练习双脚向前和向上跳的动作，或者采取双脚夹沙包练习动作。

5. **起跳后的角度不够**

纠正方法：从一定高度向远处跳跃，如跳沙坑；原地跳跃一定宽度和高度的两根绳子；原地跳跃一定宽度和高度的平衡木；原地跳跃过圆木；原地跳跃过趴着的同伴。

6. **腾空时低头弓腰**

纠正方法：要求幼儿跳起后直起腰往前看或看固定的标志物，起跳时要放松。

7. **助跑跨跳时双脚起跳**

纠正方法：可增加练习次数，很快就能纠正过来。教师要多做示范，并强调幼儿单脚起跳。

8. 落地重,落地后停顿

纠正方法:要求幼儿轻松地跳,不要很用力,落地后不能马上停下来,要继续向前跑几步。

9. 起跳时两腿蹬伸较差

纠正方法:鼓励幼儿向上跳起,两腿蹬直,比比看谁跳得高。

10. 蛙跳时两腿蹬伸不充分或两腿没有蹬离地面

纠正方法:让幼儿看正确的示范,幼儿练习时,教师可以帮助幼儿托大腿做蹬离地面的动作。

11. 双脚在直线两侧行进跳,两脚不同时落地

纠正方法:让幼儿看正确的示范,要求幼儿双脚同时着地,并屈膝缓冲。

除了以上常见的错误动作,幼儿在跳绳时还存在双脚或单脚向上跳的高度不够,使绳子无法从脚下轮转过去。可多练习原地向上跳的动作,并针对幼儿不同的情况采取不同的策略。

(五)跳跃的内容和游戏

幼儿跳跃的内容和游戏如表 6-8 所示。

表 6-8 幼儿跳跃动作的内容及游戏

龄阶段	内容	游戏
3—4 岁	1. 原地双脚向上跳 2. 水平跨跳 3. 高处向下跳(15~20 厘米高) 4. 双脚向前行进跳	大皮球、小兔送萝卜、小小跳水运动员等
4—5 岁	1. 原地纵跳触物(距指尖 15~20 厘米) 2. 双脚向前连续跳跃 3. 高处向下跳(25~30 厘米高) 4. 立定跳远(不少于 75 厘米) 5. 双脚在直线两侧行进跳 6. 夹沙包跳 7. 单脚直线连续跳(不少于 10 米) 8. 助跑跨跳(大于 40 厘米的平行线)	夹包跳比赛、跳房子、小猴摘桃、小青蛙捉虫子等
5—6 岁	1. 原地纵跳触物(距指尖 20~25 厘米) 2. 单脚折线连续跳 3. 高处向下跳(30~35 厘米高) 4. 立定跳远(不少于 95 厘米) 5. 变换方向跳、转身跳跃 6. 夹沙包跳 7. 单脚直线连续跳(不少于 20 米) 8. 助跑跳过大于 50 厘米的平行线 9. 跳绳、跳皮筋、跳蹦床、跳箱	小青蛙跳荷叶、跳圈比赛、跨步比赛、跳绳比赛、跳房子、跳皮筋比赛等

（六）跳跃的动作形式、发展能力及动作要点

跳跃的动作形式、发展能力及动作要点如表6-9所示。

表6-9 跳跃的动作形式、发展能力及动作要点

动作形式	发展能力	动作要领
蹲跳	发展弹跳力和身体的平衡能力	两脚稍分开成半蹲状，上体稍前倾，两臂屈肘于肩侧，接着两脚用力蹬伸，两臂同时上举，身体向前方起跳，用全脚掌着地，屈膝缓冲
跳山羊	发展弹跳力、灵敏素质和平衡素质	助跑同时跨跳，上板（起跳点）步子要小，离地很低，起跳速度要快；双脚同时用力蹬地，摆臂展体；跳起后双手撑跳箱面，两脚同时左右分开，上体前倾；将落地时，双脚并拢，两脚同时落地，屈腿，上体稍前倾，两臂上举或前举，帮助保持平衡
跳绳	发展灵敏素质和弹跳力	握绳要松，摇动时手腕要活，摇绳与跳起要协调；跳跃时要多用脚掌和脚腕力量，腰要直，肩要放松，眼要向前看
夹包跳	发展腿部爆发力、灵敏素质	要用脚趾内侧夹包的一角，用蹬腿、摆臂、提腰力量跳起；快速屈腿，甩脚腕将包甩出；落地要屈腿
协同跳	发展跳跃能力、协同意识、注意力	动作节奏、速度和幅度要一致
蹲撑跳	发展弹跳力、屈腿力量和手臂的支撑力量	蹬腿、收腹、屈腿，使双脚落于两手之间，力量成蹲撑，然后双手前移成俯撑，继续跳进

过小河（小班）

【游戏目标】

1. 练习双脚立定跳和单脚跨跳的动作，发展幼儿的跳跃能力。
2. 培养幼儿与同伴友好合作的意识和勇敢、大胆的精神。

【游戏准备】

报纸、纸棒、彩纸条、橡皮筋、音乐、积木若干。

【游戏玩法与规则】

初级版：用绳子摆成小河的样子，引导幼儿用双脚并拢立定跳的方法用力跳过去。

升级版1：4人一组，采用双脚立定跳的方法跳过小河，搬回积木，先搬完组获胜。

升级版2：加大河的宽度，4人一组，引导幼儿采用一只脚在前、一只脚在后的单脚跨跳的方法跳过去，搬回积木，先搬完的组获胜。

【指导建议】

1. 立定跳时,注意身体要下蹲,双脚同时离地向前跳,并且用手臂用力往上扬,落地时前脚掌着地。

2. 鼓励胆小幼儿积极大胆地参与。

【场地示意】

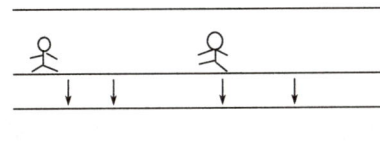

图6-5 "过小河"活动场地

母鸡下蛋(中班)

【游戏目标】

1. 练习双脚夹球行进跳。

2. 能在游戏中体验成功的快乐。

【游戏准备】

母鸡头饰、小球、小筐6个、平衡木、障碍物。

【游戏玩法与规则】

初级版:将幼儿分成两组,每组第一名幼儿用双脚夹着一个"蛋"跳向终点,把球放进小筐里,从两边返回,第二名幼儿出发。

升级版1:将幼儿分成两组,每组第一名幼儿用双脚夹着一个"蛋"绕过障碍物,跳向终点,把球放进小筐里,从两边返回,第二名幼儿出发。

升级版2:将幼儿分成两组,每组第一名幼儿用双脚夹着一个"蛋"绕过障碍物,走过平衡木,跳向终点,把球放进小筐里,从两边返回,第二名幼儿出发。

【指导建议】

1. 如果"蛋"掉了,夹好后继续向前走。

2. 上独木桥前,将"蛋"拿在手里,下桥后再将"蛋"夹在两腿中间继续前进。

【场地示意】

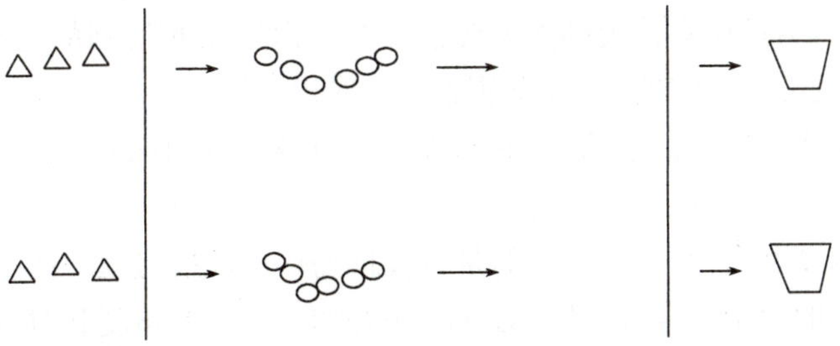

图6-6 "母鸡下蛋"活动场地

勇夺阵地(大班)

【游戏目标】

1. 能助跑跨跳过50~60厘米宽的平行线。
2. 发展上下肢协调能力及腿部的力量。

【游戏准备】

彩色纸条、小红旗若干。

【游戏玩法与规则】

初级版:将幼儿分成几组,每组5名幼儿,当听到冲锋的信号后,立即出发,双脚跳过"小河沟",然后跑到阵地处举起小红旗,返回出发处。

升级版1:将幼儿分成几组,每组5名幼儿,当听到冲锋的信号后,立即出发,跨跳过"大河沟",然后跑到阵地处举起小红旗,返回出发处。

升级版2:将幼儿分成几组,每组5名幼儿,当听到冲锋的信号后,立即出发,先双脚跳过"小河沟",再跨跳过"大河沟",然后跑到阵地举起小红旗,返回出发处。

【指导建议】

1. 举起小红旗后,表示已经夺取了阵地,后将红旗放回原地,留给下一组幼儿用。
2. 根据自身情况,选择不同宽度的河沟,鼓励能力强的幼儿尝试跨过稍宽的河沟。

四、投掷动作的发展

单从概念来看,投掷是将物体投向一定距离的动作,是典型的非周期型动作。投掷能有效地发展幼儿的大肌肉群,而且也能发展腕、指等小肌肉群,还可以发展幼儿身体动作的灵活性和协调性,在投远和投准环节还可以结合视觉能力,发展幼儿的判断力和目测力。投掷教学一般是先教幼儿初步掌握一些最简单的抛、接、滚、拨等动作,在此基础上再教肩上投掷动作。

(一)投掷动作的特点

幼儿早期投掷动作的特点是肌肉力量弱,投掷力量小,投掷能力较差,身体各部位协调配合不好,不太会挥臂,投掷物出手角度及投掷方向掌握不好,忽左忽右、忽上忽下。通过在游戏中的练习及指导,四五岁以后,幼儿投掷能力有了较好的发展,可以做传球、接球、拍球、肩上投掷等动作,逐步学会挥臂、用腕等动作,动作比较协调、有力,投掷方向掌握较好,投掷距离也较远,肩上投掷出手角度普遍偏小。男、女幼儿投掷能力有了明显的差异,男孩比女孩投掷能力要强一些。由于幼儿目测能力和动作的准确性较差,所以幼儿投准的稳定性较差,投准能力发展相对较差。

幼儿投掷动作一般包括投远、投准两大类。具体动作可采用双手抛投、单手抛投;也可以用正面投或侧面投。

投远属于速度型力量动作,其目的是将投掷物尽可能投得远一些,这不仅需要身体各部位肌肉力量的协调配合,而且还必须掌握好物体出手的角度和时机,才能将物体投远。对幼儿来说,掌握投远动作比较困难。

投准的目的是要将投掷物体击中指定目标,这不仅需要具有一定的肌肉力量,而且更需要具有良好的目测能力及动作的准确性,因此,幼儿掌握投准动作比掌握投远动作更难一些。

(二)投掷动作的发展特征

幼儿投掷动作的发展特征如表 6-10 所示。

表 6-10 幼儿投掷动作的发展

年龄阶段	发展特征
3—4 岁	1. 投掷动作不协调,投掷时主要采用的是上肢的力量,下肢和躯干动作配合不协调,多余动作较多,但能掌握双手头上、双手腹前、原地肩上投掷等动作 2. 投掷的距离近且出手角度和方向不好
4—5 岁	1. 在教师的引导、教育下,投掷的能力相对发展较快,全身能够比较协调地用力,可以掌握单肩上正面投掷,双手头上、胸前、腹前投掷等动作 2. 投掷的出手角度和方向有明显的进步,但还是表现出不稳定的现象
5—6 岁	1. 投掷动作协调有力,投掷的远度和准确度明显提高,部分能力强的幼儿可以掌握侧向肩上投掷动作 2. 男女幼儿在投掷能力上出现差异

(三)投掷的动作要领

1. 正面肩上单手投掷

(右手投掷)身体正对投掷方向,两脚前后开立约与肩同宽,左脚在前右脚在后,手持投掷物,屈肘于头右侧后方,肘关节向前,投时挥臂甩腕,快速将沙包向前上方投出。

2. 半侧面肩上单手投掷

(右手投掷)身体侧对投掷方向,两脚左右开立,重心在右脚上,手持投掷物,臂高举过头,肘关节微屈,眼往前看,用蹬地、转体、挥臂甩腕的力量将沙包投出。

动作的重点在于挥臂和全身协调用力。要求挥臂要快速,全身用力要协调。

3. 滚球

两手持球侧后方,五指向下,两臂向前摆动,小臂和手稍外旋将球向前滚出。重点:两臂前摆。

4. 传球

双手抛球:双手手心向上托球于腹前,用摆臂抖腕的力量将球向前或向上抛出。重点:摆臂、抖腕动作。要求:用力均匀,方向准确。

双手传递:两人面对而立,用抛出的方法,将球传递到对面的人手中。

5. 接球

两手伸出,手指自然分开,拇指靠内成八字,手心对来球,接球后收回胸腹前。重点:接球动作。要点:向来球方向迎球;接球后屈臂缓冲。

6. 拍球

(1)原地拍球:两脚自然分开,上体稍前倾,拍球的手自然微屈,五指自然分开,手心向下,用小臂、手腕和手指力量向下拍球,当球反弹回手里时,手要随球上升缓冲,接着再向下拍球。

(2) 行进间拍球:预备时两脚前后分开,上体稍前倾,拍球时肘自然微屈,五指自然分开,手心向下,用小臂、手腕和手指力量拍球的后上方,使球前进,当球反弹回手里时,手要随球上升缓冲,接着再向后上方拍球。重点:小臂、手腕和手指力量的使用,拍球瞬间时机的掌握。要求:手臂、手腕要放松。

(四) 投掷常见的错误动作及纠正方法

1. 单手投掷时肘外展

纠正方法:可从正面和侧面看教师的正确示范,也可做击吊球等专门练习。

2. 肘关节下拖,投掷角度过小

纠正方法:伸直手臂做甩小臂的练习,投掷过一定高度的横线(横线离投掷处较近);投掷过一定高度的两条横线(投掷物从横线中间过);投掷进悬挂一定高度的呼啦圈或其他物体(物体离投掷处较近)。

3. 投掷时上体向左倾斜或过早前倾,左腿弯曲过大

纠正方法:看正确示范;投掷时提醒幼儿右腿蹬直;幼儿在练习时教师站在幼儿的左侧用手挡住幼儿左肩,防止侧倒;投掷时注意提醒幼儿右腿要蹬直。

4. 滚球时两手用力不均匀

纠正方法:可先做徒手模仿练习或多次练习。

5. 传球时传球不到位

纠正方法:可先近距离练习,再逐渐增加距离练习,不断纠正错误动作。

6. 接球时不会伸手迎球

纠正方法:通过多次练习来纠正。开始练习时教师与幼儿互传,幼儿熟悉后由幼儿与幼儿互传。

7. 拍球怕球跑了,手指和手臂僵硬紧张

纠正方法:做徒手练习,练习时多提示动作要领,多做原地拍球练习,熟练后就不紧张了。

8. 双手胸前投篮

(1) 肘关节外张。纠正方法:看动作示范,要求幼儿肘关节自然下垂。

(2) 投不准。纠正方法:要求幼儿两手用力要平均,刚练习时距离要近,让幼儿能投进去,使幼儿建立信心,喜欢这个运动。

(五) 投掷的内容和游戏

幼儿投掷的内容和游戏如表 6—11 所示。

表 6-11　幼儿投掷的内容和游戏

年龄阶段	内容	游戏
3—4 岁	1. 互相滚接皮球 2. 自然往上方或远处扔沙包 3. 拍球	赶小猪、抛接皮球、拍球、自抛自接、滚球过门等
4—5 岁	1. 互相滚接皮球 2. 自抛自接高低球 3. 肩上挥臂抛远 4. 左右手拍球 5. 打雪仗 6. 滚球击物 7. 投准	打鸭子、运西瓜、投过小河、接力拍球等
5—6 岁	1. 两人相距 2~4 米抛接皮球 2. 肩上挥臂抛远、抛准 3. 原地变换形式拍球 4. 边走（跑）边拍球 5. 套圈 6. 投篮 7. 侧面投远	看谁投得远、投球进框、投篮比赛、传球比赛、套圈比赛、拍球比多、行进拍球等

（六）投掷的动作形式、发展能力及动作要求

投掷的动作形式、发展能力及动作要求如表 6-12 所示。

表 6-12　投掷的动作形式、发展能力及动作要求

动作形式	发展能力	动作要求
单手肩上投掷	提高上肢动作的爆发力，发展动作的协调能力	两腿前后站立，上体侧转，投掷臂后引，眼看前方；蹬腿、转体，从肩上快速挥臂，在头前上方把包投出，投掷时注意力集中在做好动作上
单手低手投掷	锻炼上肢肌肉力量，发展目测能力	两脚前后站立，后腿稍屈，投掷臂后引；快速向前挥臂，在膝前将物体投出
双手腹前投掷	发展蹬腿和挥臂力量与协调能力	双手持物于腹前，两腿稍屈；蹬腿展体，快速挥臂，将物向前上方投出
双手头上投掷	发展蹬腿和挥臂力量与协调能力	双手持物在头上，两腿稍屈；蹬腿，收腹挥臂，将物向前上投出
双手胸前投掷	发展蹬腿和挥臂力量与协调能力	双手持物于胸前，两肘下垂，五指自然分开，稍屈，手腕后仰；蹬腿、展体，快速伸臂，将球向前（或向上）推出，注意手腕、手指用力；注意力应集中在全身协调用力上

案例呈现

喜羊羊大战灰太狼（小班）

【游戏目标】

1. 在游戏中发展手臂的灵活性。
2. 愿意与同伴一起参加投掷游戏。

【游戏准备】

听过《喜羊羊与灰太狼》的故事，有玩沙包的经验；灰狼头饰、灰太狼城堡、音乐。

【游戏玩法与规则】

教师带领幼儿用流星球攻打狼堡。游戏过程中分三次投掷流星球。第四次当灰太狼回来时，教师带领幼儿一起赶跑灰太狼。

【指导要点】

选择空旷平整的场地进行游戏，游戏过程中适当引导幼儿进行休息。

攻打恐龙城堡（中班）

【游戏目标】

1. 运用沙包进行投掷游戏，提高幼儿的上肢力量。
2. 锻炼幼儿投掷的准确性。

【游戏准备】

沙包、露露瓶。

【游戏玩法与规则】

在教师的带领下，幼儿随机站于场地，人手一个沙包。每组游戏三人进行，游戏开始，三人分别站于起始线进行投掷，投倒城堡最多者为胜（城堡为露露瓶，堆成三角形）。幼儿一定要在起始线位置投掷，只有沙包击落城堡才记为有效，幼儿不得越线击落他人的城堡。

【指导要点】

选择空旷场地进行投掷游戏，待所有投掷游戏完成后再捡拾沙包，以免相互冲撞。

【场地示意】

 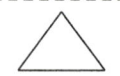

图 6-7 "攻打恐龙城堡"活动场地

勇敢的解放军(大班)

【游戏目标】

1. 掌握肩上挥臂投物的基本动作,培养一定的目测力,提高投掷的准确度。
2. 积极主动地参与投掷游戏,乐意学习解放军的勇敢品质和合作精神。

【游戏准备】

沙包纸球若干、纸箱筑成碉堡、足够大的场地、铃铛、线和《学做解放军》音乐。

【游戏玩法与规则】

初级版:"哪个炸药包扔得远"。幼儿站在线后,听口令用力将沙包投出去,看看哪个小朋友的沙包投得远。

升级版1:"勇敢执行任务"。设置不同远近的碉堡,带领幼儿进行自由选择的投掷,攻打下所有碉堡后才算游戏的胜利。活动过程中,不允许越线攻打。

升级版2:"终极任务"。幼儿穿越低矮的封锁线,站在指定的投掷线,进行炸药包的投掷。看看哪一队先完成任务,哪一队胜利。游戏过程中铃铛响起,不允许再次参加任务(组织分组游戏)。

【场地示意】

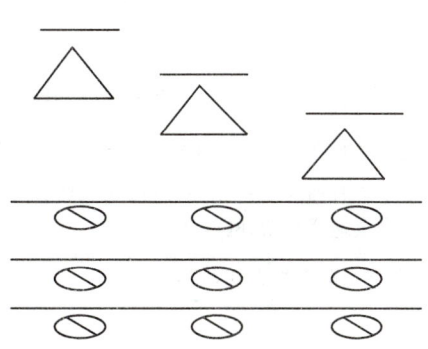

图6-8 "勇敢的解放军"场地活动

【指导要点】

选择宽阔平整的场地进行游戏,以免幼儿在投掷时绊倒。游戏过程中引导幼儿注意投掷的目标物,以免幼儿相互撞到,游戏过程中适当地调整休息。

五、钻爬动作的发展

在日常生活中钻和爬是一种很实用的动作技能,也是锻炼幼儿身体的良好手段。3—6岁正是幼儿好奇心和探索欲望强的一个阶段,为此我们在体育活动中可以借助丰富的运动器材以及动作形式来满足幼儿钻和爬的好奇心和运动欲望。

(一)钻爬动作的特点

钻是紧缩身体从较低的障碍下通过的一种动作。但是,由于幼儿的空间感知能力和判断能力较差,有时还不能较好地运用屈腿、弯腰和紧缩身体的动作,所以往往不能迅速、准确地通过障碍物。随着年龄的增长和经验的丰富,以及动作的发展和能力的提高,大班幼儿已能比较灵敏、协调、正确地钻过各种障碍物。

爬是幼儿最早掌握的身体移动方式,也是幼儿非常喜爱的一种身体活动。婴儿七八个月大时,便开始用腹部着地爬,并逐渐学会了手膝着地爬。幼儿时期,手膝着地爬的动作一般掌握得比较好,动作也比较灵活、协调,而手脚着地爬以及爬越的动作显得有些笨拙,但经过多次练习后,做这类动作也能变得比较灵敏、协调。

(二) 钻爬动作的发展特征

幼儿钻爬动作的发展特征如表 6-13、表 6-14 所示。

表 6-13 幼儿钻动作的发展

年龄阶段	发展特征
3—4 岁	已能基本掌握正面钻的要领,但过程中还不能较好地做弯腰、紧缩身体的动作
4—5 岁	正面钻的动作掌握得较好,基本上学会了侧面钻的动作,但两腿在弯与伸的交替动作方面,有时还不够灵活
5—6 岁	掌握各种钻的基本动作,能有意识地做弯腰、紧缩身体的动作,准确地钻过各种障碍物

表 6-14 幼儿爬动作的发展

年龄阶段	发展特征
3—4 岁	除协调地掌握了手膝着地的爬行动作以外,爬越以及手脚着地爬显得有些笨拙
4—5 岁	除协调地掌握了手膝着地的爬行动作以外,爬越以及手脚着地爬也较熟练,能够以手脚并用的方式安全地爬登架、网等
5—6 岁	能够以匍匐、膝盖悬空等多种方式钻爬

(三) 钻爬的动作要领

1. 正面钻

正对障碍物,屈膝、弯腰、下蹲,一只脚支撑,另一条腿和头先钻过,然后躯干和支撑腿过障碍物。

2. 侧面钻

侧对障碍物,下蹲,一条腿向障碍物下伸出,低头弯腰,然后前移重心,转体过障碍物。重点:低头、重心前移。要求:低头、屈腿,重心前移时动作要连贯。

3. 手膝着

手膝着地,头稍抬起,眼向前看,左(右)手和右(左)膝协调配合用力向前爬行。

4. 手脚着地爬

双手撑地,两腿稍屈膝,头稍抬起,眼向前看,左(右)手和右(左)脚协调配合用力向前爬行。

5. 匍匐爬

预备时俯卧,右手臂弯曲约 90 度放在胸前的垫子上,同时左腿外张并屈膝贴在垫上,右腿伸直,然后右手和左腿同时用力向前爬行,身体贴在垫上前进,接着左手屈肘,右腿屈膝,动作同上。

6. 侧身爬

以右侧为例,身体的右侧面着垫,右手臂屈肘小臂支撑在垫上,左手放在左侧腿上或者左手撑在胸前的垫子上,两腿屈膝,前进时右手臂和右腿、脚同时用力。重点:手脚配合。要求:四肢配合协调。

(四)钻爬常见的错误动作及纠正方法

1. 手扶障碍物

纠正方法:可让幼儿看正确示范,也可以请做得比较准确的幼儿示范。

2. 钻时背弓太高,不会低头,上体过早抬起

纠正方法:教师可轻扶幼儿头后或背部,以帮助其体会动作要领。

3. 出现顾头不顾身、弯腰不弯腿等不协调的现象

纠正方法:教师可站在障碍物旁提醒和帮助幼儿,也可以采用钻的游戏,如玩"火车钻山洞""猫捉老鼠"等进行练习。

4. 手脚爬行时两腿没屈膝

纠正方法:教师做正确的示范,可在旁用语言提示幼儿正确的动作,放慢速度帮助幼儿做动作。

5. 手脚配合不协调

纠正方法:让幼儿看正确示范,强调要求不同侧的手和脚协调配合向前爬。

(五)钻爬的内容及游戏

幼儿钻爬的内容及游戏如表 6-15、表 6-16 所示。

表 6-15 幼儿钻的内容及游戏

年龄阶段	内容	游戏
3—4 岁	1. 正面钻 2. 钻纸洞	钻山洞、小刺猬运果子、手膝着地爬、蚂蚁搬豆等
4—5 岁	1. 侧面钻 2. 钻不同形状的"洞"	捞鱼、手脚着地爬、小猴子钻山洞、钻过长纸洞等
5—6 岁	快速灵活地钻各种"洞"	钻圈比赛、倒着钻圈、侧身钻等

表 6-16 幼儿爬行的内容及游戏

年龄阶段	内容	游戏
3—4 岁	1. 自由地爬 2. 手膝着地爬 3. 爬过障碍物	爬向指定物品、爬行取物、爬上坡等

(续表)

年龄阶段	内容	游戏
4—5岁	1. 爬过各种障碍物 2. 手脚着地爬 3. 横着爬	爬下坡、手脚着地横着爬比赛、钻过各种洞等
5—6岁	1. 协调爬过各种障碍物 2. 倒着爬 3. 转圈爬 4. 匍匐爬	倒着爬比赛、匍匐爬比赛、双脚夹球爬比赛等

六、钻爬的动作形式、发展能力及动作要领

钻爬的动作形式、发展能力及动作要领如表 6-17、表 6-18 所示。

表 6-17　钻的动作形式、发展能力及动作要领

动作形式	发展能力	动作要领
正面钻	发展平衡能力、柔韧性，增强腿部的肌肉力量	身体面对障碍物，屈膝下蹲，低头弯腰，紧缩肌肉力量，慢慢移动双脚
侧面钻	发展动作的灵敏性和协调性	侧对障碍，离障碍远的腿蹲，离障碍近的腿向障碍下伸出，低头弯腰，然后蹬后腿，用前腿前移重心，同时转体钻过障碍

表 6-18　爬行的动作形式、发展能力及动作要点

动作形式	发展能力	动作要点
手膝爬	增强四肢肌肉力量和躯干肌肉力量，发展动作的协调性	手膝着地，头稍抬起，眼向前看，左（右）手和右（左）膝协调配合用力向前爬行
手脚爬	增强四肢肌肉力量，发展动作的灵活性和平衡性	主要依靠置伸腿和异侧臂后推力量推动身体前进，爬时仰头向前看
坐爬	增强四肢肌肉力量和躯干肌肉力量，发展动作的协调性	先成坐姿，爬行时双臂撑地，臀部提起，前移至脚跟，然后双脚和双手前移，连续向前爬行；向后爬行时动作方向相反
曲身爬	增强四肢肌肉力量和躯干肌肉力量，发展动作的协调性	手脚依次前移使身体屈伸前进，屈时手脚应尽量靠近，腿臂伸直
匍匐爬	增强全身肌肉的力量	预备时俯卧，右手臂弯曲约 90 度放在胸前的垫子上，同时左腿外张并屈膝贴地上，右腿伸直，然后右手和左腿同时用力向前爬行，身体贴在垫上前进，接着左臂屈肘时，右腿屈膝，动作同上

案例呈现

好玩的毛毛虫(小班)

【游戏目标】

尝试手脚着地屈膝爬,发展钻爬及手脚协调能力。

【游戏准备】

拱形门 4 个、平衡木 2 个、大灰狼的箱子 2 个、幼儿人手 1 个毛毛虫(自制玩具)、轮胎 4 个、音乐《健康歌》、画有圆形的场地。

【游戏玩法与规则】

请幼儿分两队站好,在教师的引导下,幼儿一个接着一个,间隔一定间距,依次钻过山洞,走过平衡木,走过轮胎,到终点的箱子里取一个粮食(玩具)返回起点。

【场地示意】

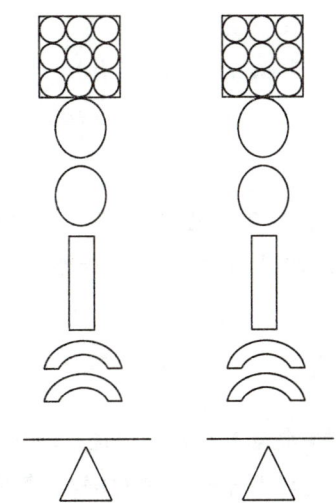

图 6-9 "好玩的毛毛虫"活动场地

好玩的钻网(中班)

【游戏目标】

1. 发展幼儿的钻爬能力和身体协调能力。
2. 激发幼儿对户外游戏的兴趣。

【游戏准备】

彩带或彩色松紧带或绳子若干条。

【游戏玩法与规则】

幼儿分为两组,其中一组幼儿每人拉住两根彩带的一端,自然形成一个纵横交错的网。另一组钻爬,要求身体尽量不要碰到彩带,如手脚着地爬、蹲着身子缩着头走、在网下滚等,也可以选择自己喜欢的形式换方位钻爬。游戏过程中提醒幼儿在钻爬时,身体不能碰到彩带,轮流玩时必须相互协调拉好彩带。

【指导建议】

1. 选择空旷和平整的场地,材料摆放要相对分散开。
2. 教师分散,重点观察独木桥的两边,提醒幼儿注意钻爬时不要磕到。

【场地示意】

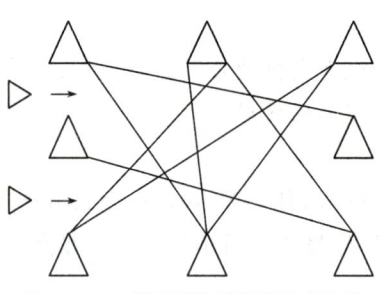

图6-10 "好玩的钻网"活动场地

蚂蚁钻洞(大班)

【游戏目标】

1. 学习葡匐爬行的动作。
2. 尝试选用不同的爬法进行钻爬活动,提高身体的协调性。
3. 体验与同伴游戏的乐趣,培养运动兴趣与运动习惯。

【游戏准备】

平整宽阔的场地、蚂蚁头饰。

【游戏玩法与规则】

每位幼儿佩戴一个蚂蚁头饰,将幼儿分成两组进行游戏,一组幼儿分别搭三种不同高度的山洞,另一组幼儿进行钻爬。过程中轮流进行游戏,其中钻爬分为三关,第一关为高洞(手脚着地爬),第二关为低一点的中洞(手脚膝盖着地爬),第三关为矮矮的洞(葡匐爬行)。

【指导要点】

选择空旷平整的场地进行游戏,游戏过程中注意让两组小朋友交换进行游戏,引导幼儿进行适当休息。

【场地示意】

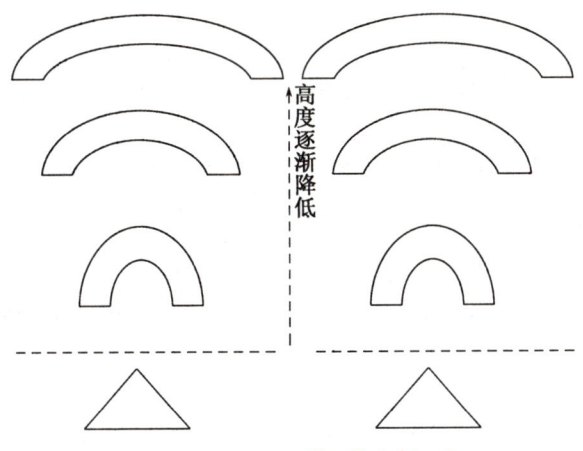

图6-11 "蚂蚁钻洞"活动场地

七、平衡动作的发展

平衡能力是指在任何条件变化下，人体保持相对稳定的能力，平衡能力也是在其他运动技能的发展中随之发展的，并直接影响着其他活动能力的发展。在学前期，幼儿的平衡能力是逐渐发展的，其趋势是从保持一种身体姿势到做各种动作和采取各种姿势时都能保持稳定。幼儿平衡能力的发展有赖于大脑皮层功能的完善、兴奋和抑制过程平衡的完善，以及视觉、前庭器官的协调控制能力的发展。

幼儿喜欢一些平衡的活动，如走平衡木、转圈、坐转椅等，因为这些活动可以满足幼儿表现自己运动本领的愿望，可以促进幼儿平衡能力的发展。《指南》中建议：利用多种活动发展身体平衡能力和协调能力，如走平衡木、沿着地面直线、田埂行走、玩跳房子、踢毽子、蒙眼走路、踩小高跷等游戏活动。

（一）平衡动作的特点

婴幼儿的平衡能力较差，容易摔倒。3岁左右的幼儿，一般在走跑、遇到障碍物躲避时都能保持身体平衡，但在快跑、转弯、突然停止时，往往不能及时调节身体的平衡，容易摔倒。幼儿能走平衡木或窄路，但是常常低头、耸肩，走时身体摇晃，两脚不敢交替向前迈步。随着神经和运动器官的发展，五六岁幼儿的平衡能力有了显著提高，能上下肢协调地走平衡木，同时可以适当调整身体做动作，如边走边做上肢上举，或者侧走、蹲走等，能根据活动的需要，保持身体的平衡和稳定。

（二）平衡动作的发展特征

幼儿平衡动作的发展特征如表6-19所示。

表 6-19　幼儿平衡的发展特征

年龄阶段	发展特征
3—4 岁	已经具有一定的平衡能力,在两条直线中间或平衡木上走时,显得全身紧张,不由自主地低头看脚下,身体会出现摇晃,有多余动作;在快跑、转弯、跳跃落地时平衡能力较弱,易摔倒
4—5 岁	随着力量、灵敏性和协调性的提高,平衡能力有较大的发展,能在 10~15 cm 宽、30~45 cm 高的平衡木上走、跑、跳、跨越等,低头耸肩的现象明显好转;在快跑、转弯、从高处跳落时能保持平衡,不易摔倒
5—6 岁	经过系统训练,能在平衡木上做出复杂的动作,如边走边运球、跳绳、翻滚等,此阶段幼儿能够掌握滑冰、骑小自行车等对平衡能力要求较高的运动技能

(三)平衡动作的要领

平衡能力一般可以分为动力性平衡和静力性平衡两种。在练习动力性平衡时要求幼儿头正,身体正直,立腰,身体不晃动,上下肢协调,步幅均匀,动作自然;在练习静力性平衡时要求支撑腿撑直站立,身体要正,立腰,保持身体的稳定性。此外,平衡能力还能够培养幼儿勇敢、大胆的心理素质。

幼儿园的平衡练习以动态平衡为主,静态平衡为辅,遵循动静结合原则。静态平衡练习时间不宜过多过长。

(四)平衡常见的错误动作及纠正方法

1. 单腿站立的腿弯曲,上体摇晃

纠正方法:看正确的示范,强调幼儿上体正直,站立腿的膝关节要绷直,多练习就能站得好,比一比"看谁站得稳"。

2. 闭目行走容易走歪

纠正方法:要求幼儿对正目标,站好后再闭目行走。

3. 原地旋转时身体重心偏离轴心脚,上体歪斜晃动

纠正方法:旋转前要求身体重心落于轴心脚上,旋转时保持重心平稳,体正,头正。刚开始学时,可以由教师牵着手练习,提高幼儿的平衡能力,然后让幼儿独立完成动作练习。

(五)平衡的内容和游戏

幼儿平衡的内容和游戏如表 6-20 所示。

表 6-20　幼儿平衡的内容及游戏

年龄阶段	内容	游戏
3—4 岁	走窄道、走斜坡、走平衡木	过小桥、走山坡、背驮沙包走等
4—5 岁	窄道行走、走平衡木、旋转、单腿站	走小路、过桥、贴鼻子、迷迷转等
5—6 岁	窄道行走、走平衡木、旋转、单腿站、闭目行走	金鸡独立、走绳索、盲人摸象等

（六）平衡的动作形式、发展能力及动作要点

平衡的动作形式、发展能力及动作要点如表 6-21 所示。

表 6-21 平衡的动作形式、发展能力及动作要点

动作形式	发展能力	动作要点
窄道移动	发展下肢肌肉、关节的活动能力，发展腿部肌肉和肌肉耐力，提高身体的平衡能力	走时步幅小，摆腿低，单腿支撑时间短，上体直，眼往前下看，两臂自然摆动或侧举，并步走或两脚交替向前走，精神放松，注意集中，动作放松；跑时步幅小，步频快，支撑腿弯曲较大，上体较直
缩小自身支撑面	发展下肢力量，提高身体的控制能力和平衡能力	提踵走（也称前进掌走或足尖走）：脚跟尽量提起，步幅小，膝较直，上体正直，眼看前，两手叉腰或自然摆动 脚跟走：支撑腿弯曲较大，上体稍前倾，步幅小，步频快，落地轻
旋转	增强前庭器官功能，提高平衡能力	要求上体直立，双臂自然张开、叉腰或上举，尽量使重心向垂直中线靠拢
闭目行走	增强体觉和动觉，提高平衡能力	对准目标后闭目，正身，颈直，脚正，步小，向目标走去，要注意肌肉感觉，并依靠它调整自己的走步方向
单脚站立	提高平衡能力	单脚直立：一只脚提起，支撑腿向外倾，使身体重心移至支撑腿上，支撑脚尖外展或内扣，腿挺直，腰背直立，头正，两臂调节身体平衡 俯身平衡：一条腿后举，另一条腿挺直支撑，上体前倾，抬头，挺胸，臂前举，可扶械器
翻滚与旋转	增强前庭器官的稳定性，发展体位感和灵敏素质	直体翻滚：身体挺直，两臂胸前交叉或放于体侧，依靠腰和腿的转动使身体翻滚 翻滚：全蹲，两手分开约与肩同宽，扶垫，低头，伸腿蹬地，提臀，双手推垫，团身向前翻滚，团身是滚好的关键 双人手拉手翻转（即"翻饼烙饼"）：两人动作同时，异向，手拉手，肩放松

小熊过桥（小班）

【游戏目标】

通过走平衡木发展幼儿的平衡能力。

【游戏准备】

平衡木、洋娃娃一个、小熊头饰一个、《洋娃娃和小熊跳舞》的音乐磁带。

【游戏玩法与规则】

教师先介绍游戏内容:"这里有一座小桥,河对岸住着洋娃娃,小熊想到洋娃娃家去玩,就必须从桥上走过去。"教师带上头饰,边念儿歌,边走过平衡木,幼儿排队一个跟着一个过平衡木。教师站在一旁观察。

【指导要点】

教师在平衡木旁边适当给予幼儿帮助和保护,并鼓励幼儿走过平衡木。

大公鸡(中班)

【游戏目标】

通过单脚站立发展幼儿的静力性平衡能力。

【游戏准备】

空旷平坦的场地、公鸡头饰若干。

【游戏玩法与规则】

教师先教会幼儿一首儿歌:"大公鸡,单腿立;仰起脖子练啼鸣,小朋友们快快起,来到户外做游戏。"当小朋友学会儿歌后,教师要求幼儿在说儿歌的同时进行单腿站立,看看哪个小朋友先动或者因站不稳而双脚着地。

【指导要点】

要注意幼儿左右腿的均衡发展。

贴鼻子(大班)

【游戏目标】

通过闭目行走来发展幼儿的平衡能力。

【游戏准备】

在地面上画一条起始线,在距起始线5~8米处放置白板四块,每块白板上有贴好的大头模型(缺少鼻子);眼罩若干。

【游戏玩法与规则】

教师将幼儿分为四组,站在起始线的后面,分别对应着一块白板,教师将一个眼罩和带有磁铁的鼻子模型交给第一排的小朋友,让幼儿带好眼罩,听教师口令出发,将鼻子贴在大头模型上,比一比、看一看哪个小朋友走得直、贴得好;紧接着第二组、第三组……游戏依次进行。

【指导要点】

为了增加游戏的趣味性,可以将大头模型换为小朋友喜欢的卡通人物或者动物的头像,也可以将贴鼻子的游戏改为贴嘴巴。

探寻三　学前儿童体育教学活动的设计与指导

某幼儿园正进行幼儿体育观摩课的教研活动,教师介绍活动由来是本班幼儿生活中对某器械的兴趣。一位观摩老师提出了疑问:"内容是随意生成的,还是根据兴趣结合周计划进行设计的?"另一位观摩老师则认为,只要幼儿感兴趣,是否依据计划进行不重要。更有老师认为,计划的制订只是摆设,为了应付检查。

思考:你认为以上这些观点是否正确?为什么?

一、学前儿童体育教学活动的概念

学前儿童体育教学活动是指幼儿在教师有目的、有计划的指导下,发展动作、增强体质、增长知识、培养品德、锻炼意志、发展能力和形成个性的过程。它以幼儿身体的练习为主要内容,有目的、有计划地提高幼儿的身体素质,传授简单的体育知识和技能,发展幼儿的基本活动能力,同时,重视在这个过程中促进幼儿智力和良好个性品质的发展。它不是单纯的技能传授,也不等同于一般的身体锻炼,而是在对幼儿传授体育动作技能的同时,锻炼幼儿的身体素质和意志品质,为其终身体育打下基础。体育教学活动是传统意义上的体育课,是学前儿童体育活动的基本组织形式,也是幼儿园体育活动的重要组成部分。一般情况下,采用集体(全班或小组)教学活动的方式,每周安排1～2次,大多采用游戏的方式,在户外场地上进行。

二、学前儿童体育教学活动的地位

学前儿童体育既是终身体育的起点,又是家庭体育和"全民健身计划"的重要组成部分。要改善国民体质,提高国民形态素质,就必须从幼儿做起。学前儿童体育教学活动在幼儿教育、家庭教育、全民健身教育及终身体育中有着重要的意义和作用。为此,幼儿园必须积极、认真地开展好体育活动。

三、学前儿童体育教学活动的作用

学前儿童体育教学活动的作用可以从幼儿的生理发展与心理发展两方面来体现。

（一）学前儿童体育教学活动对幼儿生理发展的作用

1. 对幼儿神经系统有促进作用

幼儿期是儿童身体各个系统迅速发展的时期，其中神经系统发展最快，生殖系统发展最慢，其他系统的发展也较迅速。这个时期的生理发展水平奠定了人的身体素质基础，体育活动是生理机能发展的助推剂。例如，幼儿在做拍球这一动作时，要根据球的大小、弹性来判断球弹起的高度和力度，并根据这个判断控制和调节自己的手臂动作以及脚步动作，当球的情况出现变化时，要迅速做出判断，并做相应的动作。所以，在掌握简单动作的过程中，幼儿的神经和认知系统都得到了锻炼，从而提高了他们的注意力、判断力和反应能力。

2. 对幼儿运动系统有促进作用

体育活动能改善骨的血液循环，加强骨的新陈代谢，使骨径增粗、骨质增厚，使骨长长、长粗，使骨的形态结构发生良好的变化，使骨的抗折、抗弯、抗压缩等方面的能力都有较大的提高。据统计，同年龄、同性别的青少年，经常锻炼的比很少活动的身高要高4～10厘米。科学、系统的体育教学活动，还可以提高关节的稳定性，增加关节的灵活性和柔韧性。体育活动还可以使肌肉的力量、弹性和体积增加，减少幼儿在日常生活和体育活动中的各种运动损伤。

3. 对幼儿循环系统有促进作用

体育活动对心血管系统有良好的影响。体育活动，特别是强度较小的有氧运动，可以使心血管弹性、心室容积和心脏收缩力量增加，使心脏有更长的休息期，以减少心肌疲劳。体育活动可使红细胞偏低的人红细胞含量增加，但又不会因数量过多而增加血液的黏滞性，从而提高血液的带（输）氧能力。合理的体育活动可以提高白细胞的数量和功能，特别是淋巴细胞和免疫球蛋白的数量和水平，可以提高机体的防病、抗病能力。

4. 对幼儿呼吸系统有促进作用

体育活动可以提高肺活量、肺通气量和氧的利用能力。较少参加体育锻炼的人在运动时，肺通气量为60 L/min，氧的利用率只有自身最大吸氧量的60％左右，而经常参加体育活动的人的肺通气量可达100 L/min，氧的利用率也大大提高，从而避免机体在运动时过分缺氧。经常参加体育活动，还能促进胸和肺的发育，使参加呼吸的肺泡数量增多，增加肺活量。

5. 对幼儿免疫系统有促进作用

幼儿免疫系统发育还不成熟，身体较为柔弱，皮肤对温度的调节能力较差，抵抗力较弱。当季节变化，尤其是气温骤然变化的时候，幼儿容易患病。参加体育活动能增强幼儿体质，改善幼儿对冷热的耐受力，增强皮肤在气温急剧变化时的调节能力，降低幼儿的患病率。

（二）学前儿童体育教学活动对幼儿心理发展的作用

1. 有助于幼儿认知能力的发展

幼儿经常进行体育活动，掌握各种动作技能，这本身就是一种认知能力的发展。

同时，体育活动还能促进幼儿大脑神经中枢的发展，提供大脑皮质的工作能力，发展大脑的分析综合能力。体育活动还能促进血液循环，使大脑的血流量增加，改善大脑的供氧情况，有助于提高大脑的工作效率，增强幼儿的记忆力和注意力。

2. 有助于调节和发展幼儿的情绪

开展体育教学活动，可以使幼儿全身心地投入活动中，从而得到极大的快乐与满足，保持良好的情绪状态和精神面貌。一些认知活动或一些安静的室内活动，容易使幼儿产生疲劳，所以，幼儿的体育教学活动也可被视作一种休息，它能帮助幼儿很快地消除精神上的疲劳，重新焕发朝气和活力。

3. 有助于幼儿意志品质的发展

幼儿的体育教学活动大部分是集体锻炼，教师在活动前会提出一定的规则和纪律，这能让幼儿学会遵守活动规则、集体纪律，学会等待。同时，体育活动还包括许多具有挑战性的项目，如从高处往下跳、走平衡木等，这些都要求幼儿表现出勇敢坚强的意志品质。

4. 有助于幼儿个性的发展

幼儿的体育教学活动往往有竞赛性的成分，这些活动能培养幼儿的上进心，培养他们初步的集体荣誉感。在竞赛中获得成功可以提高幼儿的自信心，获得同伴和集体的承认，使幼儿能够正确认识自我价值。自信心和成功感又可成为一种强化力量，迁移到生活的各种情境中，促进其在生活的各个方面都积极、努力、快乐地进取，逐步培养幼儿积极乐观、活泼开朗的性格。

总的来说，体育教学活动是对幼儿进行全面发展教育的重要手段和组成部分，它对幼儿身心全面、和谐发展起着重要的作用。

四、学前儿童体育教学活动的设计与指导

幼儿园体育教学活动是一种有目的、有计划、有组织的正规性体育教育活动。它以身体的练习为主要内容，传授简单的体育知识和技能，发展幼儿的基本活动能力，注重幼儿身体素质的全面发展与提高，增强幼儿的体质，同时也重视促进幼儿智力和良好个性品质的发展。因此，幼儿园体育教学活动是实现幼儿园健康教育目标的基本途径之一。

完成一次体育教学活动的教学任务要通过体育教学活动准备、组织教学活动、课后辅导和复习、对教学效果的检查和评定等基本环节。各环节是一个有机的整体，其中，体育教学活动准备是关键，组织教学活动是中心环节，复习巩固、检查和评定也是不可缺少的。

（一）体育教学活动准备

体育教学活动准备是教师组织教学活动的依据和前提。

一次体育教学活动的成败，与活动前准备是否充分有直接关系。学前儿童体育教学活动准备一般包括以下4个部分。

（1）分析了解情况。首先分析了解幼儿情况，如幼儿的人数、年龄特点、健康状况、

体能水平、个性特点、智力和学习能力以及行为表现等。既要了解全班幼儿的一般情况，又要了解个别差异，以便因材施教。其次分析了解教学条件，如场地环境、器材、气候等。

（2）钻研教材教法。对教材的性质、任务、内容、重点、难点等都要认真钻研，熟练掌握，要根据具体的教学任务、学科性质、教材特点以及幼儿的年龄特点等来选择教学方法。

（3）编写教学活动方案。编写教学活动方案需深入研究各个教学因素，要确定活动的内容、目标，布置场地，准备器械、教具以及幼儿佩戴的标志、饰物，组织教法，合理安排运动负荷等。编写教学活动方案是教学活动准备过程中深入、具体、落实的重要环节，教师必须非常重视。由于有些教学因素是在不断变化的，在组织活动前、活动进行中都应根据实际情况的变化，做必要的、灵活的调整。

学前儿童体育教学活动方案的表述，可以采用文字叙述的方式，也可以采用表格式。一般包括以下几个部分：

① 活动名称；
② 活动目标；
③ 活动准备（场地、器材、知识准备等）；
④ 活动过程（开始部分、基本部分、结束部分）；
⑤ 活动延伸；
⑥ 活动评价或建议。

（4）小助手的培养。小助手的培养是指如果有的动作限于教师自身的条件不便亲自示范，可请能力强的幼儿做示范，但应在活动前帮助幼儿将动作做正确。有些动作由于器械高度和宽度不适合教师做示范，也可于活动前教会幼儿做。

（二）组织教学活动

组织教学活动是学前儿童体育教学活动的中心环节，是完成既定教学任务、活动目标最重要的一步。

根据体育教学活动任务的多样性，需要有多种类型的体育教学活动。目前学前儿童的体育教学活动一般有三种类型：一是以新授课为主的体育教学活动（新授课），即学习新内容并把新内容作为身体锻炼活动的主要内容而展开的教育活动。二是以复习为主的体育教学活动，即以幼儿已经学习过的内容作为身体锻炼活动的主要内容而展开教育活动。三是目前幼儿园最基本、最普遍采用的体育教学活动类型——"综合性体育教学活动"，它包含两层含义：一是指活动的内容既有新的，又有已经学习过的，即新旧内容的综合；二是指综合活动中有多种类型的活动内容，既包括基本体操（队列队形），又包括游戏（基本动作类游戏、身体素质练习游戏等）、运动技能练习、模仿性活动等。

在运动过程中人体的生理机能是不断变化的，而且有一定规律。一般在活动开始后，能力逐步上升，然后达到并在一定时间内保持最高水平，最后又逐渐下降，这个过程可分为上升、平稳和下降三个阶段，这个变化过程是一个客观规律。

根据这一规律，目前幼儿园体育教学活动多采用三部分结构，即开始部分、基本部分、结束部分。各部分的任务、内容和时间安排如表6-22所示。

表6-22 幼儿园体育教学活动结构安排表

	任务	内容	时间
开始部分	组织幼儿，集中幼儿的注意，激发他们参与身体锻炼活动的兴趣；使幼儿精神振奋、情绪活跃，使身体各器官能较快进入工作状态，为基本部分的练习做好生理和心理上的准备	排队和队列队形练习，做一些基本体操或模仿活动；开展一些运动负荷不大、有利于发展幼儿体能的游戏；也可进行一些简单的舞蹈和律动等；向幼儿简要说明活动的要求和主要内容	一般占总时间的10%～20%。幼儿的年龄越小，所占的时间越少，开始部分的设计最好简短新颖，要根据幼儿特点、教学活动目标、气候等因素来确定活动的内容和时间
基本部分	学习粗浅的体育知识和技能，学习新的或较难的活动内容，巩固和提高已学过的各类练习和游戏等；实现本次体育教学活动的主要内容和目标，并通过幼儿自身的身体练习，提高幼儿的身体素质，发展幼儿的能力，培养幼儿良好的品质等	发展体能的游戏、基本体操等；其他各类游戏，一般以《纲要》中规定的内容为主，一次活动一般安排1～2项活动内容；在内容的安排上应注意新旧内容搭配，急缓结合，全面锻炼幼儿的身体	一般占总时间的70%～80%；运动负荷高峰一般出现在基本部分，教学时要掌握好负荷量
结束部分	降低幼儿大脑的兴奋性，使身体由运动时的紧张状态逐渐恢复到相对安静状态，放松肢体；合理地进行小结评价，有组织地结束活动	一是做一些身体放松的游戏或动作，如轻松自然的走步，徒手放松运动，简单、轻松的操节和舞蹈，较安静的游戏等；二是进行本次体育教学活动的简单小结，肯定和称赞幼儿的努力和成功，同时要继续激发和保持幼儿对身体活动的兴趣性和积极性，并组织幼儿整理教具，养成做事有始有终的好习惯	占总时间的10%～20%，应视具体活动情况而增减

学前儿童体育教学活动过程的三个部分之间是相互联系的，各部分有自己的主要任务和内容，但在活动的结构上又是一个紧密相连的整体，以共同实现身体锻炼的目标。另外，体育活动的结构和各部分的内容、时间等方面的安排也应根据具体的活动任务、目标、季节气候情况、幼儿的具体情况、场地和器材等条件灵活地组织和安排。

学前儿童体育教学活动的结构没有固定模式，应从有利于更好地完成教学任务出发，根据各种因素以及教师本身特点而灵活变化。

(三) 活动延伸(动作复习)

活动延伸是集体教学活动的必然延续，是不可缺少的环节。无论是知识技能的掌握、优良品德习惯的形成，还是体力的增长，都需要对其过程不断加以强化。原因为以下三方面：一是幼儿园体育教学活动时间短，间隔时间长，应更加注意活动后的巩固提高;二是幼儿存在着个体差异,需要活动后予以个别辅导,才能较好地使幼儿共同前进,发展幼儿个性;三是幼儿一般自学能力和独立性较差,需要教师组织复习、指导。

(四)活动反思(检查和评定)

体育教学活动结束后,应对活动准备和活动实施的全过程进行回顾,对活动中所获取的信息进行分析和研究,以进一步了解幼儿特点,总结教学经验,探索教学规律。它是提高教师教学能力、提高教学质量不可缺少的环节。

教学活动的分析和评定,根据参加分析评定人教的不同可划分为自我分析和互相分析。自我分析即活动反思,是每次活动后都应进行的。互相分析是在互相观摩和集体观摩后进行的活动反思。分析又可以分为专题分析和综合分析。专题分析是指对活动的某一方面的质量进行分析和评定,有利于对教学中碰到的问题进行深入研究;综合分析是指对活动的质量进行全面分析和评定。进行全面分析的方式有很多,可按主题进行分析,也可按教学过程进行分析,还可以把两者结合起来共同分析。

小蚂蚁运粮食(小班)

【活动目标】

1. 练习手膝着地自然协调地向前爬,尝试倒退爬,初步学会钻过70厘米高的障碍物。
2. 发展钻爬能力,锻炼大肌肉力量,提高上下肢动作的协调性和灵敏性。
3. 初步培养竞争意识,体验集体活动的乐趣。

【活动准备】

1. 蚂蚁妈妈头饰1个、小蚂蚁头饰若干(与幼儿人数相等)、大公鸡头饰1个;体操垫6块,分两排摆放;枯树叶片(或枯树叶图片)若干(为幼儿人数的3~4倍),四散放在场地一端;长橡皮筋一条(挂上绿色纸树叶)、小篮子2只。
2. 录放机、音乐光碟(背景音乐)。
3. 幼儿已储备了有关蚂蚁生活习性的相关经验。

【活动过程】

一、热身环节

1. 导入:教师戴上蚂蚁妈妈头饰,幼儿戴上蚂蚁宝宝头饰。

教师:"今天阳光灿烂,小朋友们,让我们一起去美丽的大自然活动活动吧!"

2. 教师带着幼儿随欢快的音乐自由小跑步来到户外活动场地(草坪),听音乐四散站好,一起做热身活动。

(1)学小动物走、跑、跳,如小猫轻轻走、小兔蹦蹦跳、小马哒哒跑。

(2)听口令活动身体各部位,特别是手腕、脚踝、腰等部位。

二、练习环节

1. 练习各种不同方式的爬。

(1) 自由爬(播放慢节奏的背景音乐)。

教师:"小朋友们,让我们去散步吧!"教师带领幼儿边念儿歌边自由爬行,提醒幼儿不要相互碰撞。(儿歌:今天天气好晴朗,小小蚂蚁真高兴,跟着妈妈来散步,手膝着地慢慢爬,一步一步慢慢爬!)

(2) 有序爬(播放慢节奏的背景音乐)。

教师:"小朋友们,前面有一座小桥,让我们爬过去吧!"(鼓励幼儿一个接着一个有序地爬过体操垫连接而成的小桥)

(3) 尝试倒退爬(播放快节奏的背景音乐)。

教师:"小朋友们快听,什么声音?前面发生了什么事?让我们一起去看看。(引导幼儿向前爬)哎呀!是一只找食物吃的大公鸡!(可由配班教师扮演,也可由幼儿扮演)快向后退!引导幼儿练习向后倒退爬,强调动作要领,提醒幼儿不要相互碰撞)听!声音没有了,让我们看看大公鸡走了没有。"(引导幼儿再次向前爬,如此反复2~3次)

2. 游戏:小蚂蚁运粮食。

(1) 幼儿分成人数相等的两队,分别站在垫子(草地)前的起跑线上。教师交代游戏名称、玩法。

教师:"小朋友们,冬天就要到了,让我们去运粮食回来准备过冬吧!一路上,我们要爬过草地,钻进前面的树林里才能找到粮食(枯树叶片或枯树叶图片)。"

(2) 请两名幼儿分别示范一次。引导幼儿观察、掌握动作要领和游戏玩法。提醒幼儿注意,爬时双手双膝趴在垫子上,快快地向前爬;钻树林时不可碰到树上的树叶。最后来到树林里(捡)起一片枯树叶或枯树叶图片,放在小篮子中,然后从垫子两边跑回来。比比哪个队运的"粮食"多。

(3) 幼儿游戏3~4次,直至把"粮食"全部运完。

(4) 小结。教师表扬认真运粮食的"小蚂蚁"们,拥抱获胜队的每个幼儿,并告诉大家,今天的任务完成得很好,"蚂蚁妈妈"非常满意,因为冬天有足够多的粮食过冬了!

三、放松环节

小蚂蚁跟着妈妈随音乐做放松活动(鼓励幼儿先自己拍拍手臂、膝盖,再互相拍拍手臂、膝盖)。然后,"小蚂蚁"们跟着"蚂蚁妈妈"提着"小篮子"自然地走下场。

【活动延伸】

1. 在户外活动中继续玩此类游戏,还可根据幼儿动作发展情况增添一些情节。

2. 建议家长在家里或带孩子去公园草坪上玩钻爬游戏。

【活动评析】

小班的孩子特别喜欢钻爬,在日常生活中,由于安全、卫生等原因,教师和家长都不允许孩子尽情钻爬,而机械钻爬显得枯燥无味,难以引起幼儿的兴趣。此活动利用幼儿喜欢小动物的特点,让孩子们扮演聪明可爱的小蚂蚁,激发幼儿兴趣。依据循序渐进的原则,设计了自由爬、有序爬、倒退爬、钻过障碍物爬等一系列活动,不断提高练习要求,逐步发展孩子们动作的协调性和灵活性。"边念儿歌边散步""过小桥""巧避大公鸡""小蚂蚁运粮食"等环节,使整个活动以游戏的方式贯穿始终。"小蚂蚁"们跟着"蚂蚁妈妈"一起游戏玩耍,在自然轻松的游戏氛围中锻炼了孩子的钻爬能力,又让孩子们感受到了集体活动的无穷乐趣,活动效果好。

小青蛙跳荷叶(中班)

【活动目标】

1. 巩固练习立定跳远,学习从30~35厘米高处自然往下跳,发展弹跳力。
2. 训练下肢大肌肉力量和动作的协调性,增强节奏感。
3. 体验跳跃的乐趣。

【活动准备】

1. 小青蛙头饰若干、麻绳或布条扎成的"害虫"若干。
2. 录音机、磁带(内含歌曲《小青蛙》);幼儿学会儿歌《小青蛙》。
3. 户外活动场地的布置:平坦的场地上圈定一个大范围作为池塘,中间及池塘边缘放置30~35厘米高的平衡木1~2根或跳高凳若干条(作较高的荷叶),平衡木下或跳高凳周围的地面上画着若干片荷叶,荷叶边缘之间的距离在30~35厘米为宜,"荷塘"边画有一些青草表示麦田。

【活动过程】

一、热身环节

1. 邀请一位大班幼儿扮演小青蛙:"小朋友们好!我是小青蛙呱呱。今天天气这么好,我想和你们一起去操场上玩跳荷叶的游戏,好吗?"(激发幼儿对此活动的兴趣)
2. 教师带领幼儿欢快地来到户外操场做热身运动。

(1) 走跑练习:四个纵队→一个大圆→四个小圆→四个纵队→一个大圆。

(2) 动作练习:小猫走、小兔跳、小鸟飞、青蛙跳等(放音乐)。

3. 引导幼儿模仿小青蛙的动作和叫声。

教师:"小朋友,你们能学一学青蛙的叫声和青蛙跳的动作吗?"(鼓励幼儿自由发言并尝试创造性地用全身动作表现蛙跳动作)

二、练习环节

1. 观察、学习立定跳远和从30~35厘米高处自然往下跳。

(1) 教师带领幼儿一边念儿歌,一边表演蛙跳动作,启发幼儿观察并讨论谁模仿得更像。

(2) 针对幼儿模仿蛙跳中易出现的问题(如落地重、屈腿不够、起跳时两臂不摆动),教师小结并示范立定跳远动作要领:双脚并拢,前脚掌蹬地用力向远处跳起,同时两臂在身体两侧用力向前上甩起,落地时要求轻巧、蹲下,两臂自然放下,注意保持身体平衡。(在地面上画的荷叶之间跳来跳去)

(3) 教师示范并讲解从30~35厘米高处自然往下跳动作要领:两腿并拢,双膝弯曲,自然轻轻双脚跳下,同时两臂在体侧自然向前上下摆动,落地时要求深屈膝、轻巧。(从高处荷叶跳往低处荷叶)

2. 模仿、练习立定跳远和从30~35厘米高处自然往下跳。

(1)介绍场地及乐曲《小青蛙》后,发放青蛙头饰,幼儿在场地上散开,在音乐声中自由练习蛙跳。教师扮青蛙妈妈在幼儿中游动,不时对幼儿的动作做简单评价或个别示范,纠正幼儿不正确的动作;提示幼儿可按音乐节拍从一片荷叶跳到另一片荷叶上,或登上高处荷叶往下跳到低处荷叶上,也可跳到田地里,两拍跳一次;提醒幼儿从高处自然跳下时注意安全,配班老师做好保护工作;重点帮助胆小、动作协调性较差的幼儿。

(2)邀请个别动作规范的幼儿表演,全体幼儿评议。(注意重点引导幼儿观察落地时是否轻巧、伸屈膝是否及时、起跳时两臂是否向前上甩起,教师可有针对性地指定有相应动作错误的幼儿回答,促使这些幼儿发现自己的不足)

2. 游戏:小青蛙捉害虫。

(1)教师交代游戏玩法(配班教师悄悄地在"荷叶上、田地里"投放"害虫"若干条):"小朋友们,来学青蛙跳。现在我们就随着音乐有节拍地跳,一起玩小青蛙捉害虫的游戏吧!注意在起跳时一定要屈膝、用力蹬地,并且将手向上甩,争取从一片荷叶跳到另一片荷叶中间,不能跳到水里,因为扑通扑通落水的声音会把害虫吓跑的;落地时也要轻,蹲下,可别把荷叶踩破了,也别发出声音,那样会让害虫发现咱们的,害虫会逃跑。记住了吗?比比看哪只小青蛙捉的害虫最多。"

(2)幼儿在乐曲《小青蛙》中自由地游戏(模仿蛙跳、捉害虫)。教师参与游戏,随机进行个别指导,注意使能力弱的幼儿也能捉到害虫。游戏时间视幼儿兴趣和体力而定,在高潮中结束游戏。

三、放松环节

1. 教师带领小结,激发幼儿下次游戏的兴趣。

2. "小青蛙"列队集合,听口令,立正,稍息,看齐,齐步走,在优美的音乐声中凯旋。

【活动延伸】

在幼儿园和家里都可经常带幼儿玩此类游戏,如跳伞、跳水等。

学跳橡皮筋(大班)

【活动目标】

1. 学习跳橡皮筋的基本方法,练习有节奏地跳跃。

2. 锻炼腿部力量,提高动作的协调性与灵敏性。

3. 体验跳跃和合作游戏的快乐,激发对民间体育游戏的兴趣。

【活动准备】

1. 熟悉一些简单的民间童谣。

2. 长、短牛皮筋若干(环状、条状各占一半)。

3. 一些简单的儿歌或民间童谣(《马莲开花》《拉大锯》等)歌曲的音频。

【活动过程】

一、热身环节

在欢快的音乐声中带领幼儿一路小跑来到户外活动场地,先做热身运动。

1. 听信号做相反动作(如快走→慢走,站立→蹲下,向左转→向右转,高人走→矮人走,手放下→手举起,向前走→向后走,挺身走→弯腰走,向左跳→向右跳)。

2. 随音乐做徒手操(教师自选或自编)。

二、练习环节

1. 教师出示橡皮筋并提问:"你们知道这是什么吗?你们想学跳橡皮筋吗?"(引起幼儿的兴趣)

2. 教师随节奏明快的儿歌或民间童谣示范表演跳橡皮筋(环状、条状橡皮筋各示范表演一段),进一步提高幼儿的活动兴趣。

3. 幼儿学跳橡皮筋。

(1)教给幼儿几种跳橡皮筋的基本步伐。

① 身体右侧靠皮筋站立,单脚跨、点、踩,双脚交换在橡皮筋的两侧,或者一脚跨住橡皮筋,一脚进行这些动作。

② 身体右侧靠皮筋站立,轻轻跳起,用右脚踩绊住皮筋,脚尖点地两下,同时右脚自然跳动两下,接着右脚跨过皮筋收回。

③ 身体右侧靠皮筋站立,轻轻跳起,用右脚踝绊住皮筋,脚尖点地,然后身体稍向左转,左小腿向后抬起,跨过皮筋,同时左右脚交替跳动三下,接着右脚和左脚先后跨出。

(2)幼儿练习。

① 幼儿可以跟随教师先进行单脚练习(可练习5～8次),练习时可先由两名幼儿抓住长条橡皮筋的两头,高度可以先放幼儿在脚踝部,逐渐上升,也可以比赛谁跳得高,跳的动作多。

② 将幼儿分成若干小组(每组3～5人),由有一定基础的幼儿或学得快、跳得好的幼儿带其他幼儿跳。

③ 教师巡回指导,重点关注能力较弱、胆小内向的幼儿。

4. 让跳得好的幼儿进行表演。

5. 让幼儿进行自由组合,练习教师刚教的几种跳橡皮筋的基本步伐。

6. 鼓励幼儿探索橡皮筋的多种跳法(单脚跳、双脚跳、双脚交替跳、叉花跳等)。

三、放松环节

教师带领幼儿随音乐自由放松全身,在草地上,或坐或躺或四周活动,活动自然结束。

【活动延伸】

1. 教师应经常利用户外活动时间组织幼儿开展跳橡皮筋的游戏。

2. 家长应创造机会带领孩子一起跳橡皮筋,共同感受跳跃的快乐。

【活动评析】

跳皮筋是我国传统的民间体育游戏,也是幼儿很喜欢的全面锻炼身体的一种运动。此活动把跳皮筋游戏与有趣的儿歌或民间童谣巧妙地结合在一起,既符合幼儿活泼好动的特点,又能激发幼儿参加活动的兴趣。活动过程的设计层次清楚,体现了由易到难、由简单到复杂的循序渐进的教学原则,教学方法上采用了引导→示范→模仿→体验→练习→分享→合作→探索,层层递进,让幼儿在轻松、愉快的氛围中掌握了跳皮筋的方法,既锻炼了幼儿的腿部力量,提高了幼儿身体动作的协调性与灵敏性,又使他们从中体验到了合作游戏的快乐。

五、学前儿童体育教学活动设计的注意事项

从体育教学的客观规律和学前儿童身心发展的特点来看,在设计体育教学活动的过程中必须注意以下问题,才能完成体育教学任务,提高体育教学效果。

(一) 树立"健康第一"的指导思想

早在 1999 年 6 月颁布的《中共中央 国务院关于深化教育改革全面推进素质教育的决定》中就明确提出:"健康体魄是青少年为祖国和人民服务的基本前提,是中华民族旺盛生命力的体现。学校教育要树立健康第一的指导思想,切实加强体育工作,使学生掌握基本的运动技能,并养成坚持锻炼身体的良好习惯。"《纲要》又明确提出:"幼儿园必须把保护幼儿生命和促进幼儿健康放在工作首位。"

健康领域的性质决定了本领域是幼儿教育落实"健康第一"指导思想的主要途径,要真正落实,必须在目标的确定、内容的选择、过程的实施及评价等方面体现这一思想,以促进幼儿身体健康、心理健康及社会适应能力的提高。健康领域与其他领域的融合是必要的,它不能也不可能单独承担幼儿教育中贯彻"健康第一"指导思想的全部任务,必须通过幼儿活动及各个领域的教育去实现。

(二) 活动内容的全面性

在设计幼儿园体育活动时必须注意要使幼儿身体的各部位、器官系统的机能,各项身体素质、基本动作和个性心理品质都得到全面的锻炼和发展。体育活动内容既要有发展动作、增强体质、增长知识的内容,也要有培养品德、锻炼意志、形成个性的内容,同时,要正确处理几对关系,即要全面发展运动素质,但应以力量、协调、平衡、灵敏素质为主;要全面发展基本运动能力,但应以走、跑、跳、投掷、平衡、钻爬为主;要全面发展心理素质,但应根据学前儿童心理发展的规律、心理活动的特点,在不同年龄阶段和不同的活动中确定不同的发展重点。

(三) 活动强度、密度的适应性

在体育教学活动中,要根据活动内容、教学任务、教学条件和学前儿童的身心发展特点等因素,在遵循人的身体机能能力变化规律的前提下,合理安排体育教学活动的强度和密度,使身体的负荷与休息合理交替,达到适宜的运动负荷量。

1. 活动强度

活动强度是指在单位时间内机体承受一定的外部刺激时所反映出来的内部负荷程度,常用运动前后的心率的变化来衡量。对于幼儿来说,运动过程中的心率比安静时的心率高出 75%~90%,并在活动 10 分钟后恢复至安静时的心率是适宜的运动负荷。即心率在 130~150 次/分之间为宜,小于 130 次/分为运动量太小,超过 150 次/分则运动量太大。

2. 活动密度

活动密度是指在体育教学活动中,幼儿身体实际运动的时间和活动总时间的比值,其计算方法为:活动密度＝实际活动时间÷活动总时间×100％。幼儿体育教学活动的密度一般可达60％～70％。身体运动的距离、时间、次数等都是影响活动密度的重要因素。

活动强度与活动密度是决定运动负荷的主要因素。在体育教学活动中,当强度大时,就要适当减小密度;反之,当强度小时,就要适当增大密度,以达到适宜的运动负荷。

> **真题再现**
>
> 1.(2021年上半年)简答题:体育活动中活动后,教师分别可以从哪些方面判断幼儿的活动量是否适切?
>
> 2.(2024年上半年)简答题:户外活动时,幼儿玩得很高兴。部分幼儿已满头大汗,脸色通红。针对这种情况教师该怎么做?

(四)活动形式的游戏性

游戏是幼儿最最喜爱的活动,也是幼儿各类活动的主要组织形式。因此,在学前儿童体育教学活动中,要注重通过设计有趣的游戏内容和游戏形式,来开展各类活动,让幼儿在感兴趣的游戏活动中感受到体育活动的快乐,萌发对体育活动的兴趣,发展基本动作,提高身体素质,培养良好的个性心理品质。《纲要》把"喜欢参加体育活动,动作协调、灵活"作为健康领域的目标之一,提出"开展丰富多彩的户外游戏和体育活动,培养幼儿参加体育活动的兴趣与习惯,增强体质,提高对环境的适应能力","用幼儿感兴趣的方式发展基本动作,提高动作的协调性、灵活性",同时提出"培养幼儿对体育的兴趣是幼儿园体育的重要目标,要根据幼儿的特点组织生动有趣、形式多样的体育活动,吸引幼儿主动参与"。因此,在设计体育教学活动时,切勿从成人的角度设计幼儿的活动,机械重复训练动作,从而使幼儿对体育活动失去兴趣。

(五)教学方法的有效性

体育教学的方法有很多,每一种方法都有其独特的特点和使用范围,不存在任何情况下都对幼儿有效的方法。因此,教师要从实际出发,选择有效的教学方法,以适应幼儿的需要。如在向幼儿介绍新的动作和游戏玩法时,适合采用讲解示范法;当幼儿看完了教师的示范、听完了讲解、对动作有一定的印象时,适合采用练习法让他们进行动作练习;在幼儿动作练习的过程中,教师必须采用语言提示法进行指导,这样,多种方法的有机结合,才能达到最好的教学效果。另外,教学中除了前面讲到的游戏法外,还应该利用一些朗朗上口、幼儿能够理解的儿歌、童谣来帮助他们掌握动作要领。如投掷的动作,我们可以创编这样的儿歌:"小沙包,放肩上,退一步、侧伸展,身体往后靠一靠,瞄准目标用力投。"通过这样简单、形象的儿歌,将枯燥的动作要领具体化,便于幼儿理解和掌握。

（六）关注个体差异和不同需求

《纲要》指出："关注个体差异，促进每个幼儿富有个性地发展"，"要尊重幼儿在发展水平、能力、经验、学习方式等方面的个体差异，因材施教，努力使每一个幼儿都能获得满足和成功"，"关注幼儿的特殊需要，包括各种发展潜能和不同发展障碍……"。幼儿期是人的主体性初步确立的时期。他们好奇、思维活跃、想象力丰富，什么都想关心，什么都想参与，只要能够提供一个宽松的环境，支持、鼓励幼儿的探索活动和创造活动，其主体性品质就可保持并稳定下来。体育活动中"要让幼儿成为自选体育活动的小主人"。体育活动中要创设良好的活动环境，调动幼儿参与活动的兴趣。体育活动过程中，应允许幼儿有选择、探索、表达的自由，他们可以自己尝试各种活动，不必担心失败与批评，获得心理满足，可以随时表达自己的意见、疑问、困惑，并与他人交流、互动等。

（七）选用适当的背景音乐

欢快、美妙的音乐可调节和改善情绪状态，积极的情绪可充分调节和发挥幼儿身体的机能，提高幼儿神经细胞的兴奋性及其整个神经系统的活力。幼儿园体育教学活动背景音乐的设计必须服从于幼儿体育活动的特点，音乐的内容、风格、节奏都应紧紧围绕体育情景的主题，与体育活动形式相统一，真正为活动目标的达成服务。背景音乐的设计还应避免太流行的音乐，必须传达规定的、正确无误的教育活动信息，体现教育目标、教育规律和教育价值。背景音乐的播放应注意运用的时机、多少以及音量的掌握。要注意音量不宜太强太响，只能处在辅助地位，用好用巧能够强化节奏，烘托气氛，配合活动内容，深化重难点，给幼儿留下深刻的印象，从而提高活动质量。

好玩的圈圈（大班）

【活动目标】

1. 尝试迅速转身一周并手眼协调地接住圈，发展身体的平衡能力。
2. 探索转身一周接圈的动作，发现、分享成功的方法。
3. 体验竞赛游戏，初步形成集体荣誉感。

【活动准备】

塑料圈人手一个、场地布置、游戏音乐、录音机。

【活动过程】

1. 幼儿开小汽车入场（慢开、加速、上坡、下坡、转弯）。
2. 圈操。

导语："回到了停车场，我们一起检查一下汽车吧！"

3. 幼儿自由玩圈，鼓励幼儿创造新玩法，引出转身接圈的新玩法。

导语："我们除了可以和圈玩开汽车的游戏，还能玩什么？看谁的玩法多。"

4. 幼儿尝试探索转身接圈的动作。

(1) 幼儿第一次尝试。

导语:"你会玩转身接圈的游戏吗？试一试你是用什么方法玩转身接圈的。"

(2) 幼儿第二次尝试。

导语:"请你们再去试一试,把你们转身接住圈的好方法记住,等会儿告诉大家。"(快速转圈,稳定后快速抓圈)

(3) 幼儿按要领练习转身接圈。

导语:"请大家用我们想出的好方法再去玩一玩吧。"

5. 幼儿玩竞赛游戏。

(1) 师动共同布置场地,教师介绍游戏规则。

幼儿分组比赛,每组1名幼儿跑到指定位置按场地提示标志完成转身接圈动作一次后,迅速将圈递交给对面的幼儿继续游戏,小组全体幼儿全部玩过一次后最快完成的为胜。

(2) 幼儿比赛2次。教师指导幼儿迅速转身接住圈。

(3) 教师小结。

6. 放松,结束。

(1) 玩音乐游戏"雁儿飞",幼儿自由放松(拍手臂、拍腿、拉伸)。

(2) 幼儿手持圈,开汽车离场。

【设计说明】

大班上学期的幼儿,在各种有趣的体育活动场景的吸引下,在教师生动形象的语言刺激下,在丰富多样的体育游戏玩法下,越发积极地参与体育活动。这一时期的幼儿活动量逐渐增多,在自由的户外活动中,特别喜欢模仿机器人转身变形的动作。在他们自由模仿中,我发现有一小部分孩子转身之后出现站不稳、易摔倒的情况,更有一部分孩子刻意让自己去模仿这个"摔倒"的姿势。因此,本活动就是针对孩子的兴趣点,正面引导幼儿在原有基础上练习原地快速转身一周动作,并加入"圈"这个辅助器材,鼓励幼儿亲自尝试转身接圈的身体平衡练习。提出多种玩圈方法,并进行互相交流,目的在于培养幼儿的创造性和自信心,使其学习潜能得到最大限度的发挥。

1. 关注器材的选择和运用

《纲要》中倡导:用幼儿生活中熟悉的运动器材开展活动是幼儿最感兴趣的。圈是幼儿十分喜爱的体育器械。在生活中,大大小小的、圆圆的圈到处都有,对幼儿来说也不陌生。如果我们都做一个有心人,拿这些圈给孩子锻炼身体,则是很有意义的事。

2. 关注幼儿的发现和探究

转身接圈是在个性玩圈基础上的延续,活动中教师请幼儿先示范转身接圈的方法,然后引导幼儿和同伴一起去探究怎样才能把圈转起来之后转身接住它。接着分小组体验、竞争,通过比赛激发幼儿的兴趣,目的是让幼儿树立竞争意识,增强对游戏规则的认识,让幼儿在不知不觉中提高身体平衡能力。

3. 关注幼儿运动量和均衡发展

平衡练习主要体现了技巧性,动作的运动量并不大。在幼儿游戏环节的设计中,配合上下肢的动作练习,如滚圈、跳圈等适当地调节运动量,以使幼儿机体达到适宜的唤醒状态,激发幼儿练习的动力,同时,在游戏中巩固多样玩圈的方法,以使上下肢得到均衡的发展。

六、学前儿童体育教学活动常用的教学方法

学前儿童体育教学活动常用的方法主要包括以下几种:

(一)游戏法

游戏法是学前儿童体育教学中最常见的教学方法。通过设计有趣的游戏活动,可以吸引幼儿的注意力,激发他们参与游戏的动力。游戏法有助于激发幼儿的学习兴趣,增强其参与性和主动性。幼儿天生对游戏充满热情,通过设计富有趣味性和挑战性的体育游戏,并考虑到他们身体发展的特点,教师可以引导幼儿积极参与,锻炼他们的身体协调性和反应能力。例如,追逐游戏、接力赛等都能有效激发幼儿的运动兴趣。

(二)竞赛法

竞赛法是通过组织竞赛活动来进行体育教学。通过比赛,充分发挥幼儿已掌握的各种动作,互相竞赛以决胜负。竞赛法和游戏法有着密切联系,主要的区别在于比赛法具有更严格的规则和"竞争"因素。这种方法能培养幼儿的竞争意识、拼搏精神,增强身体素质和心理素质。参赛者情绪高涨,对体能要求较高。所以,比赛法一般运用于中、大班。运用这种方法时应注意目的明确、要求具体,控制比赛强度,及时调整比赛规则,保障幼儿的安全性和积极性。

(三)情景法

情景法是通过创设特定情境来引导幼儿参与体育游戏。利用模拟的情境或场景,让幼儿在真实的体验中学习体育知识和技能。比如,设置一个小型的足球场,让幼儿扮演足球运动员进行比赛,通过实践来掌握足球的基本规则和技巧。这种方法有助于调动幼儿的想象力和创造力,增强其主动参与性。例如,可以在户外组织一场"小动物探险"的游戏,让幼儿扮演小动物,在不同的场景中完成各种动作。

(四)讲解示范法

讲解法示范法是教师边用语言向幼儿传授体育技能边以正确的动作为范例,使幼儿了解动作的形象、结构、要领等的一种方法。由于幼儿还处于具体形象思维阶段,认识和理解事物更多地依赖于生动明了的形象,所以示范在幼儿体育教学中具有重要的地位。为了运用多种感官感知动作,以扩大直观教学的效果,在体育教学中,示范与讲解经常是互相结合运用的。至于在具体结合时是先示范后讲解,还是先讲解后示范,或是边示范边讲解,这就需要教师根据教学中的具体情况灵活运用。

根据不同的分类标准,示范法可分为完整示范法、分解示范法、正面示法、侧面示范法、镜面示范法和背面示范法等。教师应根据教学需要,采用适当的示范方式。示范要

注意以下三点：

1. 要有明确的目的性

为了使幼儿建立完整的动作概念，需要用正常的速度做一次完整的示范。为了让幼儿看清动作的关键要领或某一环节，可以做慢速的、静止的或局部的示范。有时可边示范边讲解。例如，教师示范从高处往下跳这个动作，就必须向幼儿讲清楚是看起跳，还是看落地；是看脚和腿，还是看上体和手臂，以避免盲目地示范。

2. 示范要正确，并力求动作轻松、优美熟练

高质量的示范不仅能使幼儿建立正确的动作形象，还可以得到幼儿的赞扬，激发幼儿学习的积极性。尤其是第一次示范常会给幼儿留下深刻、鲜明的印象。因此，教师要努力做好示范。教师一般不宜模仿幼儿的错误动作，因为幼儿容易好奇、爱模仿，看了错误的示范会跟着学。有时可让动作做得好的幼儿来示范，帮助幼儿树立起学习的信心。

3. 注意示范的位置和方向

示范的位置必须有利于幼儿观察。教师除根据不同的队形选择示范的位置外，示范的方向（示范面）要根据动作的特点，根据幼儿观察的部位而定。示范的方位包括正面示范、侧面示范、镜面示范。其中镜面示范要求示范者面向幼儿，动作方向与幼儿一致，即左右相反，像镜子一样反映幼儿的动作，幼儿体育动作学习中经常采用镜面示范。

讲解法要求讲解的内容不仅要正确，而且要符合幼儿的认知水平，需要教师能够把抽象的东西讲得浅显易懂，语言要生动形象，可借助表情和姿势说话，要有感染力。同时，讲解要简明扼要、突出重点。由于幼儿有意注意的时间较短，所以在教学中要用简洁的语言达到最大的讲解效果，而不能讲得过多、过细，以免占用过长时间。这就需要教师把握住教学的难点、重点，了解幼儿的水平，根据教学任务，确定讲什么，并把它概括成精练的语言。最后，讲解要富有启发性。启发的目的就是调动幼儿学习的积极性和主动性，要做到这点，教师必须熟悉教学内容和了解幼儿。在练习前，可以有意识地设下"悬念"，让幼儿带着问题去学习，也可以采用提问或讨论的方式来启发幼儿动脑筋，提高学习兴趣。问题的设置应避免"是非式"，也不应设置条条框框，不然达不到启发的效果。

(五) 练习法

练习法是根据体育教学任务，有目的地反复做某些动作的方法。它是掌握技能、发展本活动能力、锻炼身体和增强体质的基本方法。幼儿园常用的练习法主要有以下几种：

1. 重复练习法

重复练习法是指在不改变动作结构和练习条件的情况下反复做一个动作的方法。比如，反复做某一节操或某一个游戏，它是幼儿园普遍使用的比较简便的方法。使用重复练习法时，应根据教学内容的特点和幼儿体力及心理特点确定重复次数，注意突出教学重点。

2. 变化练习法

变化练习法是指变化动作结构和练习条件进行动作练习的方法。比如,改变动作的要素、动作的形式或组合,变换练习的环境、器材的高度和器材的重量等。这种方法的优点是能较好地激发幼儿的练习兴趣,巩固、发展动作,提高运动能力。在运用变化练习法时应注意所变换的条件、环境、器材等,必须符合幼儿的实际情况和项目特点,必须有利于教学任务的完成,而不应无限地、盲目地改变环境、增加条件和加大难度,所变化的条件,应是大多数幼儿通过努力能够完成的。

3. 条件练习法

条件练习法是变化练习法的一种,它是设置一定的具体条件,要求幼儿按规定的条件做动作。比如,向上跳摸物,有一定高度的物就是"条件"。这种练习法的优点主要有:第一,使幼儿感兴趣,比如,原地双脚向上跳的动作比较单调乏味,但挂上花皮球、小铃铛、色彩鲜艳的画片,幼儿就会兴致勃勃地跳起触摸。第二,把抽象的要求具体化。比如,在投沙包时要有一定的出手角度,这个抽象的要求幼儿是不能理解的,如果在投掷线前面挂起一根有一定高度的绳子,要求幼儿投沙包时,使沙包从绳子上方飞过,这就是把抽象要求具体化了,幼儿容易理解也易做到。第三,便于掌握正确动作和提高运动能力。比如,为了让幼儿掌握立定跳远起跳时的摆臂动作,可以让幼儿跳起时能摸身前的物体。设置的条件要符合幼儿的能力和动作要求,并能引起幼儿的兴趣。

4. 完整练习法和分解练习法

完整练习法是把动作完整地进行练习的方法。分解练习法是把完整的动作分能成几个部分,按部分逐次地进行练习,最后再组合成完整的动作进行练习的方法。完整练习法的优点是能使幼儿完整地掌握动作,它一般用于比较容易的动作、游戏或复习动作,它的缺点是不易于掌握动作中较困难的部分或较复杂的动作。比如,学习投沙包等较复杂的动作时,用完整练习法不仅费时间,效果还不理想。分解法的优点是把复杂的动作简单化,使幼儿较易掌握,能较好地保证掌握动作的质量。一般用于较难的动作和改进较薄弱的环节,或强化重点环节。在幼儿体育教学中分解法不常用。在使用这种方法时要注意:分解动作时不要破坏动作的完整性,要注意把分解练习法和完整练习法结合运用。

(六) 口头指示法

口头指示法是指在幼儿练习时,教师用简明、明确的语言提示和指导幼儿活动的方法。比如,幼儿排队走步时,教师提醒幼儿"挺胸,抬头,迈大步"。练习跳远时,教师提示"摆臂""腿直"等。它的优点是明确、具体、及时和针对性强。它不仅能用于指导动作和组织教学,而且还能用于品德和安全教育。使用口头指示法时,语言必须简单明确,要求具体,且是幼儿懂得的和熟悉的。此外,还应注意声音要有感情和鼓动性,且不要太大和太突然,以免惊吓幼儿,影响教学。在提示幼儿遵守纪律和纠正不正确行为时,不能用训斥、埋怨和恐吓的语言和口吻。

以上这些方法在幼儿园体育活动中相互补充,有助于激发幼儿的运动兴趣,提高幼儿的身体素质和综合能力。同时,教师也应根据幼儿的实际情况和需要,灵活运用这些方法,以达到最佳的教学效果。

1. 观察一段幼儿园体育教学活动的视频,按幼儿园体育教学活动方案的格式,还原活动教案,在小组中互相评析还原教案,并推荐优秀教案进行分享交流。
2. 在见实习期间观察幼儿园体育活动,分析该活动在场地安排、器材提供、幼儿参与和教师指导等方面的优势和不足。

探寻四 学前儿童体育游戏的设计与指导

某幼儿园中班孩子特别喜欢足球,尤其是户外活动时,大家追着足球玩得不亦乐乎。该班教师为了丰富幼儿游戏内容,抓住孩子的兴趣,改编并设计了不少足球类体育游戏,但是发现很多孩子不喜欢老师设计的游戏,老师也非常苦恼,不知道原因出在哪里。

思考:你觉得该老师设计的体育游戏为何不能满足幼儿玩足球的兴趣?

体育游戏是学前儿童体育的主要活动内容和方式,它不仅能有效促进幼儿身体、智力的发展,而且对幼儿情感、社会性及自我概念的发展也具有重要价值,是促进幼儿身心健康和谐发展的重要途径。年龄越小的儿童,体育游戏越是占有着重要的地位。

一、学前儿童体育游戏的特点

(一)体育游戏是一种深受幼儿喜爱的趣味体育活动

幼儿体育游戏的趣味性主要体现在情节性和竞赛性两个方面。大多数幼儿体育游戏都带有一定的情节和各种不同角色,这非常符合幼儿好模仿、好扮演的特点。竞赛是体育游戏中常见的游戏形式,能充分满足幼儿争强好胜的心理。

(二)体育游戏是以发展幼儿基本动作为主的体育活动

体育游戏将基本动作技能的锻炼寓于趣味性很强的活动之中。体育游戏对于激发幼儿的体育活动兴趣,促进其以体能为主的各方面发展具有独特的作用。体育游戏中富含改变运动和动作信号的特征,锻炼了幼儿的神经系统,同时完善和平衡幼儿的兴奋和抑制过程。

(三) 体育游戏是幼儿园健康教育的重要方式

体育游戏是幼儿园户外体育活动的主要形式,是完成幼儿园体育工作的主要途径之一。体育游戏能够有效提高幼儿对身体锻炼的兴趣,让幼儿掌握各种基本动作的技能技巧,全面促进幼儿的身心健康发展。

二、各年龄段幼儿体育游戏的特点

(一) 小班体育游戏的特点

动作内容和情节比较简单,角色较少,便于幼儿模仿,而且常常集体做同一动作。规则比较简单,是幼儿容易做到的,往往游戏规则也是游戏内容。

(二) 中班体育游戏的特点

游戏中动作情节和角色比小班复杂,对游戏结果有所注意。中班的体育游戏除了带有一定的情节外,还增加了一些无情节的,只为完成某项任务的分组竞赛游戏,游戏规则也比较复杂,并带有一定的限制性。

(三) 大班体育游戏的特点

竞赛性游戏增多,游戏动作加多,难度加大,往往需要幼儿克服一定的困难之后才能达到游戏目的,游戏中的情节和角色之间的关系更为复杂。

表 6-23 学前儿童体育游戏的特点

年级 项目	小班	中班	大班
内容动作	内容简单,动作简单,活动量小	内容开始复杂,喜欢有情节性的游戏和追逐性游戏,活动量增大	动作难度增大,喜欢竞赛性游戏和内容丰富、将体力与智力相配合的游戏,活动量较大
情节	简单	复杂性增加,增加了无情节的游戏	较复杂
角色	角色少,多为儿童熟悉的角色,且为次要角色	角色增多	角色较多,且不稳定,与情节的关系更复杂
规则	简单,不带有限制性	较复杂,有一定的限制性	较复杂
结果	儿童不太注意	儿童有注意	喜欢有胜负的结果
活动方式	常集体做同一动作或共同完成一两项任务	出现两三个合作的游戏	合作性游戏增多,增加了组与组的合作

三、学前儿童体育游戏的类型

体育游戏又称活动性游戏,它在内容、形式、作用上都具有综合性的特点。学前儿童体育游戏依据不同分类标准,可以分以下几种。

(一) 按活动性质分

1. 模仿性游戏

模仿性游戏是通过模仿各种动作,发展基本动作的一种游戏方式。这类体育游戏常伴有儿歌和音乐。如小班体育游戏"小白兔",幼儿模仿小兔子跳,训练双脚向前行进的技能。

2. 情节性游戏

这类游戏的特点是有角色,有开始、发展、结束的游戏情节,幼儿特别喜爱。此类游戏有不同的难易程度,各年龄班都能开展。例如,小班游戏"小蝌蚪找妈妈""花猫和老鼠",中班游戏"老狼老狼几点钟""黑猫警长捉老鼠",大班游戏"小青蛙捉害虫""老鹰捉小鸡"等。

3. 竞赛性游戏

这类游戏的特点是在规定的条件下分出胜负。例如,大班游戏"夺红旗""接力跑",由于竞赛性游戏强调结果的胜负,而小班幼儿还不太懂,兴趣只在游戏动作和过程本身。从中班开始选用竞赛性游戏,到了大班逐渐增多。

4. 躲闪性游戏

这种游戏对训练幼儿的动作灵敏性作用较大,参加游戏的幼儿为了保持优胜而不被淘汰,就必须灵活地躲闪,如中班游戏"捕小鱼"。由于这类游戏对各种动作技能要求较高,躲闪时不仅要迅速跑步、转身、设法避开等,还要注意不碰撞其他同伴,因此,适合在中、大班年龄阶段开展。

5. 球类游戏

球类游戏是指滚球、拍球、抛接球、击木柱、投篮、踢足球、打乒乓球等。随着幼儿年龄的增长,可由易到难地组织他们开展各种球类游戏。

6. 民间体育游戏

民间体育游戏是指民间世代相传的一些小型体育游戏,如跳房子、踢毽子、跳皮筋、跳绳、夹包、翻饼等。

(二) 按基本动作分

按基本动作可分为走的游戏、跑的游戏、跳跃的游戏、投掷的游戏、钻爬和攀登的游戏、协调性游戏、平衡的游戏等。

(三) 按身体素质练习分

按身体素质练习可分为力量性游戏、耐力性游戏、速度性游戏、平衡性游戏、灵敏性游戏、协调性游戏、柔韧性游戏等。

(四) 按游戏的组织形式分

按游戏的组织形式可分为集体性游戏和分散性游戏。

(五) 按运动器材分

按运动器材分为球类游戏、圈类游戏、平衡板游戏、沙包游戏、垫上游戏等多种游戏。

四、学前儿童体育游戏的选择与创编

（一）学前儿童体育游戏的选择

考虑到幼儿的认知发展水平和身体机能的发展状况，体育游戏的选择应由易到难、由简到繁。

1. 根据体育锻炼的活动类型选择游戏

幼儿园一日活动中，体育锻炼的活动类型一般有体育教学活动、体育自选活动、户外体育活动等。这些类型在一日活动中的作用不同，时间长短不一，因此选用的体育游戏也应有所区别。

（1）体育教学活动中体育游戏的选择要求

选择游戏时，必须考虑体育活动组织中每部分的任务，要使所选游戏的内容与幼儿身体锻炼的教育内容相一致。例如，幼儿练习走圆圈时可选择游戏"吹泡泡"；练习双脚向前行进跳时可选择游戏"小兔找山洞"，模仿小兔子跳进行练习。

（2）体育自选活动中体育游戏的选择要求

幼儿园小、中、大班中，在活动与活动之间都有10～15分钟的自由活动时间，为了让幼儿得到充分的休息，可让他们分散自选或自由结合进行民间游戏，如跳房子、踢毽子、跳绳、跳皮筋、夹包、骑竹车等，或者选用无情节的小型游戏，如踩影子、石头剪刀布、踩竹筒等。

（3）户外体育活动中体育游戏的选择要求

户外体育活动中的游戏内容可多种多样，不拘形式。可以是复习玩过的体育游戏，也可玩新的简单的游戏；可以由教师组织全班幼儿进行活动，也可由幼儿自己选择所喜爱的体育活动。我国民间流传着许多简便易行、活泼有趣的体育游戏，如跳皮筋、踢毽子、跳绳、跳房子、夹包等；小型分散的体育活动，如攀登、滑梯、推车、拍球等，这些游戏不仅可以发展幼儿的动作，同时可使他们的个性、特长得到充分发挥，这是任何集体活动不可替代的，因此教师对此应予重视，合理安排，并给予正确指导。

幼儿园的户外体育活动在上、下午都可开展。户外体育活动时间所选用的体育游戏应该与一天生活的各个环节相配合，注意应按动静交替的原则来安排。晨间入园阶段是幼儿一日生活开始的第一环，为使幼儿精神饱满、情绪乐观地开始新一天的生活，晨间可开展体育活动锻炼，一般安排小型、民间游戏较为适宜，便于先后来园的幼儿自由选择参加。而在其他领域教学活动后安排的户外体育活动，要选用活动量大的游戏，让幼儿追跑、跳跃，音乐活动后则应选用活动量小的体育游戏。

2. 根据幼儿的年龄特点选择游戏

小班：3—4岁的幼儿处在走、奔跑、跳跃、平衡和投掷等基本动作的初学阶段，动作不自如，缺乏协调性和准确性，喜欢模仿，但注意力不集中，对游戏中的动作、角色、情节感兴趣，对游戏的结果不大感兴趣。小班指导：动作内容和情节都要简单，角色也要少，便于模仿，规则要容易遵守，每个体育游戏中最好只包含一种基本动作。

中班:4—5岁的幼儿动作有了明显的进步,活动比较协调,平衡能力提高,而且有信心完成有一定难度的动作,比较喜欢有情节、有角色、有追逐性的游戏。中班指导:选择动作多样化的游戏进行活动,可进行攀爬、投掷和跳跃的动作的游戏,可增加游戏的竞赛性、规则和角色。

大班:5—6岁的幼儿已能较熟练地掌握各动作的基本要领,而且动作显得协调有力,灵活自如,喜欢玩有胜负结果的游戏。大班指导:选择动作多样化又带有竞赛性的游戏。

3. 根据幼儿基本动作发展水平选择游戏

教师应该注意由易到难地选择游戏。例如,发展中班的平衡能力,可选用游戏"松树和柏树""迷迷转";发展大班幼儿助跑跨跳的动作,先选用游戏"小马送粮",后选用游戏"山沟里的狼"。

4. 根据季节的特点选择游戏

冬天天气寒冷,可选活动量比较大的游戏,如追逐、跳跃等。夏天气温较高,需选择活动量小、比较安静的游戏,如"切西瓜""贴人"等游戏。

(二)学前儿童体育游戏的创编

1. 体育游戏的结构

(1)游戏的任务

发展幼儿的基本动作,提高他们的身体素质,促进其身体的正常发育和机能的协调发展。此外,还能巩固和丰富幼儿的知识,发展智力和培养他们良好品德和个性。

(2)游戏的内容

游戏的内容是游戏的主要成分,是由游戏的任务决定的。游戏的主要任务决定了游戏的主要内容是游戏的动作或技能,因为身体素质练习是通过一定的身体动作练习来实现的。

(3)游戏的角色、情节和规则

游戏动作是通过一定的角色来完成的,有角色特征的活动及活动方式又构成了游戏的情节,它在游戏中具有激发兴趣的动力作用和教育作用。另外,每一个游戏都必须有一定的规则,以保证幼儿按要求完成任务,达到锻炼身体的目的。

(4)游戏的条件

游戏的条件包括游戏的场地、器械和玩具,它是游戏赖以进行的物质基础。

2. 体育游戏创编的要领

(1)量力性

在创编游戏时,必须根据他们的年龄特点和身体状况,有针对性地设计适合于各年龄班活动的游戏。一般情况下,小班游戏内容主要以模仿自然现象或动物的活动为主,游戏角色为1~2个,情节简单,游戏规则限制性少,且无惩罚性规则。而中大班可逐步增加模拟社会现象或活动的内容,游戏角色可以增加到3个或3个以上,情节相对要复杂些,游戏角色可以相互转换,游戏可增加限制性和惩罚性规则,但不会以剥夺幼儿的游戏权作为惩罚。

另外,在游戏内容和游戏活动量上也要遵照幼儿的年龄特点。例如,同样是练习平衡动作,小班和大班的平衡木在宽度、长度和高度上都要有所不同;同样是练习躲闪跑的动作,跑的距离和练习的时间也要有所差异,练习的强度要因具体情况而定。

(2) 趣味性

在创编游戏时,教师应该把幼儿难以理解的动作和单调的素质练习变成具体的、有趣的游戏情节,使其成为幼儿模仿生活和周围事物的有趣活动,使他们喜欢参加活动,自然而轻松地进行身体锻炼,同时又给他们的身心带来愉悦、快乐的感受。

(3) 新颖性

在情节与角色的选择上应不断地进行探索与创新,注重传统与现代的有机结合,同时关注和积极利用幼儿的兴趣点以及自发的想象与创造。提取他们喜欢的动画形象和故事情节,将之进行有机融合,编入游戏内容之中,体现时代感,如奥特曼、灰太狼、喜羊羊等。在材料选择上,应充分利用废旧物品、现有器材和材料,变废为宝,巧妙运用,不断挖掘和运用新的运动器材,以激发幼儿参与运动的兴趣,促使他们练得开心,玩得尽兴。

3. 学前儿童体育游戏创编的步骤和方法

(1) 确立创编游戏的任务

要根据各个年龄班的基本动作发展目标来确定任务,注意体现全面均衡的原则。

(2) 根据游戏的任务选择合适的游戏内容

游戏的内容来源有三个:模拟自然现象、模拟动物的各种形态、模拟社会现象(人的劳动和科技活动等诸多方面)和活动。以"发展幼儿躲闪的能力"为例,可选择模拟"小猴子""老鼠""麻雀""小羊"等动物进行跑步训练。

(3) 把角色的游戏动作情节化,并确定游戏的规则

把角色的游戏动作情节化,具有激发角色活动动力的作用,增加角色活动的趣味性,而规则的制约性保证了游戏具有良好的组织性和教育性。如"机灵的小猴子""猫和老鼠""老鹰捉小鸡""狼和小羊"等,都有明确的主题情节和规则,使游戏不只是简单的动作模仿,而是有组织、有变化的发展,有约束性和趣味性的活动。

(4) 提供必要的游戏条件

必要的游戏条件包括游戏的场地布置、游戏的玩具和器材、游戏前的知识准备。

4. 编写学前儿童体育游戏的基本格式

(1) 游戏的名称(年龄班);

(2) 游戏目标;

(3) 游戏准备;

(4) 游戏玩法;

(5) 游戏建议。

案例呈现

吹泡泡(小班)

游戏目的:练习一个跟着一个走成圆形队。

游戏准备:场地上画一个大圆圈。

游戏玩法:教师与幼儿手拉手沿着大圆圈站好。

游戏开始,大家顺圆圈按逆时针方向一个跟着一个走成圆形队,边走边念儿歌:"吹泡泡,吹泡泡,吹成一个大泡泡。"重复念几遍后教师说:"泡泡飞高了。"幼儿两臂上举(也可起踵)。教师说:"泡泡飞低了。"幼儿原地蹲下。重复数次。教师又说:"泡泡破了!"幼儿发出"啪"的声音,同时四散地跑开。听教师说:"吹泡泡了!"大家又回到圆圈上站好,游戏重新开始。

注意事项:教师要规定四散跑的范围,不能跑得太远。

老猫睡觉醒不了(小班)

游戏目的:练习轻轻地走和跑。

游戏玩法:教师扮老猫,蹲在场地中央。幼儿扮小猫,围着老猫蹲下。

游戏开始,"老猫"装睡着了。"小猫"一起轻声念儿歌:"老猫睡觉醒不了,小猫偷偷往外瞧,小猫小猫爱游戏,轻轻走(跑)到外边去。"念完儿歌,"小猫"才能轻轻走到场地周围藏起来。"老猫"听到小猫走开后,睁开眼睛说:"老猫睡醒四面瞧,我的孩子不见了。"同时站起来四面张望,寻找"小猫",嘴里叫"喵—喵—"。"小猫"听到"老猫"的叫声,才能一边"喵喵喵"地叫着,一边赶快跑回到"老猫"身边。

注意事项:

(1)要指定幼儿活动的范围,以防走得太远。

(2)幼儿熟悉玩法后,可让幼儿扮老猫。

小兔找山洞(大班)

游戏目的:发展幼儿双脚向前跳的能力,培养幼儿机智、灵敏的反应力。

游戏玩法:2/3的幼儿,每两人一组,手拉手,站在场地周围扮"山洞",另外1/3的幼儿蹲在"山洞"里扮小兔,"小兔"比"山洞"多两个,多出的小兔站在场地中央。

游戏开始,"小兔"从"洞"中跳出,一起念儿歌:"小白兔,没有洞,一二三,三二一,快快找个小山洞。"边念边按儿歌的节奏,四散地双脚向前跳,念完最后一个"洞"字,小兔赶快跑去找"山洞",钻进"洞"里蹲下。没有找到洞的"小兔"与做"山洞"的幼儿从排头依次交换位置,游戏可反复开始。注意:每个山洞只能蹲一只小兔。

注意事项:可让幼儿双脚向前跳着去找"山洞",但场地不宜太大,以免幼儿过累。

五、学前儿童体育游戏的组织与指导

(一)体育游戏组织与指导工作程序

体育游戏的工作程序一般可分为三个阶段。

1. 准备工作

(1)钻研教材,根据幼儿情况,制定计划。

(2)物质准备。场地的选择,场面标志、器材、用具的安全,头饰、袖标、胸标的准备,服装和鞋带的要求。

(3)其他准备工作。游戏主要角色和做示范动作的幼儿的事前培训,有情节、儿歌的内容可以先讲、先教(一般并不需要特别占用其他活动或游戏时间)。

2. 进行过程

(1)集合幼儿。在指定范围内站好(站队、站圆、散站)。

(2)分组和分配角色。竞赛性游戏对各组幼儿的能力要搭配均匀,追逐游戏两人能力要相当。分组的方法一般有教师分配法、点将法、报数法、自由结合法等。

3. 游戏结束

(1)放松活动。激烈的游戏结束后要做放松活动,使幼儿身体和情绪恢复平静。

(2)讲评活动。包括两个方面:一是对幼儿游戏活动表现的评议,二是教师对游戏效果和指导工作的自我评议。教师要从游戏的任务完成情况来讲评,不能单纯地看幼儿开心不开心或运动量够不够。中、大班幼儿可以在教师引导下参与评议。

(3)整理活动。体育游戏结束后往往还需要进行一项重要活动就是场地、器材和幼儿自身衣物的整理检查。这种工作的指导有利于培养幼儿的责任意识和承担责任的能力。教师切不可贪图省事而省略了这一环节。

(二)新游戏的教学

学习新游戏有两种方法,即教师传授法和在教师引导下儿童探索的方法。

1. 教师传授法

(1)整体传授法。即通过讲解、示范练习将游戏完整地传授给幼儿。可以先讲解、示范,再组织练习,在练习中或练习后对重点、难点再细致讲解;也可以边讲解,边示范,边练习。这种方法适合于小班幼儿。

(2)分步传授法。比较复杂的游戏可以分步传授,有利于幼儿较细致地掌握游戏方法和提高活动的运动密度。如4—5岁幼儿玩"狡猾的狐狸"游戏时,就可以先学找"狐狸",让幼儿掌握寻找"狐狸"的方法,养成找"狐狸"的定式,再学习完整的游戏。

讲解、示范和练习的相互结合是体育游戏教学法的一个重要特点。游戏的方法和规则往往需要在练习的过程中反复讲解,幼儿才能掌握,所以教师要在练习中和游戏间歇时用简短的语言反复提示或讲解。

2. 指导探索法

(1)组织幼儿观察高年龄班幼儿游戏,然后让幼儿学着做。这种方法有利于培养

儿童观察能力和独立学习能力。

（2）提出游戏条件让幼儿独立探索玩法。例如,"钻圈比赛"游戏、"巧过垫"游戏。这种方法有利于培养幼儿的创造性。

（三）合理安排运动负荷

首先,户外游戏活动主要是体育锻炼,但也是有计划地学习运用新游戏。一次活动一般可以安排两个游戏,内容可有新、有旧,但不宜都是新游戏。

其次,游戏活动计划中要有一个生理负荷和心理负荷的大致安排。它包括总的负荷量和调节节奏等。如身心负荷要大小搭配,安排顺序先小后大,先新后旧;认识负荷大的在前,情绪负荷大的在后。

再次,目前有一些体育游戏工作者认为,幼儿园的体育游戏不应侧重技能和体能,而应侧重活泼、自由地充分活动和运动;不主张太强调竞赛;不主张一部分人做,一部分人看,主张有更多的全体参与。

1. 题目:绕大树(体育游戏)
2. 内容:

（1）模拟组织中班幼儿玩"绕大树"游戏。

（2）回答问题。

玩法介绍:

幼儿平均分成两组,分别面向"大树"(积木)站齐,听到老师发出的信号后,每组第一位幼儿出发跑向大树,在穿插绕过大树到达终点线后返回,然后反方向穿插绕过大树,再快速跑回,跑回起点的幼儿必须与前面的幼儿双手击打后,队伍前的幼儿才能出发继续玩游戏。最先完成任务的小组为胜利者。

3. 基本要求:

（1）模拟组织中班幼儿玩"绕大树"游戏。动作和语言相互配合,能清楚交代游戏规则与要求。

（2）回答问题:

① 这个游戏能促进幼儿哪些方面的发展?

② 如果幼儿在游戏时遇到困难,你会用什么办法帮助幼儿?

（3）请在 10 分钟内完成上述任务。

探寻五　学前儿童早操活动的设计与指导

情境导入

开学在即,中班的小张老师从网上搜寻到了一套旗操,气势宏大、雄劲有力,张老师简单修改了一下,开学第一天很快投入操节的教学过程中,幼儿摇晃地踏步,凌乱地舞旗,小张老师一边擦着汗水一边皱起了眉头。

思考:你认为小张老师是否正确理解了幼儿体操创编的原则,把握了创编的方法?小张老师的困惑在哪里呢?

学前儿童早操是以基本体操为主要内容的幼儿园体育的一种组织形式,是幼儿在早晨进行身体锻炼的各项体育活动的总称。早操活动的主要目的是锻炼幼儿身体,提高机体的活动能力,促进幼儿综合智力的发展,增强幼儿的自信心,有利于幼儿良好品质的形成。幼儿每天通过身体上下肢、躯干、头部等部位协同一致的大肌肉群操节化活动,能逐渐形成良好的身体姿势,促进身体形态和机能的生长发育;增加身体对方位、动作节奏、速度和动作美的感受力,使动作协调、灵敏;提高注意力、观察力和动作思维能力;逐渐养成做体操的习惯,增强群体意识。

一、学前儿童早操的类型与内容

(一) 学前儿童早操活动的类型

学前儿童早操的类型如图 6-12 所示。

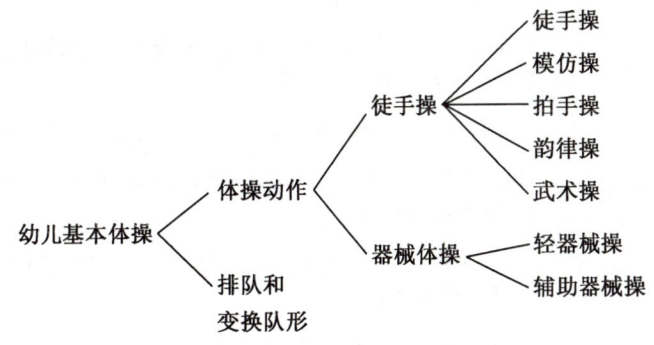

图 6-12　学前儿童早操的类型

1. 徒手操

徒手操是指幼儿通过身体的颈部、上肢、下肢、躯干等部位的动作配合,根据人体各部位运动的特点,按照一定的程序,有目的、有节奏地进行举、摆、绕、振、踢、屈伸、绕环、跳跃等一系列单一或组合动作的身体练习。

2. 轻器械操

轻器械操是指在幼儿徒手操的基础上,手持较轻的器械所做的各种体操动作。它有两类:一是有创意地使用日常生活中的一些物品作为运动早操的器材,如废物利用与一物多用原则相结合,具体使用日常生活中的方盒、瓶子、拉力器、草袋等用于早操的编排与练习之中。二是直接购买一些运动早操器材,如哑铃、红旗、棍棒、球、绳或其他运动器材等。

3. 模仿操

模仿操较适合于年龄较小的幼儿做,它是将日常生活中常见的各种活动、成人劳动、自然界的各种现象、动物的动作与姿态或是军事训练中的动作等挑选出来,编成很形象的体操动作。

4. 韵律操

韵律操是将简单的舞蹈动作或者律动动作与徒手体操的动作有机地组合在一起的体操动作。

(二)学前儿童早操活动的内容

表 6-24 幼儿园早操活动操节动作编排参考

运动	动作类别	动作的形式与方向
头部运动	屈	前屈(低头)、后屈(抬头)、侧屈(左、右屈)
	转	向左、右转头
	绕环	向左、右绕环
上肢运动	臂的举、摆振、屈伸	臂前举、摆、振、屈伸;臂后举、摆、振(结合其他动作)、屈伸;臂上举、摆、振、屈伸;臂侧举、摆、振(结合其他动作)、屈伸;臂斜上举、摆、振、屈伸;两臂同侧举、摆振等
	臂环绕	向前绕环、向后绕环、向内绕环、向外绕环、同侧绕环、"8"字绕环、前臂绕环、小绕环、轮流绕环等
	臂侧开	前举侧开扩胸、前平举侧开扩胸、前举交叉侧开扩胸等
下肢运动	腿的举、摆	腿前举、摆动,腿后举、摆动,腿侧举、摆动,腿向异侧举、摆动,屈膝举、摆,踢腿(高摆腿)等
	腿屈伸	起踵、半蹲起立、深蹲起立、单腿蹲起、前压腿、后压腿、侧压腿、半劈腿、劈腿(高摆腿)等
	腿移动	前点地、后点地、侧点地、前后开立、左右开立、前弓步、侧弓步、后弓步、斜弓步等

(续表)

运动	动作类别	动作的形式与方向
跳跃运动	单脚跳	交换跳、点地跳、转身跳、移动跳、踢腿跳等
	双脚跳	前后开合跳、左右开合跳、前后交换跳、左右交叉跳、转身跳、移动跳、向上跳、蹲跳等
躯干运动	上体屈伸	体前屈、体后屈、上体左侧屈、俯卧体前屈等
	体转	身体向左转、向右转等
	体环绕	上体向左绕环、向右绕环等
	体倾倒	身体向前倒、向后倒、向侧倒、俯撑、仰撑、侧撑、直角坐平衡、俯平衡（燕式平衡）、侧平衡等
组合与变化	身体各部位动作	身体各部位动作的结合；各类动作的结合；不同方向的结合；动作的节拍、速度、次数、开始姿势的变化，以及人数、队形的变化等

幼儿身体活动的基本部位名称：

1. 颈（头）部动作

屈：颈椎关节的弯曲，如前屈（低头）、后屈（抬头）、侧屈（左、右屈）。

转：颈的转动动作，如向左转头、向右转头。

绕环：头部的旋转动作。如向左旋转、向右旋转。

2. 上肢动作

举：以肩为轴，臂的活动范围在180度以内的动作，如平举（前平举、侧平举）、上举（侧上举、前上举）、下举（侧下举、后下举）。

振：以肩为轴，臂所做的弹性动作，如肩侧屈、胸前平屈、头后屈、背后屈。

绕和绕环：绕是指臂的活动范围在180度以上、360度以内的弧形摆动动作。绕环是臂的活动范围等于或大于360度的弧形动作，如向前、后、左、右、内、外绕环。

3. 躯干动作

躯干动作能增强胸部、腹部、背部及腰部的肌肉力量，发展脊柱弹性，提高腰椎关节的灵活性。

屈：腰椎关节的弯曲，使上体与下体形成一定的夹角，如体前屈、体后屈、腰侧屈。

转：上体的体转动作，如向左转、向右转。

绕环：以腰椎关节为轴，上体向左或向右做的回环动作，如向左、向右绕环。

4. 下肢动作

下肢动作能增强腿部、腹部和背部的肌肉力量，提高下肢关节的灵活性。

蹲：全蹲（大小腿夹角小于90度）；半蹲：（大小腿夹角大于90度）。

踢腿：向前、后、侧踢。

弓步：两腿开立，一腿弯曲，一腿伸直，如前弓步、侧弓步、后弓步。

跳跃动作：双足跳，如前后开合跳、左右开合跳；单足跳，如点地跳、转身跳。

二、学前儿童早操活动的结构与时间

（一）学前儿童早操活动的结构

为了更好地考虑早操与幼儿体能之间的关系、早操与幼儿参与运动兴趣之间的关系等综合因素，可将幼儿早操分成五个环节，即热身运动、队列练习、操节运动、体能活动、放松阶段，下面逐一进行介绍。

1. 热身运动

热身运动是操节的起始环节，目的在于组织和集中幼儿的注意力，让他们尽快进入自己扮演的角色，为做操和其他体育锻炼活动的开展做好准备，达到热身的目的。因此，热身运动可以让幼儿在音乐的伴奏下，做各种模仿动作或跳一些轻快简单的舞蹈，也可做一些走、跑和变速跑等基本动作的练习。例如，小班"小动物模仿操"、中班"幸福踩踩踩"、大班"花球操"等。

2. 队列练习

队列练习是热身运动的延续，为早操活动做好充分的准备。通过队列变化练习，可提高幼儿在团体中认识自身与团体的关系，发展他们理解指令的能力，也是增进幼儿的团体意识、培养团队合作精神、形成秩序感的重要途径。例如，小班主要是练习一个跟着一个走；中班可以进行简单的队列队形变换，如切断分队，从纵队变为走圆等，还有立正、看齐、原地踏步、齐步走等；大班主要练习左右分队、并对走、原地向左右转等。

3. 操节运动

操节是整套操的核心部分，不仅能达成幼儿身体机能唤醒目的，还能通过一定的运动量，使他们在每日的早操中逐步实现运动能力与体能的不断提高。因此，操节运动应该让幼儿在音乐伴奏下做各类基本体操（徒手操或者轻器械操），系统地锻炼全身大肌肉动作。操节一般包括上肢运动、下蹲运动、体侧运动、体转运动、腹背运动、跳跃运动，每一操节的动作为四八呼。不同的年龄班又有一定的差别：小班可挑选其中的4～5节，中班可以增添扩胸运动，大班则可以增添体侧运动、全身运动等。但这些内容的编排也不是绝对的，主要根据本园、本地幼儿的实际而有所不同。同一年龄班的不同时期也应该有所不同。如刚进入大班时，可先增加体侧运动，等到大班下学期，再适当增加全身运动等难度较大的动作。值得注意的是，不管操节内容因地因人有何不同，都应遵循编排的原则，即从上肢到下肢再到全身，从运动量小的动作过渡到运动量大的动作，从幅度小的动作过渡到幅度大的动作等。

4. 体能运动

体能运动是操节的补充，目的是让幼儿在音乐伴奏下，利用身体或器材练习走、跑、平衡、跳和钻等动作，发展幼儿基本动作的协调性、平衡性和运动能力，达到一定的运动量，提高幼儿的体能。由于幼儿对游戏的兴趣远远超过其他活动，利用游戏活动有利于激发他们对早操活动的兴趣，提高他们参与活动的积极性，增强早操的锻炼价值，因此，早操中的体能运动一般都采用密度大、时间短、器械少、动作简单、角色少、运动量大、运动频率高、趣味性强的体育游戏；或是一些运动量大、情节简单的音乐游戏。为了增加游戏的趣味性和互动性，往往需要借助一定器械或道具。如游戏"天线宝宝去避雨"，让幼儿扮演天线宝宝，听到打雷下雨的音乐时，就跑到大雨伞下去避雨，听到放晴的音乐就从大雨伞里钻出。大雨伞有一定的隐蔽性，能够很好地满足幼儿在游戏中躲藏的需要，增加游戏的趣味性，让他们愿意积极地参与游戏。

5. 放松运动

放松运动是早操的结束部分，目的在于让幼儿以良好的身体与精神面貌，开始一天的幼儿园生活；反之，如果早操的放松阶段没有做好，可能使幼儿产生疲劳或亢奋，影响到接下来的其他教育教学活动。同时，适当地放松才能调节运动量高峰前后的运动负荷差，使运动量起伏得当。放松运动一般通过组织一些较平静的身体活动或者做一些轻快的律动、歌表演和舞蹈，让幼儿在愉快轻松的气氛中逐渐放松，使身体机能由较兴奋状态逐步转入安静状态。应该明确的是，早操中的律动、歌表演和舞蹈应体现体育的特性，具有趣味性，能激发幼儿的兴趣，为幼儿的动作发展服务，在编排中应避免过多的舞蹈表演，以免削弱体育活动的运动量。

三、学前儿童早操活动的创编原则和方法

（一）要根据幼儿的生理和心理特点及体操的类型来选编动作

（1）各种体操的选编动作要简单、优美、轻快、活泼并富有模仿性和表现力，突出动作的形象化和幼儿化，具有一定的锻炼价值，便于幼儿接受。

（2）注意体现各种操的特点。

（二）要注意动作编排的科学性

（1）编排整套体操，必须遵循人体运动生理规律，即运动量由小到大，逐步上升，动作由慢到快、由易到难。操节的顺序：踏步—头部—扩胸—体侧屈—体转—踢腿—腹背—全身—跳跃—整理。

（2）早操的运动量要适宜。运动量反应在运动强度和密度上，一般而言，早操的强度，以儿童平均心率为 140 为正常，在早操运动量最高时，可达到心率 150～170，放松阶段为 100～120，在早操结束 5 分钟后再测幼儿心率，幼儿心率应该在 80～90 之间，5 分钟恢复后要求幼儿心率达到正常状态。

（三）早操不能舞蹈化，要有操节的特点

舞蹈的基本特征是柔美与舒展，具有欣赏的价值，但幼儿早操有增进幼儿体能和运动能力以及发展幼儿动作协调性的目的，故幼儿早操需要达成一定的运动量，无论是模仿动作或扩展动作，均应该有一定适宜的运动强度，早操舞蹈化，则常常无法提高幼儿体能。

（四）操节要合理

一般早操由 6～10 个运动小节组成，小班通常为 6 个运动小节，中班为 6～8 个运动小节，大班为 8～10 个运动小节。在节拍节奏上，小班使用 2/8 拍，中、大班使用 4/8 拍。

表 6–25　各年龄班学前儿童早操编排对比

年龄班	早操类型	动作难度	内容	操节呼数	节奏	运动负荷量	时间
小班	以模仿操为主,可以做简单的徒手操	动作较简单,变化小,以对称动作为主	每套操安排6~7个内容	2×8呼,或者按儿歌、歌曲的内容	较慢,变化小	一般130~140次/分	8~9分钟
中班	以徒手操为主,可以做简单的轻器械操	动作有一定难度和变化	每套操安排7~8个内容	2×8呼	有快,有慢,有一定的变化	增大135~140次/分	9~10分钟
大班	以轻器械操为主,徒手体操一般采用韵律操、健美操、武术操	动作难度较大,变化较多	每套操安排8~9个内容	4×8呼	有快,有慢,变化较多	较大140~150次/分	11~12分钟

（五）选配体操音乐

音乐对幼儿的活动和运动有直接影响,因此,音乐的选择需要重视。一般在早操中选择活泼的、明快的音乐较为合适；队列队形要选择较为自由、流畅的音乐；放松整理则适合采用舒缓柔和的摇篮曲风格的音乐。同时,还应根据整套操的主题需要,选择内容一致的音乐。如编排武术操时,我们可以用屠洪刚的《精忠报国》,听起来不仅振奋人心,幼儿也喜欢；花儿乐队的《加油歌》,我们可以以花穗为道具利用其明快的节奏编排器械操。

四、早操活动的指导

（1）队形要合理,背风、背阳,能清楚地看清教师的示范,可分组进行教学。

（2）教学时要分析和明确一节操的重点。譬如转体运动,躯干的转体是重点,一般都安排在第二、三拍。

（3）在早操活动中,教师要以自己优美、轻松的镜面示范动作和语言提示等方法组织幼儿,开展早操活动,对幼儿不正确的姿势和动作要及时提示和帮助纠正,一般不模仿幼儿的错误动作。

（4）在幼儿模仿练习时,不要让幼儿长时间保持某一动作来逐一检查动作是否到位正确,因为这样的静力性动作易使幼儿产生疲劳和肌肉损伤。

（5）幼儿做操时要姿势良好,动作尽量正确、整齐、有力、合拍。

（6）做操时注意呼吸与动作的正确合拍。一般是举臂、扩胸、展体时吸气,臂下、含胸、体前屈时呼气。

（7）操节在一定时期后要更换,以激发幼儿做操的兴趣,提高做操的能力,促进体能发展。

（8）早操活动的组织要紧凑。从整理衣裤、走出教室、进入操场、参加运动,最后回到教室,要培养幼儿良好的集体锻炼常规(包括取放轻器械)。

根据各年龄班学前儿童早操编排特点,创编小、中、大班的幼儿操。曲目推荐:《宝贝宝贝》《我不上你的当》等。

探寻六　学前儿童户外体育活动的组织与指导

某幼儿园组织小李老师去某一线城市幼儿园观摩,看到了该幼儿园利用户外环境场地,进行了非常有趣的幼儿定向寻宝活动,幼儿参与度非常高。于是小李老师也决定在园里尝试组织幼儿开展定向寻宝活动。但是却不知道从哪里下手,不知道如何设计幼儿户外活动。

思考:你觉得设计幼儿园户外定向活动需要了解哪些方面的知识?

一、学前儿童户外体育活动的意义

幼儿在户外进行体育活动,不仅可以获得更自由的活动空间,享受阳光和新鲜空气(对幼儿的骨骼发育和呼吸系统、神经系统的发育尤为有利),还可以满足自身对不同环境交替、不同活动交替、身心各系统动静交替的需要。幼儿在户外进行比较自主、自由的体育活动,能够弥补早操、体育课等限定性较强的体育活动组织方式的不足,更好地满足不同幼儿的不同发展需要。同时,幼儿通过自主选择,自由活动,可提高自主自律的意识及能力。

二、学前儿童户外体育活动的内容

(一) 利用环境和大型设施的锻炼活动

城市幼儿园可利用如楼梯、操场、沙池、游泳池、游戏城堡、假山或人造树墙、迷宫等开展体育锻炼活动;农村幼儿园还可利用周边的田埂、土坡、水沟、树林等开展体育锻炼活动。

(二) 利用大、中、小型专业体育器械的锻炼活动

大器械开展的活动可以有攀爬攀登架、攀岩墙等;中型器械开展的活动有推各种车

辆、打拳击袋、走平衡木等;小型器械开展的活动有玩各种球类活动以及踢毽子、跳皮筋、跳绳、抛沙袋等。

(三) 利用各种替代性器械或自制器械的锻炼活动

可利用常见的物品替代或自制小器材开展活动,如桌子、板凳、梯子、轮胎、包装纸箱;还可用废弃的饮料罐制作拉力器、高跷等开展活动。

(四) 各种体育游戏

由教师传授的游戏和由幼儿相互传授的游戏,甚至是幼儿自己临时"发明"的游戏。在日常活动中,以上各项内容时常是交互在一起的。

(五) 运动会

幼儿园运动会的主要内容包括体育表演、体育竞赛、体育娱乐三种类型的活动,不仅包含了幼儿参与的活动,也包含了教师、家长等有关人员参与的活动。

(六) 三浴锻炼

三浴锻炼主要包含日光浴、风浴(或称"空气浴")和水浴。

(七) 远足

城镇幼儿园可安排春游、秋游参观访问附近的社会服务设施,去公园、植物园、儿童乐园游玩等活动,农村幼儿园可因地制宜地进行设计安排。

三、学前儿童户外体育活动的组织

(一) 时间

在我国大部分地区,除了晨间活动、早操和专门的体育活动外,幼儿园在一日活动中为幼儿提供的其他户外体育活动的时间一般会在上午 9:30~10:30 和下午午睡起床后或离园之前。根据各幼儿园各班级的具体情况,可分成 2 次、3 次或 3 次以上,总的时间在 1~2 小时。

(二) 场地

由于大部分幼儿园特别是城市幼儿园户外场地有限,因此一般都会按照年龄甚至班级交叉使用场地,使得有限的场地能够得到充分利用。可根据不同年龄、不同班级各月各周或当日活动的一般或特殊计划来统筹场地的分享方式。如全体幼儿按照年龄、班级或小组在事先划分好的活动范围内各自活动;全体幼儿自由选择不同锻炼项目,在按照项目划分的活动区内进行锻炼,并在各个项目区自由流动或按照某种约定自觉流动;全体幼儿自选不会影响他人又不会受他人影响的空间状态,进行统一的身体练习(如拍球、跳绳、踢毽子、跳皮筋等)。

四、学前儿童户外体育活动的指导建议

第一,应充分考虑不同幼儿的不同兴趣爱好和能力水平,尽可能为幼儿提供自主选择运动项目和运动器材、自主选择共同锻炼的伙伴、自主选择和调整场地、自主解决问

题和纠纷的机会。但也应根据幼儿发展面临的实际问题及时进行引导或指导。如对不愿积极参与锻炼的幼儿给予激励或具体指导,对过度兴奋、运动量过大的幼儿给予疏导或调整。

第二,应高度注意安全隐患,并随时注意对幼儿进行安全监察和指导。如:投掷活动和移动,特别是快速移动的活动,应该与相对静止的活动隔离开来;应教育幼儿不将器械对着同伴挥舞或投掷;击靶游戏时,不将投掷物掷向同伴的脸部;移动项目参与者,不到相对静止活动区穿插移动;在攀登架与滑梯的大型组合器械周围安排自由活动时,特别注意监控"莽撞"的幼儿和"懵懂"的幼儿,并注意制止倒爬滑梯(集体专门组织的倒爬滑梯不在禁止范围内)和从攀登架上往下跳(防止对撞和砸到下面的人);沙池和水池内一般应禁止用沙或水泼洒他人的眼睛,也要禁止在水池内推搡同伴或将同伴的头部浸入水中。同一班级的不同教师间应分工合作、配合默契,班主任和有经验的老教师应注意提醒新教师警惕安全隐患,防范安全事故。

第三,及时用新的锻炼方式激发幼儿的学习和锻炼热情,也鼓励幼儿将自己从园外习得的新运动或自己发明的新运动方式随时与同伴分享。

第四,可定期安排跨班级、跨年级的活动,增进不同群体间幼儿的交往。

真题再现

1. (2021年下半年)超超属于大(2)班里少数不会跳绳的孩子。户外活动时,梅老师对超超说:"今天,老师看到你用尽全力在跳,相信你还可以做得更好!"这表明梅老师( )。

  A. 未能把握教育的契机   B. 善于创设学习环境
  C. 未能提供针对性指导   D. 善于改进教学策略

2. (2020年下半年)李老师与大班幼儿面对面,自由地坐在塑胶地上。李老师对幼儿说,请你们想一个办法到老师面前来。乐乐想到了前滚翻,动作不怎么标准,整到了一边。对此,李老师恰当的说法是( )。

  A. 动作不标准,重新做一遍   B. 乐乐的想法真奇妙,要注意安全。
  C. 这样不好,会踢到旁边的小朋友。   D. 乐乐真勇敢,大家要向他学习。

3. (2016年上半年)简答题:从儿童发展角度,简述幼儿户外运动的价值。

4. (2023年下半年)简答题:简述幼儿户外运动游戏中教师观察的要点。

实训项目

观察分析幼儿户外体育活动的视频片段,根据幼儿在活动中的表现,分析幼儿基本动作、身体素质的发展水平,同时分析户外体育活动的组织存在什么样的问题,并提出相应对策。

模块七
学前儿童健康教育评价

内容概要

学前儿童健康教育评价是判断幼儿园教育质量的重要环节。对于改进教育环节、提升教育水平、促进幼儿发展具有举足轻重的作用。本模块内容涉及学前儿童健康教育评价的含义、类型、功能，评价的原则及方法，评价的组织与实施，以及对评价结果的处理等。

情境导入

给所有的孩子提供优质的学前教育已经成为社会各方面的共识。作为学前教育质量保障体系之一的学前教育质量评估应给予高度重视。2018年6月，某市全区幼儿园迎来了省教育厅关于"某市学前教育质量"检查，本次检查的重点是幼儿园环境评估。本次评估的目的是通过环境评估幼儿园教育质量，了解幼儿园存在的问题，为教师提供专业提升的具体帮助和策略，积极促进教师自主学习、自我反思。本次评估工具为"幼儿园班级环境评估表"，包括"安全卫生""温馨舒适""归属感""支持幼儿学习"四个方面，26个类目、37项指标。评估范围为全市932所幼儿园，按照10%的比例随机分层抽样，确定93所幼儿园作为评估对象。

探寻一　学前儿童健康教育评价概述

一、学前儿童健康教育评价的概念

1929年美国教育家泰勒（R. W. Tyler）提出"教育评价"这一概念，旨在根据教育目标评价教育效果。教育评价往往又称作教育评估。教育评价可以理解为对教育价值的判断,这种判断建立在对教育现象进行科学分析的基础上,判断的对象包括一切教育现象或活动,这种判断有助于促进教育改革,提高教育质量,教育评价的特点表现在以下两个方面:

第一,教育评价是有目的、有计划的活动过程,教育评价与日常生活中的价值判断不一样,它是由确定目标、收集资料、分析现象、形成结论、改进教育等一系列连续的活动组成的。

第二,教育活动中的评价者和被评价者是有机统一的,评价者必要时也可以成为被评价者,被评价者必要时也可以成为评价者,评价者和被评价者在评价活动中必须相互配合,才能使教育评价得以顺利进行。

《纲要》指出:"教育评价是幼儿园教育工作的重要组成部分,是了解教育的适应性、有效性,调整和改进工作,促进每一个幼儿发展,提高教育质量的必要手段。"因此,科学有效的教育评价对于开展幼儿教育活动具有导向作用,并且有利于促进幼儿教师专业提升,从而促进幼儿发展。

学前儿童健康教育评价是指在系统地、科学地和全面地搜集、整理学前儿童健康教育信息的基础上,对学前儿童健康教育的整体规划的评价,对学前儿童健康教育目标、内容、组织形式和方法,对进行健康学习的学前儿童,对进行健康指导的幼儿园教师及其他相关人员整体规划性评价。

二、学前儿童健康教育评价的功能与作用

(一) 学前儿童健康教育评价的功能

学前儿童健康教育评价的功能是指学前儿童健康教育活动本身对于评价对象产生的功效和作用。评价功能贯穿于整个评价活动之中,并对评价活动及学前儿童健康教育产生重要的影响。学前儿童健康教育评价的功能主要表现在以下三个方面:

1. 诊断与改进功能

诊断与改进是学前儿童健康教育评价所具有的主要功能,也是进行学前儿童健康教育评价的主要目的。它是指在搜集、整理和分析信息资料的基础上,评价者利用观察、问卷、测验等手段科学地实施教育评价,根据评价标准做出价值判断,重点对评价对象的客观情况,特别是所存在的问题进行诊断,找出问题所在的原因,再针对这些原因提供相应的改进措施和途径。

教育评价的根本目的是改进今后的工作成效,教育评价所具有的这一功能与医院中的治疗活动极为相似。当医生面对病人的时候,他必须通过观察、询问、检查等手段对病人的情况进行诊断,然后对病人实施治疗,直至病人康复。而病人坐在医生面前,也会毫无保留地坦陈自己的病情,以求得到及时与合理的治疗,并最终恢复健康。在教育评价中,评价对象虽然不是病人,评价者也不是医生,但诊断与改进(治疗与康复)目的是一致的。学前儿童健康教育评价所具有的这一功能,要求在具体的评价活动中通过评价及时找出评价对象在日常保教实践中存在的问题,并通过对问题产生的原因进行分析,找出症结所在,然后及时将结果反馈给被评价者,并与其一起制订改进的方案。

要做到这一点，就离不开被评价者的积极参与。所以，学前儿童健康教育评价特别强调通过评价者与被评价者双方的积极参与和相互配合，真正解决评价中所发现的问题。对一所幼儿园来说，衡量各项工作的标准只有一条，即是否有利于学前儿童的发展。

2. 鉴定与选拔功能

鉴定与选拔功能是指通过对所搜集的信息资料的整理和分析，对评价对象的客观情况做出证明或说明，为评价对象以后的发展或晋级提供依据。这既包括对学前儿童发展的鉴定、对教师发展的鉴定、对幼儿园工作的鉴定，还包括对学前儿童进一步发展所提供的促进条件、对教师专业晋级所做的准备以及对幼儿园工作的全面衡量与发展机制的确立。

3. 导向与调节功能

学前儿童健康教育评价是评价者依据一定的评价准则进行价值判断的活动，评价活动的结果会对评价对象有很强的"明示"效果：评价肯定的，正是评价对象应该追求的；评价所否定的，也正是评价对象应该改进或舍弃的。这种"明示"的结果会直接影响评价对象的行为取向与方式，并促使评价对象朝着评价者预定的目标发展，这就是教育评价的导向功能。在实践中，这一功能主要是通过评价准则来实现的。评价准则反映国家的教育方针政策、教育目的及对教育的理想追求，评价的过程正是促进评价对象努力实现教育方针政策、教育理想的过程。因此，评价准则与评价结果之间具有内在的联系，不同的评价准则会产生不同的评价结果，而这一结果又会导向评价对象今后的行动。

教育评价的目的是"增值"，即为了促进实践的改进与完善。为了实现这一目的，就离不开评价的调节功能。通过将评价过程中发现的问题或评价结果反馈给评价对象，不仅可以帮助对象调节其教育活动的目标或进程，从而向着正确的方向，以正确的方式不断发展，还可以使其了解自身发展中的优势与不足，明确努力方向及改进措施，以实现自我调节。

(二) 学前儿童健康教育评价的作用

学前儿童健康教育评价是学前儿童健康教育目标管理的重要内容，是保证学前儿童健康教育质量的关键。

1. 有利于检验健康教育计划和方案的可行性

一般评价要通过调查、收集资料、统计分析、对照目标和标准进行比较，最后得出较客观的评价结果。这样，既可以了解健康教育计划和方案的成功之处，又可以发现存在的问题，如根据学前儿童生长发育指标，即身高、体重、血红蛋白等检查结果，对照营养教育计划的目标、内容和标准，即可检查健康教育计划的可行性。

2. 有利于幼儿园健康教育工作规范化管理

评价既包括上级机关或组织自上而下的监督检查，也包括同行专家、社会鉴定和自我评价。通过评价，一方面，促使幼儿园必须按照健康教育目标、标准和要求进行规范化管理；另一方面，还有利于及时总结经验，发现问题，尽快纠正。

3. 有利于学前儿童健康教育改革的进一步深化

学前儿童健康教育是一门新兴学科,探讨学前儿童健康教育的评价对于相关理论的构建具有重要的意义。由于健康教育涉及各个学科,有些相关学科的基本原理在健康教育的实践中还处于探索应用阶段,通过评估可以不断总结健康教育的规律,探索学前儿童健康教育的最佳方案、途径和方法,从而丰富和完善学前儿童健康教育理论体系。

此外,幼儿园健康教育的评价结果,还可以为行政、教育、卫生、科研部门提供参考。如一年一度的优秀幼儿园考核评定,学前儿童健康教育的评价是评定优秀幼儿园的重要内容之一。

三、学前儿童健康教育评价的类型

用不同的标准,可以将学前儿童健康教育评价划分为不同的类型。

(一) 按评价进行的时间分

按评价进行的时间,可将健康教育评价划分为诊断性评价、形成性评价和总结性评价三种类型。

1. 诊断性评价

诊断性评价是在教育活动开始之前的阶段进行,重在对教育活动的目标、内容、过程以及教育对象的状况及需要做出合理的评价,其目的是了解评价对象的基础和状况,为教育计划的有效实施收集和提供必要的信息资源。

2. 形成性评价

形成性评价又称中期评价,是根据即时评价结果这一健康教育效果而进行的持续的即时评价,其目的在于及时获取反馈信息,考虑继续实施计划或适时调整教育进程、方法,以便达成教育目标。例如,幼儿的健康知识是否在健康教育干预后产生有利的改变。另外,教育策略的使用、环境的创设、幼儿的反映等都是评价的内容。

3. 总结性评价

总结性评价又称终期评价,是在健康教育计划实施后对其终极结果所进行的评价,它以预先设定的健康教育目标为依据,判断评价对象达成目标的实际水平,包括是否解决了幼儿的健康问题,提高了幼儿的生活质量等学前儿童健康教育工作者最关心的问题。总结性评价既是最终的评价结果,也是制订新的健康教育计划的依据。

(二) 按评价的基准分

按评价的基准,可将学前儿童健康教育评价划分为相对评价和绝对评价两种类型。

1. 相对评价

这是在被评价对象的集合总体中选取一个或若干个对象作为基准,然后将其余评价对象与基准加以比较,也可以是用某种方法将所有被评价对象排列成先后顺序的评价。譬如,进餐时,有的幼儿吃得快,或吃得多,或吃得干净,而有的幼儿则吃得慢,或吃得少,或吃得不太干净,这里的"快"与"慢"、"多"与"少"、"干净"与"不太干净"都是因班而异的相对评价。相对评价标准一般是通过"矮子里选高个"获得,常常在评价对象之间进行比较,有利于确定个体对象在集体中的相对位置,但容易因评价对象的具体情况而出现标准的高低变化。

2. 绝对评价

这是在被评价对象的集合之外确定一个客观的标准,将被评价对象与这个客观标准进行比较并做出的评价。学前儿童健康教育的绝对评价标准往往按照幼儿园卫生保健制度、幼儿园管理条例、幼儿园健康教育目标等加以确定,不以被评价者的具体情况为转移,所有被评价对象都与客观标准对照比较。譬如,对幼儿身高、体重,血红蛋白、心率等反映幼儿生长发育及生理功能的评价就是绝对评价,其中的评价标准都有相应的科学规定。由于绝对评价具有科学准确、可以信赖的客观标准,因此较为公正合理,并且因揭示了评价对象与客观标准之间的绝对差距而有助于评价对象明确努力方向。但由于绝对评价标准是由人制定的,评价过程也是由人掌握的,故很难做到绝对公正。尽管如此,绝对评价仍然是健康教育评价比较重要的评价方法。

在幼儿园健康教育评价中,应将相对评价与绝对评价两者结合起来使用。

(三) 按评价方法的不同分

按评价方法的不同,可将学前儿童健康教育评价划分为定量评价和定性评价两种类型。

1. 定量评价

定量评价是指在学前儿童健康教育评价中采用数学方法进行定量计算或数字描述的评价。譬如,每年六一儿童节前后,幼儿园都要对幼儿进行身体检查,从而对幼儿的生长发育进行定量评价,其中诸如身高、体重、头围、胸围、皮下脂肪厚度、坐高、心率、血红蛋白等都是以数字表述的。

2. 定性评价

定性评价是指对不便量化的评价对象,采用定性的方法做出价值判断。譬如,学前儿童健康教育评价中使用的生长发育五等级评价法、对幼儿生活自理能力的评语等都属于定性评价。

在具体实施学前儿童健康教育评价时,应注意定性评价与定量评价相结合。定量评价不以人们的主观意志为转移,而以搜集来的客观资料为依据进行科学统计,因而较为公正,但有时简单化,容易掩盖健康教育过程中的复杂性。定性评价能够考虑到健康教育过程中作为主体的幼儿的生理、心理、社会等方面的多元因素,常常通过自然情境下的观察和谈话来获得有价值的信息,因而往往不同的评价者会得出相异的结论。如何在学前儿童健康教育评价中将定量分析的方法和定性分析的方法结合起来综合运用是有待进一步探讨的问题。

(四) 按参与评价的主体分

按参与评价的主体,可将学前儿童健康教育评价划分为自我评价和他人评价两种类型。

1. 自我评价

自我评价是指评价者参照一定的指标，对自己的教育工作做出的价值判断。现代社会对幼儿教师的要求提高了，幼儿教师必须是研究型的教师，因此在教育过程中需要教师不断地进行自我反思和总结。自我评价由于缺乏外界参照体系，并且由于被评价者就是评价主体，对评价标准的把握主观性较大，易出现评价过高或过低的情况。

2. 他人评价

他人评价是指评价主体非被评价者的评价，也即来自外部的评价。譬如，上级业务指导人员、幼儿教师观摩健康教育活动后的评价；园长、幼儿教师对幼儿生长发育情况的总体评价；幼儿教师、家长对幼儿园环境安全性的评价；幼儿教师对家长配合幼儿园进行健康教育的观念与水平的评价等。外部评价一般较为慎重，有时也需要较多的人力和物力才能完成。

此外，按评价的功能，可以将学前儿童健康教育评价划分为诊断性评价和甄别性评价；按评价对象的复杂程度，还可以将学前儿童健康教育评价划分为单项评价和综合评价等。

四、学前儿童健康教育评价的原则与方法

评价就是检验是否达到预期的健康教育目标。在学前儿童健康教育评价中应注意确定评价的内容（即评价什么）、评价的目的（即为什么要评价）、评价的方法（即怎样评价）、评价的原则。

(一) 学前儿童健康教育评价的原则

1. 实效性原则

实效性原则是指评价必须注重学前儿童健康教育实际效果，这是学前儿童健康教育评价最大的特点。主要体现在两个方面：第一，通过健康教育活动的开展，重点评价幼儿的知识、态度、行为习惯的改善情况，其中健康行为习惯的形成是最重要的评价指标；第二，注重评价幼儿生长发育水平、身心健康状况、疾病的控制情况等结果，从而分析健康教育的效果。

2. 综合性原则

综合性原则是指综合运用多种评价方法，运用多种指标进行评价，并综合分析学前儿童健康教育各要素的协同作用和效果。在评价学前儿童健康教育活动时，要综合进行诊断性评价、形成性评价和总结性评价。在评价某项学前儿童健康教育活动的效果时，要选择多种指标进行综合评价。在评价学前儿童健康教育总体功能时，必须在评价各要素功能的基础上，综合分析各要素功能之间的相互关系、相互作用的情况。在资料统计分析时，则应该进行多因素分析。在评价幼儿健康状况和影响因素时，应该在生理、心理和社会适应等方面进行综合评价。

3. 客观性原则

客观性原则是指评价时必须把握学前儿童健康教育的客观规律，实事求是，以客观事实为依据，从客观实际出发获取真实信息，依据科学的标准，对学前儿童健康教育活

动的过程和结果进行分析和判断。贯彻客观性原则,要求评价者评价前要客观、科学地确定评价指标,评价指标必须符合评价目的的要求,反映被评价对象的本质特征,评价标准要合理。客观性原则还要求评价者要正确理解和把握评价标准,克服主观随意性和感情因素的影响,不能主观臆断或掺杂个人感情,标准一经确立,就不能在评价过程中随意改变,也不能因评价对象不同而随意变化评价标准。在评价方法的选择上,客观性原则要求评价方法要与评价内容的性质相适应,要多种方法相结合,这样才能使评价信息的搜集更为全面准确,评价结论更可靠。

4. 方向性原则

方向性原则是指确定学前儿童健康教育评价目的,构建学前儿童健康教育评价指标体系以及进行评价活动,要与学前儿童健康教育总目标相一致,要与党和国家的教育方针、政策和法律法规中的规定相一致。学前儿童健康教育目标是评价的依据和出发点,没有目标的评价,是难以想象的。而目标本身总是要体现一定的方向性,目标的正确与否,取决于所引导的方向是否正确。因此,学前儿童健康教育评价必须保证正确的方向。从总体上说,评价的方向性体现在学前儿童健康教育要符合国家既定的教育方针,符合《纲要》的总目标。从具体要求上说,对学前儿童健康教育各个环节的评定、考核,要体现相应的目标要求的方向与走向。

5. 发展性原则

发展性原则是指学前儿童健康教育评价的目的不仅仅是鉴定幼儿园健康教育的水平,更重要的是要以促进学前儿童健康教育质量的不断提高和学前儿童的发展为最终目的。依据目标,重视评价过程,充分发挥教育评价的反馈调节功能,及时发现成绩和不足,并对存在的问题做出适当调整和改进,才能不断改进学前儿童健康教育活动质量。

早期的评价理论多偏重于对活动结果的检测,如泰勒模式就是衡量活动结果是否达到了预定的目标。目标与结果的呼应往往会把注意力集中在评价的结果上。如某教师要上公开课了,为了达到自己预定的效果,得到好的评价,就给班里表现好的甚至是他班借来的幼儿上课,由此形成了为评价而教育的局面。

随着教育评价研究的深入进行,研究者提出了"评价不是为了证明,而是为了改进"的观点,认为教育评价的根本目的在于促进教育质量的提高。评价是与教学并行的过程,贯穿于教学的每一个环节,是用来辅助教学的,评价的基本目标是为了教育并促进幼儿发展,评价要关注个体的差异,激发个体的主体精神,以促进每个个体最大可能地实现自我价值。

6. 定量与定性相结合的原则

要使学前儿童健康教育评价尽量客观、科学,就必须对学前儿童健康教育状况进行定量与定性分析。因为学前儿童教育现象异常复杂,有的可定量测量,有的只能定性描述;有的需先定性再定量,有的可以直接定性,有的需先定量测量再定性。因此,坚持定量与定性相结合既是进行科学评价的重要方法之一,又是一条重要原则。

7. 评价与指导相结合的原则

在学前儿童健康教育评价中,评价与指导应是相结合的,有对什么问题的评价就有对什么问题的指导。从评价到指导,从再评价到再指导,只有循环反复才能促进学前儿童健康教育质量的不断提高。

(二)学前儿童健康教育评价的方法

1. 观察法

观察法是评价者根据评价对象的特点和指标内涵的要求,有目的、有计划地在自然状态下(自然观察法)或控制条件下(试验观察法)观察评价对象并获取评价信息的方法。观察法主要是听和看,可充分利用录像机、照相机等仪器作为辅助工具,观察法适用面广,收集资料的机会较多,目前主要运用于了解评价对象的行为表现、情感改变和意志特点。如通过听课,了解幼儿的活动情况,也可在一定程度上了解教师的备课情况。观察法包括记叙性描述观察和取样观察两种。

(1)记叙性描述观察

记叙性描述观察又称轶事记录法,在活动中,教师把观察到的表现幼儿个性或者某一方面有教育价值、有教育意义的行为表现及时作为个案记录下来,并进行分析,根据每个幼儿的不同特点提出相应的教育策略,促使每个幼儿在原来的基础上有所发展和提高。

做好记叙性描述应注意以下两点:一是记录力求真实,不应出现记录者的主观评价。二是记录要及时、准确,尽量具体,应包括幼儿的行为、言语、所处情景等。

案例呈现

某幼儿园关于幼儿进餐行为的个案观察实录

班级	小(5)班	姓名	欣欣	性别	女
观察日期	2013.12.30—2014.1.5	记录老师		王老师	
实况记录	欣欣,一个乖巧、能干的小姑娘,做事有条不紊,特别是画画时很有耐心。只是在吃饭和点心时表现出不耐烦,一会找点东西玩,一会用勺子挑着米玩。今天点心时又是如此,特意记录下她的一些细小活动。点心都已经盛好,孩子们都在自己的位置上坐下来,开始吃点心。欣欣也端着自己的小碗,拿着勺子,只是点心似乎对她很没吸引力。她用勺子在碗里不停地压着,逼出一点米汤,翘起小嘴喝两口,接着再用小勺子继续她的"游戏",而这时,其他孩子的点心已经吃掉了一半。为了让欣欣快点吃,我提醒她:"快点吃哦!你看其他小朋友都吃了很多了,比赛谁先吃完哦!"刚提醒过后,她能用小勺吃两口,当老师转身后,她又开始了新一轮的"游戏"——拿下她头上的发夹开始玩。这个时候吃得快的孩子已经吃完了一碗。				

(续表)

情况分析	欣欣不是吃不下碗里的点心,而是没有耐心吃。她在吃点心时,总是会找些小动作来做。一会儿用小勺压米汤,一会拿自己的发夹玩,当她在做这些小动作时,其他孩子已经吃掉一大半的点心了。饮食习惯方面不够好。但在老师的提醒和督促下,她还是能够独立、迅速、正确地使用小勺吃完点心的。
措施与方法	针对孩子们生活习惯方面的问题,可组织谈话活动。比如"我会吃饭",讨论吃饭的益处,如何使自己吃得又快又好,使孩子们懂得好好吃饭的好处,逐步养成安静、正确、迅速吃饭的好习惯。并鼓励班上的孩子互相进行比赛,抓住孩子的点滴进步给予表扬,有时采取适当的奖励来提高他们的控制能力。
效果反思	当我和欣欣交流后,发现我一直看着欣欣时,她吃得很快,用勺子很熟练,一口一口地吃,桌面也保持得很干净,一碗点心三分钟内就吃完了。我适时地给了她奖励,并激励她:"下次老师不提醒也要吃得一样好,老师还会给奖励。"

观察可以根据观察内容设置不同类型的观察记录表,以便更准确地做出分析与评价。观察表格设计的过程中,观察者要特别清楚自己的观察目的,从而使设计能够体现各个观察项目,最后系统地进行分析整理,得到想获取的信息资料。

下述案例中,该记录表是针对幼儿良好习惯养成的观察记录,收集幼儿在一日活动中和在集体活动中各种表现做详细记录,为数据的分析与整理做好准备。

案例呈现

某大班幼儿行为习惯养成评价表

根据《幼小衔接——幼儿行为习惯养成》的内容要求,为幼儿的终身发展打好基础,我们将循序渐进、有的放矢地对幼儿进行行为习惯的培养,使其养成良好的习惯。我们针对幼儿年龄特征及身心发展特点,特定如下评价表,希望能如实进行观察记录。

班级:　　　幼儿姓名:　　　家长姓名:　　　教师姓名:

内容	等级标准	结果评定 (最棒☆☆☆　有进步☆☆　继续努力☆)		
		老师眼中的我	爸妈眼中的我	我的自画像
生活自理能力	1. 能独立、安静、文明地进餐,能做值日生工作			
	2. 独立、正确、迅速地洗干净手和脸			
	3. 自理大小便,便后整理好自己的衣裤			
	4. 能独立、迅速、有序地穿脱衣裤鞋袜,分清左右,会系鞋带、整理床铺			
	5. 养成饭前便后和手脏时主动洗手的习惯			
	6. 能自觉安静入睡,睡姿正确			
	7. 保持仪表整洁,勤洗澡			

(续表)

内容	等级标准	结果评定（最棒☆☆☆ 有进步☆☆ 继续努力☆）		
		老师眼中的我	爸妈眼中的我	我的自画像
学习习惯	1. 对周围事物、人爱提问,求知欲强,学习积极性高,对认、写、讲述有兴趣,喜欢动手动脑			
	2. 能主动运用感官细致观察,活动中注意力集中			
	3. 能用语言、绘画或符号等方式表达感知过程和结果			
	4. 能按物体两种以上特征分类、推理、排序,并表述分类结果			
	5. 能掌握10以内数的组成和加减运算			
	6. 能大胆进行联想、再造和创造想象			
	7. 能清楚、连贯讲述自己的经历、感受、见闻及图片内容			
	8. 会制作简单植物标本,在成人指导下会简单地播种			
	9. 知道四季的特征和顺序以及与人们的关系			
	10. 知道日用品、交通工具的本质特征及常用劳动工具的名称、用途			
	11. 正确评价自己的优缺点,有信心,不骄傲,愿意学习他人长处			
	12. 知道自己要入小学了,有强烈的入学求知愿望,对自己有信心			
	13. 能积极、主动、认真倾听别人说话			
交往能力	1. 对人热情大方,会使用礼貌用语,有礼貌待人的文明行为			
	2. 能团结同伴,独立解决与同伴的纠纷,合作完成任务			
规则意识	1. 能坚持按时入园,有特殊事情知道向老师请假			
	2. 能较快适应各种活动规则,主动遵守公共场所规则			
	3. 养成独立收拾、整理生活学习用品及玩具材料的良好习惯			
	4. 有较强的为集体服务和自我服务的能力			

(2) 取样观察

取样观察法首先对观察的行为或事件等进行分类,通过分类将其转化为可以数量化的材料;其次,用具体的、可感知的方式对每种类别进行界定;最后,根据类别设计出记录表,从而便于记录。这种观察要求观察者事先做好周密的计划与准备,观察结果也有较强的可靠性和代表性。常用的取样调查包括时间取样和事件取样。

时间取样观察法是观察者事先确定所要观察的维度,然后据此有选择地在某些时间段内观察某一特定行为或发生的事情,并把所观察到的结果记录到事先拟定的编码记录表上,用于确定某种行为是否出现或发生,该行为发生的次数、频率及其持续时间等。它适用于以下行为:一是幼儿经常出现的行为;二是容易被观察到的行为。

时间取样法的具体做法是:第一,确定观察的总时间;第二,确定若干观察时段;第三,做出所要观察的行为或现象的操作性定义,制定观察表格;第四,实施观察,并做好记录;第五,整理观察资料,并做出研究结论。表7-1是幼儿亲社会行为计数统计表。

表7-1 幼儿亲社会行为计数统计表

儿童姓名:飞飞　　　年龄:5岁　　　性别:女

幼儿	日期	开始时间	结束时间	亲社会行为出现次数					备注
1	3月20日	9:00	11:00	合作	分享	谦让	帮助	同情	
2	3月21日	9:00	11:00						
……									

观察说明:

亲社会行为是一种大的行为单元,如果教师对这方面行为感兴趣,就需要区别各种活动的组成行为,在确定的时间段上午9:30—11:00(自由活动和游戏活动)内,根据预观察将亲社会行为分为合作、分享、谦让、帮助和同情五大类别,这些类别是观察的目标行为。

事件取样法是指观察前选定所要观察的行为或事件,观察中只注意观察这些选定的行为或事件的一种方法。事件取样法与记叙性描述观察有相似之处,都关注选定的行为或事件,不同的是,事件取样法是实施正式观察活动时而不是事后追忆记录的。当发生所要观察的事件时,要进行现场判定并将事件完整记录下来。事件取样法的运用要注意两点:第一,观察前要确定所要研究的行为或事件,确定所需记录的资料种类及记录形式,制定出相应的记录表格。第二,观察时只要预定行为或事件一出现,就要立即记录。表7-2是幼儿同伴冲突事件的记录表。

表7-2 幼儿同伴冲突事件记录表

幼儿	年龄	性别	争执持续时间	发生背景	行为性质	做什么说什么	结果	影响

观察说明:

观察目的为幼儿同伴交往中冲突事件的发生,内容为幼儿在区角游戏中从同伴冲突发生开始,记录时间,在记录表上填写相应的情况。

2. 测验法

测验法是根据评价内容编制一定的等级量表和标准的试题用以收集评价信息。它主要用于易量化的评价对象和形成性评价,如收集教师教学效果、幼儿掌握知识与技能情况、幼儿的各项体能发展现状、幼儿心理发展状况等信息。测验法一般分为两种,即标准测验和自制测验。

（1）标准测验

这是由教育专家确定的测验，测验结果可以和一定的标准对照，以测定被评者的程度。如韦克斯勒量表中对学龄前儿童的测查，包括常识、词汇、图画补缺、算术题、迷津、木块图案、理解等，并有相应的评分标准。标准测验的优点在于具有客观性和高效度、高信度，有常模可对照，使不同测试对象都可以同一尺度相比较。这一方法的缺陷是不能很好地照顾到幼儿的个体差异性。

（2）自制测验

教师为了了解本班幼儿在某些方面的发展情况，自己制作一些测验题，对评价对象进行测查。例如，教师为了了解幼儿观察力的发展水平，以便于更好地对幼儿进行观察力的培养，可以自制一个测验：带孩子参观理发店，然后引导孩子描述观察到的事物，根据幼儿的回答对其观察力做出评价。

某幼儿园幼儿体能训练项目及评分标准

年龄 项目	分值	3岁幼儿 男	3岁幼儿 女	3.5岁幼儿 男	3.5岁幼儿 女	4岁幼儿 男	4岁幼儿 女	4.5岁幼儿 男	4.5岁幼儿 女	5岁幼儿 男	5岁幼儿 女	5.5岁幼儿 男	5.5岁幼儿 女	6岁幼儿 男	6岁幼儿 女
10米折返跑（秒）	3分	10.2—9.1	10.5—9.4	9.4—8.4	9.7—8.7	8.5—7.7	9.0—8.1	8.0—7.3	8.5—7.7	7.6—7.0	8.0—7.3	7.3—6.8	7.6—7.0	6.8—6.3	7.2—6.6
10米折返跑（秒）	4分	9.0—8.0	9.3—8.2	8.3—7.5	8.6—7.7	7.6—6.9	8.0—7.2	7.2—6.7	7.6—7.0	6.9—6.4	7.2—6.7	6.7—6.2	6.9—6.4	6.2—5.8	6.5—6.1
10米折返跑（秒）	5分	<8.0	<8.2	<7.5	<7.7	<6.9	<7.2	<6.7	<7.0	<6.4	<6.7	<6.2	<6.4	<5.8	<6.1
立定跳远（厘米）	3分	43—58	40—54	53—69	50—64	65—79	60—73	73—88	68—80	80—95	75—88	90—102	82—95	95—110	87—100
立定跳远（厘米）	4分	59—76	55—71	70—84	65—81	80—95	74—89	89—102	81—96	96—110	89—102	103—119	96—109	111—127	101—116
立定跳远（厘米）	5分	>76	>71	>84	>81	>95	>89	>102	>96	>110	>102	>119	>109	>127	>116
网球掷远（米）	3分	3.0—3.5	2.5—3.0	3.0—3.5	3.0—3.5	4.0—4.5	3.5—4.0	4.5—6.0	3.5—4.0	5.5—7.0	4.5—5.5	6.0—7.5	5.0—6.0	7.0—9.0	5.0—6.0
网球掷远（米）	4分	4.0—5.5	3.5—5.0	4.5—5.5	4.0—5.0	5.0—6.0	4.5—5.0	6.5—8.0	5.5—6.5	7.5—9.0	6.0—8.5	8.0—10.0	6.5—8.5	9.5—12.0	6.5—8.0
网球掷远（米）	5分	>5.5	>5.0	>5.5	>5.0	>6.0	>5.0	>8.0	>5.5	>9.0	>8.5	>10.0	>8.5	>12.0	>8.0
双脚连续跳（秒）	3分	13.0—9.2	13.4—9.8	11.1—8.3	11.2—8.5	9.1—7.1	9.5—7.4	8.1—6.5	8.5—6.8	7.2—6.0	7.5—6.2	6.8—5.7	6.9—5.8	6.1—5.2	6.2—5.2
双脚连续跳（秒）	4分	9.1—6.6	9.7—7.1	8.2—6.1	8.4—6.2	7.0—5.6	7.3—5.9	6.4—5.3	6.7—5.5	5.9—4.9	6.1—5.2	5.7—4.9	5.7—4.9	5.1—4.4	5.2—4.6
双脚连续跳（秒）	5分	<6.6	<7.1	<6.1	<6.2	<5.6	<5.9	<5.3	<5.5	<5.1	<5.2	<4.9	<4.9	<4.4	<4.6

(续表)

年龄 项目	分值	3岁幼儿 男	3岁幼儿 女	3.5岁幼儿 男	3.5岁幼儿 女	4岁幼儿 男	4岁幼儿 女	4.5岁幼儿 男	4.5岁幼儿 女	5岁幼儿 男	5岁幼儿 女	5.5岁幼儿 男	5.5岁幼儿 女	6岁幼儿 男	6岁幼儿 女
坐位体前屈（厘米）	3分	8.6—11.6	10.0—12.9	8.5—11.5	10.0—12.9	8.5—11.4	10.0—12.9	8.0—10.9	10.0—12.9	7.6—10.9	9.7—13.1	7.6—10.9	9.7—12.9	7.1—10.4	9.6—12.9
	4分	11.7—14.9	13.0—15.9	11.6—14.9	13.0—15.9	11.5—14.9	13.0—15.9	11.0—14.4	13.0—16.0	11.0—14.4	13.2—16.6	11.0—14.4	13.0—16.7	10.5—14.4	13.0—16.7
	5分	>14.9	>15.9	>14.9	>15.9	>14.9	>15.9	>14.4	>16.0	>14.4	>16.6	>14.4	>16.7	>14.4	>16.7
走平衡木（秒）	3分	16.8—10.6	17.3—10.8	15.0—9.4	15.0—9.7	11.5—7.4	12.2—8.2	9.6—6.3	10.1—7.0	7.8—5.3	8.2—5.8	6.7—4.6	7.4—5.1	5.3—3.8	6.1—4.3
	4分	10.5—6.6	10.7—6.9	9.3—5.9	9.6—6.1	7.3—4.9	8.1—5.3	6.2—4.3	6.9—4.7	5.2—3.7	5.7—4.1	4.5—3.3	5.0—3.6	3.7—2.7	4.2—3.0
	5分	<6.6	<6.9	<5.9	<6.1	<4.9	<5.3	<4.3	<4.7	<3.7	<4.1	<3.3	<3.6	<2.7	<3.0

3. 个案研究法

个案研究法是选择一个或多个幼儿作为研究的对象，对他们进行追踪，搜集有关资料，分析研究对象的问题、特点及形成原因，以便采取相应的改善措施。运用此种方法时，需要综合运用观察、调查、问卷、谈话及作品分析等多种方法。使用个案研究，可以帮助我们较为全面系统地了解某个或某几个个体在某一方面的发展情况。

案例呈现

一个吮吸手指幼儿的个案分析

【幼儿情况概述】

小威是我班一位5岁的小男孩，聪明好学。老师、小朋友都很喜欢他，但就有一个坏习惯——爱吮吸手指。在午睡、上课、游戏时都会发现小威将食指放入嘴里吮吸。当小朋友午睡起来时，就会听到小朋友的告状声："老师，小威睡觉又吃手了！"这时，他又会用无辜的眼神看着我，仿佛在说："我不是故意的，它自己要跑到我的嘴里。"有时候，看见他在吃手，我提醒他，他就把手指拿出来，一会儿又偷偷地吮吸手指了。

【原因分析】

通过家访、电访及平时来离园的接待时间，在与小威父母的交流中，了解到小威在断奶后就有吮吸手指的习惯，当时未能引起小威父母的重视，以为到小威大点时，就不会吮吸手指了，结果小威一直没能将这个不良习惯改掉。当他们认识到其吮吸手指的危害时，又以儿子年纪小为由，不忍心用强制的手段制止他，结果错过了纠正不良习惯的黄金时期。小威的父母文化水平较高，十分重视对小威的教育，但如何才能改掉小威吮吸手指的习惯一直是他们头疼的问题，曾试过多种方法，但效果不大。

【教育策略】

1. 从心理上入手,了解吮吸手指的坏处,建立改掉吮吸手指的信心

吮吸是经常反复吮吸口唇、手指、脚趾、被子等行为,长时间吮吸手指或脚趾,会因局部刺激而使手指或脚趾变大、变粗,影响美观和精细动作的发展。另外,吮吸手指很容易造成寄生虫感染,还会使上下牙槽咬合不良。而这个吮吸行为是经过长时间积累而成的,如果用强制的方法,会使小威产生逆反心理。所以不能用强制的方法,只能用引导、鼓励的方法,使他自己认识到吮吸手指的坏处,让他建立改掉吮吸手指的信心。于是我将吮吸手指会产生的后果用故事《贝贝的手指》讲给他听,让他自己去故事里寻找为什么贝贝的手指与别的小朋友不一样。当小威从故事找到答案后,很紧张地问我:"老师,我会不会变成跟贝贝一样呢?"我笑着问他:"只要你从现在开始下定决心改掉吮吸手指的习惯,我相信你绝对不会变得和贝贝一样的。"小威听了很高兴地说:"老师我要改掉坏毛病。"那天早上他都没有吮吸手指。

2. 用各种方法转移注意力,加强监督,帮助他培养良好的习惯

小威吮吸手指的习惯不是一两天能改掉的,需要很长时间的努力。在初期,我努力让他将吮吸手指的次数减少,从每天三四次到一两次。有时他吮吸手指是无意识的,这就要我们老师的监督,在他睡着后,要监督他,不让他将手指放入嘴中吮吸,有时他会控制不住,于是我马上分散他的注意力,提供串珠、拼图、剪贴等精细的手工活动,鼓励他控制吮吸手指,集中精神完成任务,逐步让他忘记要吮吸手指。实在控制不住时,我就会和他一起讲笑话,让他忘记吮吸手指的念头。

3. 支持、鼓励他改掉不良习惯

因为全班幼儿都很喜欢小威,也知道他有吮吸手指的不良习惯,有时难免会遭到小朋友的讥笑。有一次,当小威想和小瑾一起游戏时,小瑾拒绝了他,还说:"我才不跟你玩,你会吮吸手指。"小威听了很难过。这时,我就安慰他:"其实每个人都有不良的习惯,只要我们改了,别人还会喜欢你的。小朋友们都很喜欢小威,但是他们不喜欢吃手的小朋友,只要你改了坏毛病,小朋友还会和你一起玩的。"后来,我还特意给班上的幼儿讲了吮吸手指的危害,发动全班幼儿一起支持、帮助小威改掉坏习惯。

4. 家园一致,共同探讨教育方法

我们在家访中知道,小威的父母文化水平较高,十分重视对小威的教育。所以,我们就积极地与小威的父母探讨教育的方法,努力尝试各种教育方法,并让他们积极地配合我们的教育方法,主动参与幼儿园的各种活动,逐步建立科学的育儿观。在与家长的联系中,我改变了以往那种"告状"式的做法,首先向家长汇报孩子的进步,同时向家长提出配合教育的要求,这样家长很乐意支持我们的工作。

【成效与启示】

通过半年的家园配合,小威吮吸手指的现象减少了,小朋友不再讥笑他,他能自信、大胆地与小伙伴一起玩游戏了,虽然吮吸手指的现象还存在,不过,吮吸手指的次数明显减少了。我相信只要家园继续努力配合,针对情况适时调整教育策略,小威一定会改

掉吮吸手指的习惯。

（江西教师网江西教师论坛宋红梅特教工作站）

4. 问卷调查法

问卷调查法是有目的、有计划、系统地通过对评价对象进行书面调查而获取评价信息的方法，主要适用于对范围广的问题进行大面积调查。问卷可以当场发放，直接填写，也可以通过邮寄方式将问卷寄发给调查对象。采用问卷法可以在短时期内获取大量的信息，但编制科学合理的问卷和获取真实的统计结果是一项技术性强、要求高的工作。

5. 访谈法

访谈法是一种口头调查法，是评价者按照访谈提纲，通过与评价对象面对面谈话或是小组座谈会的方式直接搜集信息的一种方法。访谈法适用于了解评价对象的心理状态，它不受文字能力的限制。访谈时，可以根据评价对象的心理适应状况，把人群进行分类，从而较深入地了解问题。如对幼儿心理发展中的常见问题进行访谈，以便找到问题背后的原因。

6. 小组讨论法

小组讨论法是让幼儿在小组成员面前就某一话题发表自己的看法或与别人一起讨论，评价者借机从中了解信息的方法。如欲了解幼儿对健康教育知识的掌握情况，就可以采用此方法。

7. 实地检查法

实地检查法是对托幼机构总体健康环境的测定。例如，对幼儿基本活动场地等空间条件及其合理使用情况，玩具、教具、家具、设备的拥有及其状况，室内外环境如通风、采光、绿化、安全、卫生及厕所空气质量的测定等。

探寻二 学前儿童健康教育评价的组织与实施

一、学前儿童健康教育评价方案的制定

评价方案是整个教育评价的行动指南，它指明了评价的目标，规定了评价的流程、内容、方法等，是教育评价工作顺利开展的重要保证。学前儿童健康教育评价方案的制定包括以下环节：

（一）制定学前儿童健康教育评价的目标和内容

这一环节评价者首先要进行教育评价目标的制定，幼儿园教育评价的目的有多种表现形式，可在评价方案的前言、引言或者说明当中体现。明确评价目标可以在制定教育评价方案时，避免盲目性。评价目标明确后，可根据评价目标进一步选择评价对象和

评价内容。

(二) 确定学前儿童健康教育评价指标

评价指标是一种具体的、可测量的、行为化的评价准则，其反映了评价目标的本质属性。评价指标体系是由评价指标按照一定层次而组成的有一定结构和功能的系统，按照不同的内容可分为以下几个评价指标体系。

1. 幼儿健康知识、健康态度、健康行为的评价

(1) 健康知识的评价

关于学前儿童健康知识水平的评价，通常要采用前后对照测试的方法。一般根据某项健康教育活动的内容对幼儿进行口头测试，了解其对健康知识的知晓率。

(2) 健康态度的评价

关于幼儿健康态度的评价，主要是指对幼儿执行和保持健康行为的态度所进行的评价，如幼儿对刷牙行为的支持率。

(3) 健康行为的评价

关于幼儿健康行为的评价主要是对幼儿良好的生活、卫生、品德、行为习惯的形成率进行的评价。值得注意的是，从知到行要经过许多不同的层次，是一个既复杂又困难的过程。就知识、态度、行为三者比较，其转变的时间及难度是不同的。知识上的转变，比较容易达到；态度上的转变，因受感情的影响，比知识改变困难些，历时也长些；行为的转变比前二者更困难、更费时。因此，在评价时应考虑各方面因素，特别是对行为改变内容进行定量评价时，其指标不宜定得太高。

2. 幼儿生长发育与健康状况评价指标

生长发育是幼儿及青少年期所特有的生理现象，它既包括身体方面的变化，也包括心理方面的变化。

(1) 生长发育形态指标

幼儿生长发育形态指标常用以评价幼儿生长发育的水平和速度。生长发育形态指标是指身体及其各部分在形态上可测出的各种量度（如长、宽、围度以及重量等）。对幼儿来说，最重要和最常用的形态指标有身高、体重、头围和胸围等。

体格生长偏离是幼儿生理的异常发育，主要包括低体重、消瘦、肥胖和身材矮小。其中，低体重是指幼儿的体重比相应年龄组人群按年龄的体重均值数低两个标准差以下；消瘦是指幼儿的体重比相应年龄组人群按身高的体重均值数低两个标准差以下；肥胖是指体重超过按身高计算的标准体重20%以上，超重20%～30%为重度肥胖；身体矮小（又称侏儒）是指幼儿身高比相应年龄组人群按年龄的身高均值数低两个标准差以下。导致幼儿体格生长偏离的原因是复杂的，包括遗传因素、营养因素、疾病因素、体质因素、心理因素等。

(2) 生长发育生理功能指标

生长发育生理功能指标常用于评价幼儿身体各系统、各器官的生理功能。生长发育生理功能指标指身体各系统、各器官在生理功能上可测出的各种量度，如肺活

量（呼吸系统的基本指标）、脉搏和血压（心血管系统的基本指标）等。对幼儿来说，常用的有脉搏、血压、肺活量等。此外，生理功能的评价指标还有视功能（包括视力、色觉、眼位等）、听力检查、实验室检查（包括红细胞计数、血红蛋白、血糖、肝功能等）等。

（3）动作发展及体能的评价

学前儿童动作发展是幼儿健康成长的重要组成部分，学前儿童健康教育就是要使幼儿积极参与各种形式的体育活动和户外游戏，并在活动与游戏中发展幼儿走、跑、跳等各种基本动作，从而不断增强身体素质，提高运动能力。幼儿动作发展评价涉及两个方面——大肌肉动作和小肌肉动作。

大肌肉动作是大肌肉群所组成的随意动作，常伴有强有力的大肌肉的收缩、全身运动神经的活动以及肌肉活动的能量消耗。在幼儿期，比较常见的大肌肉动作有走、跑、跳、爬、钻等。

小肌肉动作也称精细动作，是由小肌肉群组成的随意动作。幼儿的小肌肉动作主要是手的动作，包括指尖动作、手指屈伸以及手眼协调等。

（4）身体疾病或缺陷的评价

通过对幼儿患病率、发病率的变化进行统计分析，从而了解学前儿童健康教育的效果。如有无贫血、佝偻病、龋齿、斜视、弱视等常见疾病，有无脊柱弯曲异常、扁平足等常见的姿势缺陷等。这里的患病率是指在某一个时间点上患某种疾病的人数占全体人数的百分数，如在同一时间的健康检查中获得的幼儿龋齿人数占总受检人数的百分比，即为龋齿的患病率。发病率是指在一定时间内（如一年），某群体或某地区每100人中新发的病例数。发病率多用于病程短，又有重复感染的疾病，如急性传染病、外伤等。另外，还可通过月病假率（病假率指一段时间内请病假的幼儿人数占幼儿总人数的比率）及死亡率来反映幼儿的健康状况。

通过上述评价指标，幼儿园对幼儿进行定期（每学期一次）或不定期（如入园前、专题调查、发生疾病后）的健康检查，将检查结果与正常标准相比较，可以对幼儿的生长发育指标达成情况进行全面评价，也可以对实施学前儿童健康教育的前后结果进行比较，以此了解学前儿童健康教育的效果，但后者在实际应用时要考虑长效影响等多方面因素。

（5）心理健康的评价

学前儿童心理健康评价是运用心理学的方法对幼儿的心理状态和行为表现进行评定的。幼儿心理评价是为了能正确地把握幼儿心理发展状况，并从群体幼儿中鉴别出有行为问题和心理障碍的个体，从而有针对性地实施早期教育，对心理障碍进行早期干预。学前儿童心理健康评价常见的方法有：临床精神状态检查、心理行为症状的量表评定、智力发育筛选测验等。

3. 卫生保健工作状况评价指标

学前儿童健康教育工作者要具备从事卫生保健的专业知识与能力，只有这样才能够胜任学前儿童健康教育工作,组织专门的学前儿童健康教育活动,幼儿园的卫生保健工作评价的指标包括对健康环境和健康服务的检查与评价。

(1) 具有扎实的卫生保健知识和基本的健康教育技能

扎实的卫生学知识和基本的健康教育技能包括掌握幼儿的生理发育特点并能根据幼儿的生理发展特点进行合理的保育;掌握营养与膳食的知识并能合理地设计幼儿的食谱,组织幼儿进餐;掌握常见疾病及传染病的基础知识并能进行相关的护理与预防;掌握常见意外事故的紧急处理技术;掌握幼儿心理疾病的干预措施;掌握幼儿的学习特点、运动负荷原则,科学地组织学前儿童健康教育活动;制订并执行幼儿一日生活制度,做好晨间检查、健康检查、疾病预防、卫生消毒等工作;具有一定的观察力,善于观察与评价幼儿生长发育与健康状况、卫生行为习惯、生活自理能力、社会交往能力及个性特征。

(2) 能够科学制订学前儿童健康教育计划

学前儿童健康教育的成败与对整个过程是否有周密的计划、计划是否合理可行有很大的关系。健康教育计划的制订,应该体现科学性、可行性和灵活性的特点,使计划更好地发挥其教育作用。健康教育计划的制定要符合教育目标、教育规律和幼儿身心发展规律,要从"幼儿园课程是帮助幼儿获得有益的学习经验,促进其身心全面和谐发展的各种活动的综合"这一认识出发,能对幼儿的发展产生积极作用的活动应尽可能地纳入教育计划中。

幼儿园健康教育活动计划从内容分,包括:有目的有计划地设计与组织的学前儿童健康教育活动、幼儿自由选择的活动、幼儿一日生活的安排、幼儿学习环境的提供、家长工作和与社区的联系等。从目标的层次分,包括:学年计划;学期计划、月计划、周计划、日计划及具体活动计划,这几种计划是递进而相关的有机整体。教师设计的学前儿童健康教育计划可以体现出教师所持有的教育观念及所具有的教育决策能力。

教师在制订健康教育计划时应避免以下几种情形:一是为应付领导检查而"写"计划。对计划的价值、作用缺少正确的认识,因此工作一忙就把写计划的工作挤掉了,当领导检查时不求质量,随便写写。二是盲目照抄。抄其他班计划或抄自己班已用过的计划,抄某些参考书中别人发表出来的计划。这些计划有些内容根本不符合本班的实际情况。三是写计划时习惯从教师自己的角度来思考问题,而忽视了幼儿发展的需要和规律。

(3) 能够合理地组织与实施学前儿童健康教育计划

教师在组织与实施学前儿童健康教育计划过程中要能贯彻保教结合原则,充分利用日常生活、体育活动、集中活动等环节,培养幼儿良好的生活卫生习惯、饮食习惯、自理能力和自我保护能力。

教师能根据目标和内容合理安排教学环节,注意教学环节的递进性推进,层次清楚,过渡自然。能根据教育教学计划做好活动准备,运用适宜的组织形式和多样的教学手段组织教学活动,突破重难点,并帮助幼儿梳理、提升经验。

（4）具有反思与评价学前儿童健康教育的能力

教师应具有反思自己健康教育教学水平的能力,通过反思自己学前儿童健康教育教学活动,总结优秀教育经验,改进不足,采取更有效的措施来改善学前儿童健康教育工作。

评价能力主要是指教师以幼儿为对象,对幼儿的活动、幼儿在教育中的受益和所达到的水平进行判断的能力。对幼儿健康发展进行评价,其最终目的是使教师(包括家长等)了解每个幼儿,从而创造适合幼儿的健康教育,即根据每个幼儿的健康发展水平、个性特点、兴趣爱好、学习方式等方面的个人独特性,提出不同的健康教育要求,采取不同的教育方法等。这就要求教师通过多种手段获得幼儿健康发展方面的丰富信息后,对照评价标准,确定每个幼儿的健康发展状况,并在此基础上制订个别指导计划,以便在健康教育进程中加强对不同幼儿的个别指导。

4. 学前儿童健康教育活动的评价

（1）对活动目标达成度的评价

活动结束时要逐条对照目标是否达成,因为它涉及教育活动的即效应和发展的潜在性问题的关系。要评价活动目标是否达成,应先评价学前儿童健康教育活动目标定位是否与教育内容、教育对象相适宜。教师要考虑教育活动的目标是否建立在了解本班幼儿现状的基础上,此外制订活动目标时应该从情感、能力、知识三个维度进行考虑,目标的难度要适中。活动目标达成度的评价是一个比较困难的过程,因为它涉及教育活动的即效应和发展的潜在性问题的关系,可能会使幼儿失去个性多方面发展的机会。

（2）对活动准备的评价

对学前儿童健康教育活动准备的评价包括:活动物质环境的创设和知识经验的准备两个方面。

活动物质环境的创设包括活动场地的准备、活动材料的投放、活动情景的创设等。例如,在开展户外体育区域活动之前,教师要对活动场地做全面规划:准备开设哪些活动区,应设在哪个具体位置,需多大空间,对周围环境有怎样的要求等。教师应根据活动提供的材料和活动的内容,事先估计本活动中幼儿可能会有哪些玩法,并从安全的角度科学地对活动场所进行适当的分区,以便安全地管理。例如,大班体育活动"花样玩球",活动的核心目标是引导幼儿运用所提供的材料(绳子、呼啦圈、高尔夫球棍和园内自制的跳跳板、跑车等)进行花样玩球,教师要预先估计本活动可能会出现哪些玩法,并根据这些玩法进行分区设置,如可以将该活动分成跳跳板区、跑车区、呼啦圈区、高尔夫球区等,进行分区管理。

活动材料是教育意图的物质载体,它本身的特性及由这些特性所规定的活动方式往往决定着幼儿可能获得什么样的学习经验,获得哪些方面的发展。幼儿园的活动材料的选择要注意安全、卫生、无毒,对幼儿无伤害。材料可以来源于日常生活中的各种物品、当地的自然资源和安全的废旧材料,这样可以让幼儿学会珍惜和利用资源。材料的利用率要高,力求一物多用,材料的种类和数量要丰富。

幼儿的学习兴趣与学习愿望总是在一定的情境中发生的,适宜的情境能够引发幼儿参与活动的兴趣。在教学活动设计中,教师可以根据教学内容、幼儿的年龄和生活经验,借鉴一些常见的生活事件,去创设一个个生动而真实的、可亲身体验的、科学而有效的模拟生活情境,让幼儿与情境中的人、物、事件相互作用,从而建立起连接教学与生活的桥梁。如在"我是环保小卫士"的健康活动中,教师给幼儿出示了被污染的环境这一场景,由此激发了幼儿讨论的兴趣。

经验即经历、体验,泛指由实践得来的知识或技能,它是人在实践中通过直接接触外界而获得的对各种事物的初步认识。教师准确地找到新的"经验点",即把握幼儿的"最近发展区",是活动成功的关键所在。要找准新的经验点,就要求教师在进行新的教育教学活动前必须了解幼儿先期已经掌握了哪些与本活动相关的知识技能,具备了哪些能力。教师可以采用"任务分析"的方法,来分析并了解幼儿的经验准备情况。如大班的"营养自助餐"活动的目标之一是"学习合理搭配食物",而懂得"合理搭配食物"的前提是幼儿有"常见食物的主要营养素"方面的知识,因此本活动的知识经验准备是丰富幼儿相关的营养知识。

(3) 对活动设计和实施过程的评价

一是是否遵循幼儿的学习特点和认识规律。学前儿童健康教育活动的组织要考虑幼儿的学习特点和认识规律,各领域的内容要有机联系、相互渗透,要注重组织和实施过程中的综合性、趣味性、活动性,寓教育于生活、游戏之中。例如在组织学前儿童体育活动中,由于幼儿身体娇嫩,力量小,一般不安排专项的动作练习内容,要避免机械的动作练习和单调枯燥的身体素质专项练习,因为这样容易造成局部机体的过度疲劳,对幼儿的生长发育造成不利。特别是组织小班的体育活动时,教师应灵活运用多种方法和组织形式,促进幼儿身体各部分得到全面锻炼。

二是能否科学、合理地安排和组织。在时间安排方面,是否有相对的稳定性与灵活性;是否有利于形成秩序,又能满足幼儿的合理需要,照顾到个体差异;教师在活动的组织实施中的角色和地位如何;幼儿是否有适当的自主选择和自由活动时间;组织活动中的时间浪费现象和消极等待现象是否存在。通过观察和评定集体行动和过渡环节,有助于判断这种现象是否存在。例如,在组织学前儿童体育活动时,应遵循"低强度、高密度"的组织原则,这在客观上要求教师所组织体育活动应尽量减少幼儿等待的时间,尽量通过提高活动密度,以达到锻炼的效果。

注意活动开展的层次性与条理性,遵循由易到难、循序渐进的原则。例如,教师在组织户外体育活动时,一般要先决定户外活动要求幼儿完成的动作,如走、跑、跳、爬等,动作选定后,接着再编排动作的次序,先完成什么动作再完成什么动作。在评价动作的编排时要考察教师是否注意到动作的前后顺序、动作的难易程度等相关问题。

(4) 对活动延伸的评价

活动结束后,首先要评价教师是否想到了还需要进行活动延伸,再评价教师使用的活动延伸的方法是否具有可操作性,是否对幼儿的长期发展起到积极的作用。

(5) 对活动反思的评价

活动反思就是教师以已经展开的活动为思考对象,对活动的目标、内容、组织、评价等环节以及由此产生的结果进行审视和分析的过程。对活动反思的评价可以从以下三个方面来进行:

第一,对教学活动设计的反思。教学活动设计的反思就是对教学活动的预设是否与教学的实际进程相一致进行比较与分析,目的是找出成功和不足之处及其原因,从而有效地改进教学。设计教学方案时,教师对如何依据幼儿已有的认知水平设计活动过程,如何突出重点和突破难点,幼儿在活动中可能会出现哪些情况以及如何处理这些情况,设计哪些练习或游戏以巩固新知识,如何评价幼儿的活动效果等,都会有一定的思考和预设。

第二,对教学过程的反思。应评价教师是否从这些方面进行活动反思:各活动环节的时间分配是否合理,活动重点和难点的处理情况;提问有效性如何,问题是否恰时恰点,幼儿是否有充分的思考机会;活动内容是否科学准确,是否关注到幼儿的个性差异,幼儿活动是否高质高效;教学方法的选择是否恰当,教师的语言、行为是否符合教育教学规律,是否关注幼儿的反应;游戏和练习是否适当,师幼互动情况如何。

第三,对教学效果的反思。对活动效果的反思,是指在活动结束后,教师对整个活动所取得的成效的价值判断,包括幼儿所获得的发展和教师自己的价值感受两个方面。活动是否达到了预期的目标,幼儿知识、情感和行为是否产生了预期的变化,是教学效果反思的重点。

(三) 制定评价标准

教育评价在本质上就是一种教育价值判断的过程。评价标准就是做出价值判断的准则。它是针对教育目的,规定了评价对象应该达到什么程度或水平。评价标准主要由强度、频度、标度和标号等四个要素构成。强度是指达到指标体系项目要求的数量或各种规范化行体系项目要求的规度成各种规范化行为的优劣程度,频度是指达到的相对次数;标度是指达到标准的档次或等级;标号是指不同强度和频度的标记符号。强度和频度是评价标准的具体内容和组成部分,标度是评价标准的基础部分,标号是评价标准的辅助部分。

教育评价标准要与目标保持一致,易于操作,切实可行,能对评价对象产生激励作用,有助于进一步改进意识与行动。此外,教育评价标准的制定要考虑社会的政治、经济、文化发展对教育的最新要求,国家的方针、政策和法规的相关规定,体现教育活动发展的规律,发挥评价的导向作用。

案例呈现

某幼儿园户外活动评价标准

班级：　　　　教师：　　　　评价者：　　　　评价时间：

项目	评价标准	评价等级			评分	分项得分
		优	良	一般		
教育目标（14分）	1. 根据《指南》健康领域目标，为每个幼儿制定符合幼儿实际水平、发展需要、季节特点的明确、具体、易于操作的目标，以培养幼儿参与体育活动、锻炼身体的兴趣为起点，达到增强体质的目标。	8	7	6		
	2. 目标具有层次性，注重个体差异。	6	5	4		
教学内容（25分）	1. 根据目标选择丰富内容，注重培养幼儿创新意识。	10	9	8		
	2. 体现基本动作的均衡发展。	6	5	4		
	3. 体现本班幼儿不同发展水平。	9	8	7		
教育环境（16分）	1. 根据目标因地制宜，合理利用场地，并确保场地安全。	3	2	1		
	2. 为幼儿创设愉快的环境，培养幼儿竞争意识与抗挫折能力。	5	4	3		
	3. 师生着装适宜。	3	2	1		
	4. 为幼儿投放适合年龄、能力以及兴趣的材料，体现材料层次性，并确保材料的使用安全。	5	4	3		
教育过程（30分）	1. 根据幼儿实际水平、兴趣、季节特点，灵活调整活动内容及方法，挖掘幼儿潜能。	4	3	2		
	2. 教师精神饱满、语言简练、口令规范、声音洪亮、动作准确有力。	2	2	2		
	3. 认真观察，随时调整幼儿活动量，注意个体差异，有重点地指导体弱儿、肥胖儿。	4	3	2		
	4. 注意幼儿安全，注意对幼儿自我保护意识和能力的培养。	2	2	1		
	5. 充分调动幼儿参与活动的积极性，鼓励幼儿创造性的发挥。	5	4	3		
	6. 引导幼儿建立并遵守游戏规则和必要的常规。	4	3	2		
	7. 师生关系融洽，气氛宽松自由。	3	3	2		
	8. 引导幼儿根据自己的意愿选择玩具、伙伴和游戏内容。	3	3	2		
	9. 幼儿的活动强度、密度适当，活动量由小到大再到小，过度自然，重点突出。	3	2	1		

(续表)

项目	评价标准	评价等级 优	评价等级 良	评价等级 一般	评分	分项得分
教育效果（15分）	1. 幼儿能充分利用教师所提供的环境、材料,情绪愉快,积极参与活动。	4	3	2		
	2. 能培养幼儿意志品质和主动、乐观、合作的态度。	3	2	1		
	3. 有灵活的教育机制。	4	3	2		
	4. 能满足不同发展水平幼儿的运动需要,基本动作得到发展。	4	3	2		
备注	此标准满分为100分,90分以上为优,75分以上为良好,75分以下为一般。评课老师根据情况认真评定,客观合理地给出成绩。					
评价过程及建议						

二、选择恰当的评价方法

评价方法的选择主要根据评价目的、评价原则、评价对象的具体情况以及评价过程操作的可行性而确定。从评价目的上说,若评价是为鉴定或选拔服务,需要了解评价对象一段时间以来所能达到的目标程度,并和其他同类进行比较,这时,评价宜选用量化的评价方法,如标准化测验。若评价是为改进服务,需要更多地了解评价对象发展变化的情况,以预测未来的发展趋势或提供发展指导,这时最好选择一些真实性评价方法,以更好地促进评价对象的反思。评价准则是评价内容的具体化,包括指标体系和概括性问题。在评价活动中,若评价准则具有结构化特征,也就是说,能够分解成逻辑严密的指标体系,且指标体系能够涵盖所要评价的全部内容,这时,就可以使用试验法、测量法等来收集评价信息,如对办学条件的评价、对部分教育工作绩效的评价等。若评价标准难以分解为指标体系,这时,只能提出一些概括性问题,通过访谈法或其他一些质性评价方法来收集信息。另外,选择评价方法还受评价对象的实际情况和评价过程的可操作性条件限制。例如,有些方法虽然能很好地收集评价信息,但对某些评价对象却不适用,否则就违背了前面讲到的伦理性原则。还有些评价方法受当时条件的限制,缺乏可操作性。

三、设计教育评价方案

明确了评价目的,设计了评价标准,选择了合适的收集和处理评价信息的方法后,就应当写评价方案了。即将评价者的意图和各环节的设计以书面的形式确认下来,以便指导具体的评价过程。初步的教育评价方案形成后,还必须经过试评价。所谓试评价,就是随机选择一些相关评价对象,按照正式评价的程序,获得评价结果。将评价结果与初步形成的评价方案对照检验,以了解评价的效度和信度。如果评价结果与评价对象实际情况符合的程度高,方案的可行性就高;反之,可行性就差。通过分析,对初步形成的教育评价方案进行调整、增删、修改和完善,然后投入实施阶段。

四、学前儿童健康教育评价的实施

学前儿童健康教育评价的实施是将设计好的评价方案落实的过程,实施阶段的工作主要包括以下几个环节:

(一) 制定实施计划

教育评价方案的实施过程,可能还会受到各种因素的影响。因此,在确定教育评价方案之后,必须对教育评价方案的实施进行周密的思考和统筹安排。可以按照教育评价方案的内容分阶段进行,明确每个阶段的目标和具体措施、人员分工与安排,以便教育评价的实施活动能够有条不紊地进行。

(二) 收集评价信息

收集评价信息是评价实施的最基础性工作。没有这个环节,幼儿园教育评价就没有依据,工作就无法进行。评价结果是否具有可靠性和有效性首先取决于资料收集的状况。通常收集信息的方法有实地观察法、访谈法、问卷调查法、测验法、文献法、作品分析法等。上述方法各有其特点和适用范围,评价者应当根据不同的评价目的,就本次评价可能适用的各种方法进行研讨,可以选择一种方法,也可以组合使用多种方法,既要确认方法的适用性和针对性,又要保证信息收集的全面性和准确性。

(三) 整理与分析评价信息

信息搜集工作多由评价的工作人员分头进行,信息收集时的时机、地点、选用方法、途径不尽相同。这些经由不同的人经过不同的途径、使用不同的方法搜集来的原始信息大多数是分散的、零星的,有些甚至是片面的、不准确的。要反映事物的本质和内在联系,必须进行初步的分类与整理,使收集的信息条理化。

在这一阶段,评价者要对搜集到的各种信息进行加工、整理,目的是使信息从无序变为有序,成为便于利用的形式。对于信息的整理主要有两个层次:一种可以按承载信息的载体分类整理。如信息是通过纸张、磁盘、光盘、视听材料、实物等保存,按照信息载体的不同性质和特点进行分类与整理。另一种就是从信息的内容角度分类整理。按信息内容的线索或者要点划分类别。划分越细,今后使用起来就越方便。内容整理过程实质是信息消化和吸收的过程。在这一过程中,要特别注意各种观点或事实的比较。在内容整理过程中,一些重要的特别是连续性数据最好在进行比较、鉴别、换算、订正和补遗之后制成相应的统计表和图形,以便直观地观察和分析其变化特征。

五、学前儿童健康教育评价结果的处理

学前儿童健康教育评价结果的处理是指评价人员要根据教育评价的目标,对收集的信息进行分析、整合、判断,形成评价结论,通过书面撰写的方式形成评价报告。幼儿园教育评价结果的处理主要包括以下几个环节:

(一) 处理评价结果,得出评价结论

在这一阶段,教育评价者运用所选择的适当的评价方法,对经过整理的信息材料进

行研究和解释,得出相应的结论。处理评价结果的过程,也是定性与定量结合的过程。如果对评价信息进行质化处理,则是根据评价者对评价对象平时的表现、现实和状态或文献资料的观察和分析,对评价对象做出定性结论的价值判断,如评出等级、写出评语等。如果对评价信息量化的处理,主要采用的统计方法有三种:累加求和法、加权求和法和模糊评价法。累加求和法是指将评价后各项指标的评定值相加求和。加权求和法是指在某一指标体系中,各个指标的重要程度不完全相同,因此,在求评价总分时将单项指标的权重系数同指标的得分相乘,然后相加积求其和,用以表示某项评价在某方面得分。模糊评价法是采用模糊数学中的综合评判原理,通过对评价所获得的信息进行计算,从而获得近似的定量评价结果。在教育评价中,有些评价指标是多项目、多因素、多层次的,每个指标从优到劣的评价等级之间没有截然分明的界限,有时很难用量化方法对这些指标赋予分值,更多会采用好于、劣于、多于、少于等模糊的评判说法,此时模糊综合判别法就更为适用。

(二)撰写评价报告

得出评价结论后,评价者需撰写书面评价报告,反馈评价结果的信息,总结评价工作。评价报告大致可以包含封面、评价概述、评价背景、评价过程描述、结果及分析、结论及建议等部分。

评价报告重点是反馈评价结果,有针对性地提出改进措施,评价结果并不是得出评价结论,通过评价报告中反馈的结果,改善学前儿童健康教育工作,才是教育评价工作所要达到的根本目的。

思考题

1. 什么是学前儿童健康教育评价?
2. 简述学前儿童健康教育评价的原则与方法。
3. 简述学前儿童健康教育评价的类型。
4. 学前儿童健康教育评价的内容有哪些?

实训项目

项目:定点观察幼儿体育游戏水平。

内容与要求:

(1)选择一个体育游戏,观察幼儿的游戏水平;
(2)确定观察的目的、内容、对象,拟定观察计划;
(3)到幼儿园实地观察幼儿体育游戏活动;
(4)用描述的方法完成一份定点观察记录,并用学前儿童健康教育评价的理论进行分析。

参考文献

[1] 王恬,张瑛.学前儿童健康教育[M].北京:高等教育出版社,2013.
[2] 谷长伟.幼儿园体能活动设计与教学指导[M].北京:中国农业出版社,2022.
[3] 罗智梅,曾祥兰.幼儿园健康活动设计案例[M].武汉:武汉大学出版社,2018.
[4] 何淑艳,代军,包海英.学前儿童健康教育[M].北京:北京理工大学出版社,2017.
[5] 高庆春,梁周全.学前儿童健康教育[M].北京:高等教育出版社,2011.
[6] 庞建萍,柳倩.学前儿童健康教育[M].上海:华东师范大学出版社,2008.
[7] 朱会从,吉喆.学前儿童健康教育[M].郑州:郑州大学出版社,2015.
[8] 谭佳,吴先勇.学前儿童健康教育[M].沈阳:辽宁大学出版社,2019.
[9] 厉育纲.幼儿园健康教育活动设计[M].北京:中国人事出版社,2019.
[10] 李静.学前儿童健康教育[M].北京:教育科学出版社,2018.
[11] 高群.学前儿童健康教育[M].西安:陕西师范大学出版总社有限公司,2018.
[12] 艾桃桃,刘凤英.学前儿童健康教育[M].长春:东北师范大学出版社,2018.
[13] 张乃丹,莫群,满孝平.学前儿童健康教育[M].镇江:江苏大学出版社,2018.
[14] 郑晓边.学前儿童健康教育[M].武汉:武汉大学出版社,2018.
[15] 王丽莉,赵永利.学前儿童健康教育[M].2版.南京:南京大学出版社,2018.
[16] 闫晶,陈静.学前儿童体育[M].长春:吉林大学出版社,2014.
[17] 刘馨.学前儿童体育[M].北京:北京师范大学出版社,2014.
[18] 冯志坚.学前儿童体育[M].重庆:西南大学出版社,2000.
[19] 汪超.学前儿童体育活动设计与指导[M].上海:上海交通大学出版社,2019.
[20] 王梓楠.学前儿童体育教育与活动指导[M].北京:北京出版社,2017.